Sin Buda no podría ser cristiano

FRAGMENTOS, 35

Paul F. Knitter

SIN BUDA NO PODRÍA SER CRISTIANO

Traducción de Martha Cecilia Vesga de Olsson,
Albert Moliner y Carla Ros

FRAGMENTA EDITORIAL

Título original	WITHOUT BUDDHA I COULD NOT BE A CHRISTIAN *First published in the United Kingdom by Oneworld Publications* Publicado por primera vez en el Reino Unido por Oneworld Publications
Publicado por	FRAGMENTA EDITORIAL, S. L. Plaça del Nord, 4, pral. 1.ª 08024 Barcelona www.fragmenta.es fragmenta@fragmenta.es
Colección	FRAGMENTOS, 35
Primera edición	FEBRERO DEL 2016
Primera reimpresión	FEBRERO DEL 2023
Producción editorial	IGNASI MORETA
Producción gráfica	INÊS CASTEL-BRANCO
Impresión y encuadernación	ULZAMA DIGITAL
© 2009	PAUL F. KNITTER por el texto
© 2016	FRAGMENTA EDITORIAL por esta edición
Depósito legal	B. 2.825-2016
ISBN	978-84-15518-27-3
Con el apoyo de	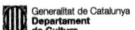 

PRINTED IN SPAIN

RESERVADOS TODOS LOS DERECHOS

Para Don, mi hermano ateo,
que hizo todo lo posible
por mantenerme honesto.

ÍNDICE

Prefacio: ¿Todavía soy cristiano? — 11
  No solo para mí — 17
  Una larga gestación — 20

I NIRVANA Y EL DIOS OTRO TRASCENDENTE — 25

Mis conflictos: el Otro trascendente — 28
  Un Otro que no necesita a ningún otro — 29
  Creación de la nada — 30
  Una calle de sentido único — 32
  ¡El problema es el dualismo! — 34

Ida: no Dios, solo conexiones — 36
  Dios se interpone en el camino — 37
  Un primer sermón breve — 38
  Lo que buscan los budistas — 40
  ¿Verbo o adverbio? — 42
  ¡Está aquí, ahora! — 44

Vuelta: Dios el espíritu de conexión — 45
  Volvernos místicos de nuevo por primera vez — 46
  Guiado por mi linterna budista — 48
  ¿Es Dios el «inter-Ser»? — 51
  El Espíritu de conexión — 55
  La creación: manifestación de la no-dualidad — 56

II NIRVANA Y EL DIOS OTRO PERSONAL — 61

Mis conflictos: ¿es Dios un tú? — 61
  Antropomorfismos — 62
  Un super-tú — 64
  Es voluntad de Dios — 67
  Un Padre poderoso y un mundo desordenado — 69
  El problema es la persona, no lo personal — 72

Ida: la compasión sin un Dios de compasión — 73
    Las dos caras de la iluminación: sabiduría y compasión — 74
    El «otro poder» es auto-poder — 78
    El mal: realmente no es lo que parece — 82

Vuelta: Dios como presencia personal — 86
    No una persona, sino personal — 88
    Fundamentado en la paz — 89
    Conectados por el cariño — 92
    Danzar juntos — 95
    La voluntad de Dios en proceso — 97
    El mal nunca tiene la última palabra — 100

III NIRVANA Y EL DIOS OTRO MISTERIOSO — 107

Mis conflictos: palabras que encadenan al misterio — 108
    Un equilibrio delicado — 109
    Un equilibrio roto — 113

Ida: el dedo no es la luna — 116
    Cuidado con las palabras — 118
    Los dedos tienen un propósito — 120

Vuelta: palabras que aprecian el misterio — 125
    Todas las palabras son dedos — 126
    No se pueden evitar los símbolos — 129
    Actuar más que informar — 135
    Los dedos son importantes (y diferentes) — 136

IV NIRVANA Y CIELO — 141

Mis conflictos: hablamos demasiado — 142
    Miedo infernal — 143
    ¿Estamos siendo egoístas? — 145

Ida: estar aquí ahora — 147
    Lo que sigue es el ahora — 148
    Renacimiento: ¡ánimo! — 150

Vuelta: lo que nos espera nos sorprenderá — 152
    Determinar si lo «nuevo» es «verdad» — 153
    ¡El karma puede ser infernal! — 154
    La esperanza sí puede ser eterna — 159
    Lo que encontramos no es lo que perdimos — 162
    La oscuridad, mi vieja amiga — 167

V JESÚS EL CRISTO Y GAUTAMA EL BUDA — 169

Mis conflictos: el Jesús excluyente — 173
¿Hijo de Dios? — 173
Dios en traje de hombre — 175
El único Hijo de Dios — 177
Jesús, salvador de toda la humanidad — 179
Salvador único — 182
Resucitado de entre los muertos — 185

Ida: Buda el iluminado y el iluminador — 188
Siddhartha Gautama: el buscador — 189
Gautama Buda: el iluminado — 192
Buda el maestro — 194
¿Buda el salvador? — 196
Muchos budas — 198
Los tres cuerpos de Buda — 200
¿Maestro o salvador? — 202

Vuelta: Jesús —el camino abierto a otros caminos — 204
Divinidad y despertar — 204
«Salvación» = «Despertar» — 208
«Salvador» = «Revelador» — 212
La singularidad de Cristo y la singularidad de Buda — 215
¿Exactamente qué es lo que hace único a Jesús? — 220
La resurrección: el Espíritu-Cristo vivo y coleando — 224

VI ORACIÓN Y MEDITACIÓN — 229

Mis conflictos: ¿qué estoy haciendo cuando rezo? — 231
Una conversación difícil — 232
Recibir y dar — 233
Diagnóstico: demasiada adoración y demasiada palabrería — 235
· Dualista — 236
· Locuaz — 237
¿Qué ha sucedido con la contemplación y la meditación cristianas? — 239
Un pozo profundo con cubos agujereados — 244

Ida: el poder del silencio — 245
Meditación correcta — 246
Diferentes formas de practicar el silencio — 249
Silencio lleno de sabiduría — 251
· Meditación vipassana — 251
· Zen — 253
· Visualización vajrayana — 255
Silencio lleno de compasión — 257

- Meditación *metta*   257
- Meditación *tonglen*   259
- El papel clave de la atención plena (*mindfulness*)   262

Volver: el sacramento del silencio   265
    Usar un cubo budista en un pozo cristiano   267
    Recibir a Cristo en la Santa Comunión del silencio   269
    La ausencia de mundo revela la ausencia de fundamento
      – el Dios más allá de Dios   272
    La importancia de estar plenamente atento   277
    Llevar el silencio a la iglesia   279
    Pedir es conectar   283

VII HACER LA PAZ Y SER PAZ   287

Mis conflictos: el Reino de Dios —¿cuándo? ¿dónde? ¿cómo?   290
    ¿Qué podemos esperar?   290
    Acción y contemplación   297
    ¿Paz – justicia – violencia?   301

Ida: «¡No te limites a hacer algo! ¡Siéntate!»   307
    El mundo no va hacia lugar alguno   308
    La prioridad del despertar   313
    Primero rendición, después actuación   317
    «¡No tomamos partido!»   320

Vuelta: ¡si quieres justicia, trabaja por la paz!   323
    «El Reino de Dios está entre vosotros»   324
    Mañana puede ser mejor que hoy   331
    Ser Cristo y construir el Reino   334
    No hay justicia sin compasión   342
- No hay un mandamiento mayor   343
- El amor excluye la violencia del odio   345
- Una opción para los oprimidos no puede ser una opción
  contra los opresores   348
- Las estructuras sociales justas requieren corazones humanos
  reconciliados   352
- «La Ley de la cruz»   356

Conclusión: ¿promiscuidad o hibridez?   361
Nueva conclusión: Ambos, Jesús y Buda, igualmente importantes   369
Glosario   385
Fuentes y bibliografía   391

PREFACIO

¿Todavía soy cristiano?

Contrariamente a lo que la gran parte de su mensaje afirma, este es un libro bastante egoísta. Lo he escrito sobre todo para mí.

Durante gran parte de mi vida adulta, especialmente los últimos veinticinco años, he estado luchando con mis creencias cristianas, unas creencias que me han acompañado durante mucho tiempo. Nací en 1939 en los suburbios de Chicago, mis padres eran católicos, profundamente creyentes, muy trabajadores y de clase obrera; fui educado en la Escuela Primaria St. Joseph's por las Hermanas de San Francisco. En ningún momento dudé de que Dios estuviera en todas partes, de que Jesús fuera su Hijo y de que si comía carne el viernes o me perdía la misa del domingo, tendría graves problemas con Dios y con Jesús. Empezaba a perfilar y profundizar esas creencias cuando, a la edad de trece años y ante el desconcierto y la resistencia de mis padres, anuncié que sentía la llamada de Dios al sacerdocio. Me fui para lo que en aquel entonces se llamaba seminario menor (escuela secundaria) y pasé los siguientes catorce años de mi vida estudiando y preparándome para ser sacerdote.

Cuando me ordené en Roma en el año 1966, me asignaron la tarea, primero, del estudio de la teología, y luego, de su enseñanza. (El estudio fue en la Universidad de Marburgo, Alemania, y la enseñanza fue en la Catholic Theological Union de Chicago.) Después de que me concedieran el permiso para abandonar el sacerdocio en el año 1975 (aquello que parecía fácil cuando tenía trece años se convirtió en un problema persistente a los treinta: el celibato) y aun después de casarme con el amor de mi vida en 1982, fui capaz de permanecer fiel al otro amor de mi vida: la teología. En lugar de enseñar a los seminaristas, lo hice a los universitarios de la Xavier University de Cincinnati durante unos treinta años.

Aunque mi trabajo era apasionante, en realidad no resolvía —al contrario, a menudo parecía aumentar— las profundas y persistentes preguntas que la vida continuaba lanzándome. Cuando digo «la vida» me refiero a la necesidad y al esfuerzo de *relacionar* lo que me habían enseñado acerca de Dios y Jesús, del cielo y el infierno con todo lo que iba afrontando, sintiendo y aprendiendo como ser humano responsable (que intento ser) e inteligente (que espero ser). Más y más veces me encontraba a mí mismo —cristiano católico de toda la vida, teólogo de profesión— preguntándome: ¿qué es lo que realmente hago, o en qué puedo creer de verdad?

¿Creo sinceramente lo que digo creer o aquello que se supone que debo creer como miembro de la comunidad cristiana? No me refiero a las enseñanzas éticas de Jesús ni al testimonio del Nuevo Testamento. La visión que nos proporciona el evangelio de una sociedad basada en la honestidad, la justicia y la compasión tiene un sentido importante y urgente. Tampoco tengo grandes problemas con las polémicas enseñanzas éticas o prácticas de mi Iglesia (la mayoría de las cuales tienen que ver con lo que un teólogo católico ha llamado «los problemas pélvicos») sobre temas como el control de la natalidad, el divorcio, el papel de la mujer, la homosexualidad, el celibato sacerdotal, el liderazgo episcopal y la transparencia. Ciertamente se trata de asuntos preocupantes, pero, como muchos de mis hermanos católicos, me he dado cuenta de que en estos temas el «sentir» o la «voz» de los fieles tiene unas cuantas cosas que enseñar a los pastores, tal como ha sido el caso frecuentemente en la historia de nuestra Iglesia. Es cuestión de tiempo.

No, cuando digo que lucho con mis creencias, quiero decir con las cuestiones de peso: aquellas que incumben a todos los cristianos, no solo a los de mi propia comunidad católico-romana. Me refiero a los ingredientes básicos del credo, las creencias que los cristianos reunidos proclaman todos los domingos y que se supone sirven para definir lo que son en un mundo de otras muchas filosofías y religiones. Me refiero a «Dios, Padre todopoderoso, creador del cielo y de la tierra», que como ser personal es activo en la historia y en nuestras vidas, a quien adoramos y a quien oramos en busca de ayuda y orientación. Me refiero a «su único Hijo» que «murió por nuestros pecados» y que «volverá de nuevo al final de los tiempos» y otorgará la vida eterna y la inmortalidad personal de cuerpo y alma a todos aquellos que respondan a la llamada de Dios, mientras que quienes la rechacen, serán enviados a un castigo infernal que jamás finalizará.

¿Realmente creo —o, mejor dicho, soy *capaz* de creer— lo que estas declaraciones atestiguan y expresan? Aun cuando no las tome literalmente, aun cuando recuerde que son símbolos que se han de interpretar prudentemente y con cuidado, si bien no siempre de forma literal, todavía me pregunto:

cuando retiro los estratos literales, ¿cuál es el significado interno o más profundo al que me puedo adherir? ¿En qué creo cuando manifiesto que Dios es personal (¡en realidad, tres personas!), que Jesús es el único Salvador, que por causa de su muerte todo el mundo es diferente, que resucitó físicamente de la tumba? El «qué» de mis creencias puede llegar a ser tan escurridizo que me pregunto, con total honestidad, si creo en todo eso.

Ahora bien, como teólogo me pagan por enfrentarme a tales cuestiones y tratar de responderlas. Mi trabajo, tal como Bernard Lonergan S. J. nos enseñó en la Pontificia Universidad Gregoriana de Roma a comienzos de la década de los sesenta, es «mediar entre la religión y la cultura». Eso significa dar razón del mundo a la luz de la fe y de la experiencia cristianas *y* dar razón de la fe cristiana a la luz de nuestra experiencia y nuestro conocimiento del mundo en que vivimos. Es lo que he intentado hacer todos estos años.

En general se dice que los teólogos cristianos tienen dos fuentes principales con las que llevar a cabo la tarea de mediación entre la religión y la cultura. Por el lado de la religión se basan en las Escrituras y en la tradición, es decir, en el primer testimonio escrito de las primeras comunidades cristianas y luego en la larga historia de los esfuerzos cristianos para comprender y vivir ese mensaje a través de los diferentes períodos históricos y culturales. Los cristianos en general, pero especialmente los teólogos cristianos, necesitan conocer su Biblia y su historia.

A fin de explorar los ricos campos de la cultura, los teólogos se basan en sus propias vivencias y en las de los demás bajo diferentes indicadores: la literatura, el cine, las noticias del día y sus análisis, las artes visuales, las ciencias naturales y humanas (sobre todo la política y la economía). Estas dos fuentes generales de la teología se han denominado «el hecho cristiano» y «la vivencia humana». Durante las cuatro décadas en las que he enseñado mi oficio teológico he tratado de utilizar estas dos fuentes de la teología de la forma más cuidadosa e inteligente que he podido. Sin embargo, en los altibajos de los últimos veinte años, me he dado cuenta de que estas dos fuentes no son suficientes. Al menos, no lo han sido para mí. Por sí solas no me han preparado lo suficiente como para lidiar con las preguntas desconcertantes y desestabilizadoras que mencioné anteriormente sobre la naturaleza de Dios, el papel de Jesús, el significado de la salvación. Solo tras añadir un tercer ingrediente a mi almacén de recursos teológicos, mi trabajo se volvió más interesante, más satisfactorio y, creo, más fructífero.

Al igual que muchos de mis colegas teólogos me he dado cuenta de que tengo que mirar *más allá de* los límites tradicionales del cristianismo para encontrar algo que es de vital importancia —tal vez incluso esencial— en la tarea de comprender y vivir la fe cristiana: *las otras religiones*. Es decir, las Escrituras y las tradiciones, los textos sagrados, las enseñanzas del pasado, las comunidades vivas de otros creyentes. Fue solo después de que comenzara a explorar y a tomar en serio las otras Escrituras religiosas y las otras tradiciones cuando pude entender mejor la propia. Dicho de manera más personal: mi compromiso con otras formas de religiosidad —es decir, con lo que había estudiado, con lo que había descubierto, con lo que me había entusiasmado, con lo que me había maravillado de las otras religiones— resultó ser una ayuda inesperada e inmensa en mi trabajo de intentar entender lo que significa el mensaje de Jesús en nuestro mundo contemporáneo.

En otras palabras, siguiendo el ejemplo y las advertencias de mentores teológicos como Raimon Panikkar, Aloysius Pieris S. J., Bede Griffiths y Thomas Merton, me he convencido de que tengo que hacer mi teología —y vivir mi fe cristiana— de forma dialógica. O en la jerga teológica actual: tengo que ser religioso interreligiosamente. He tratado de practicar y entender mi vida cristiana a través del compromiso con la forma en que otras personas —judíos, musulmanes, hindúes, budistas, indios americanos— han vivido y comprendido su vida religiosa.

Aunque he encontrado fructíferas mis conversaciones con *todas* las otras tradiciones religiosas, las más profundas, agradables, difíciles y, por ello, las más gratificantes han sido con el budismo y los budistas. Mis más íntimos amigos de otra religión han sido budistas (¡estoy casado con una!). En efecto, con los años me he dado cuenta de que este diálogo con el budismo ha sido uno de los dos medios más útiles —realmente indispensable— para llevar a cabo mi tarea teológica y cristiana de intentar mediar entre mi herencia religiosa (la Biblia y la tradición) y la cultura que ha marcado mi humanidad. El otro recurso indispensable ha sido la teología de la liberación y su respuesta a la injusticia y al sufrimiento resultante que degrada a gran parte de nuestra cultura: sobre eso trata mi libro *One Earth, many religions*.

Mi conversación con el budismo me ha permitido realizar tanto lo que todo teólogo debe hacer profesionalmente como lo que todo cristiano debe hacer personalmente, es decir, comprender y vivir nuestras creencias cristianas de tal manera que estas sean consecuentes *y* a la vez un reto para el mundo en que vivimos. El budismo me ha permitido dar razón de mi fe cristiana, de tal manera que puedo mantener mi integridad intelectual y sostener lo que de verdadero y bueno veo en mi cultura; y al mismo tiempo me ha ayudado a cumplir con mi responsabilidad profético-religiosa, y a cuestionar lo falso y perjudicial que veo en mi cultura.

En este momento, cuando contemplo mi vida, no puedo imaginarme siendo cristiano teólogo sin ese compromiso con el budismo. Y de ahí el título de este libro: SIN BUDA NO PODRÍA SER CRISTIANO. Aunque la locución pueda ser provocadora es sin duda verdadera.

No solo para mí

Llegados a este punto tengo que dar un paso atrás y preguntar: ¿la última palabra del título es exacta? ¿Soy todavía cristiano? Se trata de una cuestión que he escuchado no solo de los demás (sobre todo de ciertos compañeros teólogos, incluso de algunos del Vaticano), sino que ha sido una pregunta que he sentido en mi propia mente y en mi corazón. ¿Lo que he aprendido del budismo, o la forma en que he entendido e interpretado mis creencias cristianas a la luz del budismo, es coherente con la Escritura y la tradición cristianas? Podría decirlo de esta manera: ¿mi diálogo con el budismo me ha convertido en un cristiano budista o en un budista cristiano? ¿Soy un cristiano que ha comprendido su identidad más profundamente con la ayuda del budismo, o bien me he convertido en un budista que aún conserva un poso cristiano?

He querido escribir este libro para averiguarlo. A eso me refería cuando dije al principio que lo he escrito para mí. Quiero exponer tan cuidadosa y claramente como pueda la forma en que mi conversación con el budismo me ha permitido revisar mis creencias cristianas de una manera más creativa y satisfactoria. Quiero expresar con toda la lucidez que pueda cómo mi esfuerzo por comprender y dar razón de las enseñanzas y prácticas budistas ha hecho posible que revise, reinterprete y reafirme las creencias cristianas sobre Dios (capítulos i-iii), sobre la vida después de la muerte (capítulo iv), sobre Cristo como el único Hijo de Dios y Salvador (capítulo v), sobre la plegaria y la adoración (capítulo vi) y sobre los esfuerzos para llevar este mundo hacia la paz y la justicia del Reino de Dios (capítulo vii). Estos son los temas que conforman el contenido de los siete capítulos del libro. Todos los capítulos tienen una estructura común: en la primera parte expreso mis problemas cuando expongo las creencias cristianas; en la segunda describo mi esfuerzo por llevarlas al terreno del budismo; y en la tercera resumo lo que creo que puedo aprender cuando «regreso» a mi identidad y a mis creencias cristianas.

Cualquier buen psicólogo (o artista) nos diría que podemos identificar y hacer frente a lo que sentimos, «sacándolo», expresándolo tan claramente como podamos. Eso es lo que intento hacer con este libro. Sinceramente creo que soy un cristiano budista (más que un budista cristiano). Pero para saberlo, tengo que examinar con esmero lo que ello implica.

En realidad, para saberlo, debo escuchar a mis hermanos cristianos. Ellos van a tener que decirme si lo que propongo en este libro tiene sentido, si les permite enlazar (o conectar de nuevo) con su tradición e identidad cristianas. Así es como funcionan las cosas en el cristianismo; somos una comunidad denominada Iglesia. Para que una creencia o práctica determinada pueda ser definida como cristiana, se necesita alguna clase —o grado— de validación comunitaria. Lo cual significa que las nuevas apreciaciones de un teólogo, las enseñanzas de un obispo o de un líder eclesial tienen que ser, de algún modo, acogidas por la comunidad de creyentes. Tengo la esperanza de que haya otros, muchos, colegas cristianos que acepten así lo que ofrezco en este libro. Espero que el budismo los ayude, como creo que me ha ayudado a mí, a revisar y a recuperar las creencias cristianas y los esfuerzos por comprender, mantener y vivir el evangelio de Jesús. ¡Así que después de todo, este no es un libro egoísta! Para ayudarme a mí mismo, tengo que ayudar al prójimo.

En este caso los demás son fundamentalmente mis compañeros cristianos, no mis amigos budistas. Aunque espero que los budistas puedan encontrar este libro interesante e incluso, por qué no, útil, lo escribo primordialmente para aquellos cristianos que como yo luchan, a menudo con dolor, por tratar de mantener unido lo que como cristianos creen personal e intelectualmente. Por lo tanto, la «pregunta ortodoxa» que planteo en los capítulos que siguen va dirigida a la comunidad cristiana, no a la budista. Mi principal preocupación es que los genes teológicos que estoy transmitiendo continúen siendo cristianos, que mi reinterpretación de la fe cristiana, si bien diferente, no sea *totalmente* diferente de lo que era antes. Toda buena teología es una cuestión de discontinuidad en la continuidad, de creación de algo nuevo que se fundamenta y nutre de lo antiguo. En este sentido, espero que este libro contribuya a una buena teología cristiana.

También espero que esté basado en una buena «teología budista». En las últimas décadas he estudiado el budismo tan cuidadosamente como he podido y he practicado una forma de meditación zen todos los días. Pero no soy un erudito del budismo; no conozco el pali, ni el chino, ni el tibetano. Sin embargo, espero que tanto mi comprensión del budismo como el uso que hago de él sean precisos y se ajusten a lo que la mayoría de budistas sostienen. (Como ocurre con los cristianos, dadas las diferentes formas de budismo, es prácticamente imposible que todo el coro budista cante a una sola voz: siempre se dará una polifonía.)

Pero la ortodoxia budista no es mi preocupación principal ni la más importante. Aunque hubiese malinterpretado el budismo, si me hubiera llevado a una nueva, más profunda y comprometida comprensión del mensaje cristiano, habría estado bien, pues así es como suceden las cosas. Apuesto a que mis amigos budistas no estarían en absoluto tristes. (Probablemente lo llamarían *upaya*, una cuestión de «medio útil», o de interpretar los hechos más o menos libremente para hacerse comprender.)

Una larga gestación

Comprender el largo proceso a través del cual los siguientes capítulos tomaron forma puede ayudar al lector a armarse de paciencia y orientarlo en la lectura. En realidad, en mi trabajo como «teólogo dialógico» —en los numerosos cursos sobre budismo y sobre las religiones asiáticas en la Xavier University, a través de los proyectos y de las amistades que son el alma de la Society for Buddhist-Christian Studies, a través de mi propia práctica diaria de la meditación zen, así como mi trabajo en cuanto miembro de CRISPAZ (Cristianos por la Paz en El Salvador) y del Interreligious Peace Council— he estado escribiendo este libro durante los últimos cuarenta años. En el intento de ser un fiel discípulo de

Cristo y un incipiente discípulo de Buda en un mundo tan sacudido por el sufrimiento debido a las injusticias como atormentado por los nuevos descubrimientos de la ciencia, he estado esas cuatro décadas planteándome nuevas preguntas y siguiendo nuevas intuiciones mientras, en el proceso, tomaba notas existenciales para el libro.

También ha habido una conversación continua, si bien privada, conmigo mismo. A través de los años, no cada día pero sí con regularidad, he escrito un diario espiritual en el que he tratado de encontrar palabras para los pensamientos o las cuestiones que surgían de mis lecturas, de mis clases o del diálogo y de las luchas políticas. (Debo admitir que muchas de esas intuiciones iban tomando forma durante mis períodos de meditación, ¡cuando se suponía que no debía estar pensando!) Leí de nuevo esos diarios, guardados desde 1994, y extraje un montón de cosas que me ayudaron en la elaboración de este libro. En ocasiones, cuando una frase particularmente acertada me ha sorprendido, la he citado directamente.

Estas páginas también tomaron forma a partir de múltiples conversaciones. Tan pronto como cada capítulo se convertía en un primer borrador en mi ordenador, lo enviaba por correo electrónico a un círculo de amigos y colegas cuyos sinceros y cariñosos comentarios confirmaban, aclaraban o corregían lo que les había enviado. A la cabeza de esta lista se halla mi esposa, Cathy Cornell, que era católica cristiana cuando nos casamos hace veinticinco años, pero que ha encontrado una vía budista con la que se siente más a gusto. Debido a su «doble pertenencia», pero sobre todo porque sabe mejor que nadie lo que realmente creo y practico, ha sido mi compañera de diálogo más útil y agradable tanto para este libro como para la vida. Después vienen mis hijos, John y Moira, que con su habitual desenvoltura me han sabido señalar los pasajes más incomprensibles.

El resto de amigos, tanto budistas como cristianos, que han hecho lo posible por ayudarme a mantenerme lúcido y preciso son los siguientes: Michael Atkinson (profesor titulado de *Dharma*, que tiene tanto aprecio como paciencia con respecto a sus amigos cristianos), Richard Bollman S. J. (mi antiguo sacerdote de la parroquia Belarmino, que predica sermones budistas de forma anónima), Joseph Bracken S. J. (viejo colega, amigo y crítico del Departamento de Teología de la Xavier University), Dave Callan (amigo y excompañero de sacerdocio, que sigue luchando con el catolicismo), Rick Certik (mi primo y compañero cristiano budista que ha pasado casi treinta años como sacerdote en Japón), Ruth Holtel (activista por la paz, comprensiblemente impaciente con su Iglesia católica), David Loy (amigo, erudito budista internacionalmente reconocido y actual titular de la catedra de Ética/Religión/Sociedad en la Xavier University) y Michael Holleran (antiguo monje cartujo, párroco en Nueva York, maestro zen cualificado y amigo reciente). Extiendo a todos estos amigos mi gratitud por su ayuda y mis disculpas por no haber usado siempre esta ayuda de acuerdo con sus deseos.

Además, expreso mi especial agradecimiento a Nancy King, que puso a mi disposición y a la de Cathy su hermosa casa en el paraíso escondido de Muriwai Beach en Nueva Zelanda. Ahí me tomé el año sabático que necesitaba para reflexionar, sentir e imaginar y, de esta manera, lograr lo que para muchos es la etapa más difícil en un proyecto de escritura: empezar.

Mi último agradecimiento es totalmente inesperado. Nunca imaginé que iba a ser capaz de hacerlo. Cuando llegué a Nueva Zelanda, en enero del 2006, yo estaba felizmente jubilado y me imaginaba que mi vida seguiría su relajado rumbo. Cuando Cathy y yo dejamos Nueva Zelanda en mayo del 2006 estaba aturdido y a la vez emocionado: ¡había aceptado la cátedra Paul Tillich de Teología, Religiones del Mundo y Cultura en el Union Theological Seminary! Durante mi segundo semestre allí, en un curso titulado «Doble pertenencia: cristiana y budista», decidí poner a prueba el primer borrador de este libro con los brillantes, curiosos y tajantes alumnos del Union Theological Seminary. ¡Y lo provechoso que resultó ser! Estoy profundamente satisfecho por la cortesía y la agudeza con las que los estudiantes me hicieron saber cómo creían que este libro podría ayudar o dificultar tanto su recorrido espiritual como sus futuros ministerios. Me sentí algo agraviado aunque fundamentalmente reafirmado. Creo que el borrador final es mejor gracias a ellos.

Entre aquellos estudiantes del Unión, estoy particularmente agradecido a mi doctorando Kyeongil Jung. Ha sido un trabajador tenaz y meticuloso en la recopilación de fuentes, en la corrección y en la verificación de datos, así como un joven compañero estimulante en el camino del diálogo y de la liberación, y estoy seguro de que llevará adelante esta tarea después de que nosotros, los veteranos, nos hayamos retirado. Me ha brindado ayuda y esperanza.

Si los lectores de este libro llegan a experimentar alguna de las bendiciones que yo recibí al escribirlo, seré un autor muy feliz.

PAUL F. KNITTER

Muriwai Beach, Nueva Zelanda, donde empecé a escribir este libro
Union Theological Seminary, Nueva York, donde lo concluí

I

NIRVANA Y EL DIOS OTRO TRASCENDENTE

Crecer es una experiencia universal, mas sospecho que no solo es una experiencia maravillosa, emocionante y gratificante, sino también y con frecuencia algo más que eso: un aprendizaje doloroso, desconcertante y frustrante. Es natural. Dejar lo familiar, pasar a lo desconocido y convertirse en algo que no éramos puede ser aterrador y difícil.

Si esto es verdad para la vida en general, también debe de serlo para la fe religiosa. Más exactamente, si hacerse una idea de lo que realmente somos cuando pasamos de la infancia a la llamada madurez es para la mayoría de nosotros un proceso que tiene que ver con la confusión, debemos esperar lo mismo al imaginar quién es Dios. Esa ha sido ciertamente mi experiencia. En la medida en que me he ido haciendo mayor, mi fe en Dios ha ido ganando en profundidad —confío— y debe haber sucedido así porque la precedía mi confusión. Sin confusión no hay profundidad.

Así es, la lógica del crecimiento humano muestra que el aumento de los problemas religiosos guarda relación con el proceso natural de la madurez. Nuestra inteligencia y madurez espirituales tienen que seguir el ritmo de nuestra inteligencia y madurez emocionales. La manera en la que ese crecimiento sincronizado se produce, si tiene lugar, difiere de una persona a otra. Sin embargo, creo que podemos hallar razones generales, sobre todo para los habitantes de Estados Unidos, de por qué esa sintonía no se produce. La educación académica de muchos cristianos progresa a medida que sus cuerpos y su inteligencia crecen; en cambio, su educación religiosa (si la tuvieran) suele terminar entre los trece y los dieciocho años. Tienen, pues, que encarar la vida de adulto con un diploma religioso de nivel adolescente.

Esto puede traer dificultades, principalmente, porque ser un adulto significa tener responsabilidad y pensar por uno mismo. Lo cual quiere decir encontrar en las experiencias propias los motivos para afirmar o rechazar lo que se ha aprendido de la madre y del padre con la fe confiada, aunque comúnmente ciega, de un niño. Y establecer la conexión entre las experiencias adultas y la imagen infantil de un Ser divino en el cielo que todo lo dirige quizá sea casi tan imposible como caber en la misma ropa que se tenía de adolescente.

Sumémosles a tales tensiones el hecho de que vivimos en un mundo (más patente en Europa que en Estados Unidos) en el cual los científicos van respondiendo a aquellas preguntas cuya respuesta pensábamos que era Dios, así como el hecho de que los psicólogos y politólogos señalan la religión como un instrumento más eficaz para manipular que para madurar, y entonces queda todavía más claro por qué pasar de la religiosidad infantil a la adulta desemboca en un tipo de problemas que o bien bloquea el proceso, o bien lo da por terminado.

Hace ya mucho tiempo, en 1975, di mi primer curso de posgrado en teología (en la Unión Católica Teológica en Chicago), titulado «El problema de Dios». Para mí, como para muchos, este problema sigue vigente. En mi intento de sortear e identificar las diferentes facetas de mi problema con Dios —o las razones por las que a menudo me incomodo cuando escucho o leo cómo nosotros mismos, los cristianos, hablamos sobre Dios— encuentro tres desconcertantes imágenes: el Dios Otro transcendente, el Dios Otro personal y el Dios Otro desconocido.

Soy incapaz de proporcionar un conjunto de respuestas nítidas para una serie de preguntas que han desconcertado y atormentado a muchas mentes más eruditas que la mía. Pero me gustaría explorar y entender mejor —para mí mismo y para los demás— cómo el budismo me ha ayudado a lidiar con este tipo de preguntas e incluso a dar con algunas respuestas que funcionan.

En lo que sigue de este capítulo (y en los siguientes) espero llevar adelante lo que John Dunne en su maravilloso y breve libro de finales de los años setenta *The way of all the Earth* (*El camino de toda la tierra*) llamó «la aventura espiritual de nuestros tiempos»: la aventura de *ir* a otra tradición religiosa de una forma abierta, respetuosa y tan personal como sea posible, y después la de *volver* a la propia religión, para ver como caminar con los «zapatos religiosos» del otro puede ayudarnos a entender y a ajustarnos a los propios.

Esto es lo que haré en los tres segmentos que forman la estructura de cada uno de los capítulos de este libro. Primero trataré de esbozar lo más claramente posible una imagen de mi propio conflicto en un terreno particular de la fe y de la práctica cristianas. Después me acercaré a cómo un budista podría hacer frente a esos conflictos y a esas preguntas. Y finalmente, volveré y trataré de formular lo que he aprendido del budismo, y lo que pienso que puedo hacer para lograr una recuperación y una profundización de la creencia cristiana.

MIS CONFLICTOS: EL OTRO TRASCENDENTE

En algún lugar, Carl Gustav Jung declaró haber podido observar en sus pacientes que, cuando las personas religiosas se acercan a la mediana edad, comienzan a tener problemas con un Dios imaginado como un Otro trascendente, es decir, con un Ser que existe «allá arriba» o «allá afuera», en un lugar llamado el cielo. Esto me describe a mí y mis problemas perfectamente. De hecho, aun cuando he florecido tarde en muchos aspectos de la vida, en este, de acuerdo con la previsión de Jung, he sido particularmente precoz. Con poco más de veinte años ya tenía crecientes dificultades en entender la figura de Dios como el Otro, tanto con la cabeza como con el corazón. Con el paso del tiempo, se ha vuelto más claro para mí que la alteridad no es el problema real. Tienen que existir otros, especialmente los «seres queridos» de nuestra vida si esta va a ser saludable y fructífera. ¿No se merece, entonces, Dios ser uno de los primeros en mi lista de «seres queridos»?

El mayor obstáculo es que Dios se suele retratar de una forma muy distinta a la de los otros seres queridos de mi vida. Él (en el resto de esta sección me parece apropiado usar el pronombre masculino tradicional de Dios) es el Otro trascendente. O, tal como me enseñaron durante mis años de estudios teológicos en Roma, en la década de los sesenta, Dios es el *totaliter aliter*, el totalmente Otro, infinitamente más allá de todo lo que somos como seres finitos y humanos. En esta trascendencia, Dios es, como nos enseñaron, infinitamente perfecto, infinitamente completo, feliz consigo mismo, y no tiene necesidad de nada. *Ipsum esse subsistens* era la locución latina que memorizamos: Dios es el «ser autosubsistente», el ser que se origina a sí mismo, que depende solo de sí mismo y que podría ser feliz por sí solo.

Un Otro que no necesita a ningún otro

Es cierto que esta imagen de Dios como un ser autosubsistente es más un legado de la filosofía griega que de las narraciones bíblicas (aunque algunos eruditos de la Biblia ven sus raíces en la declaración de Dios como «soy el que soy» en Éxodo 3,14). Pensando en esto, entendí que significa que Dios es un Otro que realmente no necesita de los demás y que en su autosuficiencia no puede realmente ser afectado por los demás. De hecho, esto es un credo cristiano común: Dios no tiene ninguna necesidad que lo haga depender de otras criaturas, pues tales necesidades enturbiarían su perfección y autosuficiencia. A lo largo de los siglos, los teólogos (condicionados, me atrevo a decir, por los griegos y por la noción machista de perfección como autosuficiencia) han actuado como si fuesen los guardaespaldas de Dios, asegurándose de que nada lo toque realmente. Ser tocado o cambiado por algo que no sea Dios sería, por así decirlo, una debilidad que la alteridad infinita de Dios no permite.

Pero, atención, esto solo describe a medias la figura de Dios en la doctrina cristiana. El Dios de Abraham, Moisés y Jesús, también es un Dios de amor. El cristianismo afirma que el Dios que es infinitamente otro, infinitamente perfecto y poderoso, también es un Dios que ama infinitamente. La creación es el signo y la expresión perfecta de ese amor, y esto es así, explican los teólogos, precisamente porque este Dios, que en su autosuficiencia y perfección no tiene necesidad de crear, ¡lo hizo! Hacer algo que uno no tiene por qué hacer, dar de sí mismo, aunque no sea en absoluto necesario, eso, dicen los teólogos, es el amor en su máxima expresión.

¿Pero lo es? Aquí es donde tropiezo de nuevo. En mi pensamiento, como en mi oración, en mis esfuerzos por imaginar y en mis esfuerzos por sentir lo Divino, no entendía cómo la enseñanza cristiana consigue mantener entrelazados la alteridad infinita de Dios con el infinito amor de Dios, o el ser trascendental de Dios más allá de este mundo con la acción inmanente de Dios en este mundo.

En primer lugar, si creemos que Dios es amor y esa creación es la expresión de ese amor, pero luego inmediatamente añadimos que Dios no tiene por qué crear, parece, entonces, que Dios no necesite expresar su amor. ¿Pero qué clase de amor es ese? ¿Un amor que sencillamente es, sin encontrar expresión? ¿*Existe* tal amor? ¿Podemos imaginar una persona llena de amor, pero que nunca lo demuestra o lo pone en acción? La explicación de los teólogos es que el amor inherente, infinito de Dios, se expresa dentro de sí mismo, en las relaciones que forman la Trinidad. Entonces, ¿el amor de Dios podría ser satisfecho siendo solo un amor propio, interno? Lo dudo. Tenemos palabras para este tipo de amor. No quiero ser irrespetuoso, pero tengo que ser honesto. Un amor que no necesita ser expresado simplemente no tiene sentido o es un poco enfermizo.

Creación de la nada

Surgen problemas adicionales en el intento de reconciliar el amor de Dios en la creación con el entendimiento tradicional de la alteridad trascendental de Dios por la manera en que la doctrina cristiana entiende la creación. Se supone que debo creer en la «creación a partir de la nada» (*creatio ex nihilo*). Dios produjo el mundo de la nada; él no tenía con qué trabajar. Los teólogos han insistido en esto (que no es tan claro en la Biblia) por dos razones: para asegurar que no había nada antes de la creación (porque entonces vendría de otro lugar, no de Dios) y para estar seguros de que Dios no forjó el mundo de sí mismo (porque esto colocaría al mundo al mismo nivel que Dios y minaría así la divina trascendencia). Entonces hay una línea de demarcación muy clara entre Dios y la creación; es la línea entre el productor y el producto, entre el total infinito y el total finito, entre lo trascendental y lo inmanente. Para mí, la línea de demarcación parece y se siente como un abismo.

Pero esto, lo que la teología cristiana anuncia, es precisamente el milagro y el misterio del cristianismo. ¡Proclama un Dios que ha cruzado el abismo! Un Dios que, ya entre el pueblo de Israel, ha optado por formar parte de la historia. Y esa opción y esa introducción han llegado a su realización total y final en Jesús de Nazaret, porque en él Dios se ha vuelto historia al transformarse en humano. Para los cristianos, la trascendencia de Dios ha pasado a ser inmanente y a estar presente en la creación, porque los cristianos creen en un Dios que no solo actúa en la historia, sino que además se encarna en ella.

Aquí topamos con el núcleo mismo del cristianismo y, como trataré de explicar en el capítulo v, por esto me mantengo cristiano. Pero sigue habiendo problemas para ligar, de una manera persuasiva y coherente, la perpetua insistencia cristiana en la alteridad trascendente de Dios con la afirmación de la acción y la encarnación de Dios en el mundo. Para resumirlo de una forma que espero no sea demasiado simplista: dado el abismo entre Dios y el mundo, el compromiso de Dios con nuestra historia resulta ir en un solo sentido, se muestra partidista y, en su máxima forma encarnada, solo se da una vez.

Una calle de sentido único

Es de sentido único porque dada la insistencia cristiana en la perfección e inmutabilidad de Dios, este indudablemente puede influir en el mundo, mientras que el mundo nunca puede influir en él. Recuerdo mi perplejidad cuando el padre Van Roo S. J., en el curso *De Deo Uno* (De la Unicidad de Dios) en la Pontificia Universidad Gregoriana de Roma, nos explicó cuidadosamente esta distinción: mientras que la influencia de Dios en el mundo es real, la influencia del mundo en Dios es *rationis tantum*, es decir, es una mera ficción de nuestra imaginación. Si el mundo afectase a Dios, el profesor aclaró, su perfección e independencia quedarían enturbiadas.

Entonces la acción de Dios en la historia es como una calle de sentido único. Pero, además, parece más bien una calle construida de manera preferente en algunos vecindarios y no en otros. A lo que quiero llegar es a algo que he escuchado frecuentemente de mis estudiantes universitarios: parece que Dios haga favoritismos; actúa aquí pero no allí; en la historia judía pero no en la historia cananea. Esto nos remite de nuevo a la división trascendental entre Dios y el mundo. Dado que hay dos ámbitos totalmente diferentes y que Dios tiene el control total, sus acciones en la historia y en el mundo tienen que atravesar una división. Dios tiene, por así decirlo, que construir puentes.

Y estos puentes, si se me permite extender la analogía, se construyen aleatoriamente. ¡Si estuvieran en todas partes, no habría división! Esto hace que la acción de Dios en el mundo sea más bien una intervención que un acontecimiento natural y espontáneo. Y estas intervenciones son «opciones»: Dios decide actuar libremente, pues, recuerden, él no tiene que actuar. Pero entonces sus opciones parecen ser selectivas, partidistas, como si Dios amara a algunos de sus hijos más que a otros.

Esta última dificultad contraviene lo que el cristianismo proclama como la mejor de sus noticias: que ese Dios trascendente ha «descendido» del cielo trascendente y se ha identificado, o se ha fusionado, con su creación. La divinidad «se hizo carne» (Juan 1,14). Aquí se acaba el abismo. Aquí tenemos el milagro del amor de Dios: «renunciar» a los privilegios de la divinidad, cruzar la brecha y ser uno más de nosotros en todo menos en el pecado. Milagroso, maravilloso, increíble como es, sin embargo, para mí y para muchos cristianos, todavía refleja todos los problemas de una intervención preferente. El milagro de un Dios convertido en humano sucede no solo en un momento en particular, sino también para un pueblo en particular; y además ocurre, insisten los cristianos, *solo una vez*. Solo en Jesús, en ninguna otra parte. Exploraré este tema más detenidamente en el capítulo v. Por el momento, solo expondré mi conflicto: mientras que me provoca perplejidad el hecho de que Dios tenga que «descender» para formar parte de este mundo, me quedo aún más desconcertado cuando me pregunto por qué lo hizo solo una vez.

¡El problema es el dualismo!

Aunque puede que muchos de mis profesores de la Pontificia Universidad Gregoriana en los años sesenta fueran demasiado escrupulosos en su determinación de salvaguardar la intocabilidad trascendente de Dios, aunque la alteridad de Dios pueda pesar más para mi generación que para la de mis hijos, de todos modos, sé que para muchos cristianos contemporáneos hay un problema fundamental y de profundo alcance en la forma en cómo los cristianos imaginan y hablan sobre el Dios Otro. Voy a darle un nombre filosófico a este problema, pero apunta a un desasosiego personal que muchos cristianos sienten al menos una vez a la semana, el domingo, cuando escuchan el sermón o cantan los himnos.

Durante la mayor parte de su historia (debido a sus condiciones históricas, no por su naturaleza inherente), el cristianismo ha estado asediado por el problema del *dualismo*. Mi diccionario define el dualismo como «un estado en el cual algo tiene dos partes o aspectos distintos, que frecuentemente son opuestos». Mi propia definición simplista sería: el dualismo aparece cuando hacemos distinciones que son necesarias, pero que nos tomamos demasiado en serio. Convertimos esas distinciones en líneas divisorias en vez de líneas de conexión; nos las tomamos como señales de «prohibida la entrada». No solo distinguimos, sino que también separamos. Y la separación normalmente conlleva una clasificación: un lado es superior y domina sobre el otro. Así, tenemos el dualismo entre materia y espíritu, entre Oriente y Occidente, entre naturaleza e historia, entre hombre y mujer, entre Dios y mundo.

Creo que aquí está nuestro problema. Nosotros los cristianos (no somos la única religión que hace esto) hemos *distinguido* entre Dios y el mundo, o entre lo infinito y lo finito. Este tipo de distinciones son correctas y propias; en realidad son necesarias. Pero nos las hemos tomado demasiado en serio. Las hemos hecho demasiado nítidas, demasiado definidas. Hemos insistido tanto en la infinita distancia entre Dios y el mundo que hemos acabado, no con Dios y las criaturas en dos extremos del mismo campo de juego, sino en ¡dos estadios diferentes! Hemos insistido tanto en lo diferente que Dios es de las criaturas, en lo alejado que está de ellas, que nuestro intento de «conectarlos» se ha vuelto algo artificial, parcial o desigual.

Este es el problema del dualismo: hace tanto hincapié en la diferencia entre dos realidades que las acaba separando, y después no las podemos volver juntar y mostrar que en verdad van mano a mano, que se complementan, se necesitan y tienen una relación genuina la una con la otra. ¡Así es! Es el quid de la cuestión: el dualismo cristiano ha exagerado tanto la diferencia entre Dios y el mundo que ya no puede mostrar que realmente los dos forman una unidad.

Evidentemente, lo que he resumido en estas páginas no representa toda la tradición y la experiencia cristianas, ni toda la teología cristiana. Pero se hace eco de las voces dominantes y refleja la imagen predominante, no solo de las creencias populares cristianas, sino de muchas «enseñanzas generales» de la Iglesia. Gran parte de las creencias y la espiritualidad cristianas se ven abrumadas por lo que he llamado el dualismo entre Dios y nosotros. El «Dios que está por doquier» (C. G. Jung), el Dios «sobre mí» o que «desciende hacia mí» es un Dios en el que me cuesta creer. Muchos de mis amigos y estudiantes también piensan así. Si en la tradición y la experiencia cristianas hay un Dios dentro, un

Dios que vive y se mueve, un Dios que *es* dentro de nosotros y del mundo, necesitamos ayuda para encontrarlo.

El budismo, creo, puede ayudarnos.

IDA: NO DIOS, SOLO CONEXIONES

Nunca olvidaré la sacudida que experimenté cuando empecé a estudiar budismo durante mi primer año de universidad en el Seminario del Verbo Divino, en Conesus, Nueva York. (Eran clases privadas, porque el currículo del seminario no tenía espacio para religiones «no-cristianas».) Quedé deslumbrado. No, más bien perplejo, estupefacto. ¡El budismo no tenía un Dios! Había escuchado algo sobre la propuesta de Dietrich Bonhoeffer de una «religión sin religión». ¿Pero era la propuesta de Buda una «religión sin Dios»?

Así, en mi primer encuentro con el budismo me sentí como si me hubiese dado contra un muro. Más adelante entendí que ese muro nos ofrece la forma más segura de estudiar una religión que no es la propia. Nos impide hacer lo que todos estamos inclinados a hacer: proyectar nuestras propias perspectivas y creencias sobre la otra religión y declarar que «realmente dicen lo mismo». Todas las religiones tienen mucho en común, pero también tienen muchos aspectos, tal vez incluso más, que las hacen diferentes las unas de las otras. Y si existen dos religiones en las que las diferencias superan las similitudes, creo que son el budismo y el cristianismo. Por esto, el diálogo entre ellas se hace muy difícil, a la vez que es sumamente gratificante.

Dios se interpone en el camino

Al ir arriando mis velas dialógicas, disminuí la velocidad y permití que el budismo y los budistas me hablaran. Aprendí, tanto por libros como por mis amigos budistas, que Buda no necesariamente niega la existencia de Dios, simplemente no quiere hablar de Dios ni de cosas formalmente religiosas. ¿Por qué? Sospecho que fue porque quería comunicar otras cosas y temía que hablar de Dios se interpusiera en su camino. Quería hablar de lo que había descubierto meditando bajo el árbol de Bodhi (el árbol del despertar), en un pueblo que hoy se llama Bodh Gaya, en el norte de la India, después de haber dejado a su familia y su regio hogar seis años antes para emprender la búsqueda de cómo lidiar con el sufrimiento y averiguar el sentido de la vida. Quería compartir *esa* experiencia. Esto era más importante para él que hablar sobre Dios o sobre Brahman (el Absoluto en el hinduismo); de hecho, para Buda, la experiencia era más importante que el hablar.

¿Pero cuál era esa experiencia que quería transmitir? Antes de intentar responder a esta pregunta, debo mencionar una advertencia budista que sostiene la imposibilidad de hallar las palabras adecuadas para responderla. De todos modos, se dice que bajo el árbol de Bodhi, los ojos de Buda se abrieron (este es el significado del título de «Buda»). Vio las cosas como realmente son. Experimentó la iluminación, el despertar. Y el contenido u objetivo de ese despertar más adelante se llamó *nirvana*. Así, esto es lo más importante para los budistas, alcanzar la iluminación y llegar a la realización del nirvana.

Un primer sermón breve

Para entender, aunque sea de forma limitada, el sentido del despertar y del nirvana, tenemos que hacer un resumen del primer sermón de Buda, que pronunció poco después de la iluminación ante algunos de sus viejos compañeros espirituales y de búsqueda en Sarnath, o parque de los ciervos, en las afueras de la ciudad santa hindú de Venarés. El contenido del sermón eran «las cuatro nobles verdades», y fue uno de los sermones más sencillos y a la vez más efectivos que se hayan pronunciado jamás. Desde ese memorable día a finales del año 500 a. C., los budistas intentan recordar y entender que:

1 Hay sufrimiento (*dukkha*) en la vida de todo el mundo.
2 La causa de ese sufrimiento es el deseo (*tanha*).
3 Podemos detener el sufrimiento dejando de desear.
4 Para dejar de desear, hay que seguir el Sendero Óctuple de Buda (que consiste esencialmente en tomar las enseñanzas de Buda en serio, vivir una vida moral evitando el daño a los demás y seguir una práctica espiritual basada en la meditación).

Para entender por qué estas cuatro nobles verdades tienen sentido y por qué funcionan, debemos preguntar: ¿por qué *tanha* causa *dukkha*? ¿Por qué trae sufrimiento el deseo egoísta? Inherente a la respuesta de esta pregunta, nos dicen los budistas, hay algo más que Buda vino a entender bajo el árbol de Bodhi: lo llaman *annica*. Esta palabra se suele traducir como *transitoriedad* [*impermanence*]: todo lo que existe (y si Dios existe, también se refiere a él) está en constante movimiento, en constante flujo. Nada, absolutamente nada, se mantiene como es. Para los budistas, el hecho o la calidad del mundo no es *ser*, como para la mayoría de los filósofos y teólogos occidentales: es *llegar a ser*. Ser es llegar a ser, uno solo puede «ser» si está en movimiento. (Aquí podemos ver una notable diferencia con lo que vimos acerca del Dios cristiano: para los teólogos cristianos occidentales, llamar a Dios perfecto significa que él no cambia; para los budistas, si llamamos a Dios perfecto, ¡significa que Dios es la realidad más variable que podemos imaginar!)

¿Pero por qué todo es transitorio y está en constante cambio? La respuesta tiene que ver con lo que se podría llamar la otra cara de *anicca*: *pratityasamutpada* o, en terminología técnica, el «surgimiento interdependiente». Más simplemente: todo cambia porque todo está interrelacionado. Todo llega al ser y continúa en el ser a través de y con algo más. Buda llegó a ver que nada tiene su propia existencia. De hecho, cuando quería describir al ser humano, o el ser/identidad de cualquier cosa, utilizaba el término *anatta*, que literalmente significa *no-ser* (nos detendremos en esto más adelante). No somos «seres» en el sentido de «cosas» individuales, separadas e independientes, sino que cambiamos constantemente porque nos interrelacionamos (o somos interrelacionados) constantemente. Entonces, si para Buda no somos «ser», sino «llegar a ser», ahora queda claro que somos «llegar a ser con».

Ahora podemos entender por qué el egoísmo causa sufrimiento. Cuando actuamos de manera egoísta, cuando deseamos, cuando tratamos de poseer algo y apoderarnos de ello, cuando nos negamos a soltar las cosas, estamos actuando de forma contraria a como funcionan las cosas. Es como nadar a contracorriente o intentar atrapar un pájaro al vuelo. El egoísmo causa fricción. Provoca perjudiciales chispas porque va en contra de la realidad. Para los budistas, el egoísmo no es tanto pecaminoso como estúpido. (Pero igual que el pecado cristiano causa sufrimiento tanto para uno mismo como para los demás.) No es que los budistas estén en contra de disfrutar de las cosas o de las personas, simplemente advierten que hay que evitar aferrarse a ellas y pensar que nos pertenecen. Cuando hacemos esto, saltan chispas y las personas sufren.

Lo que buscan los budistas

Esta es la experiencia que tuvo el Buda y que los budistas buscan: quieren volverse iluminados hacia la verdad real de las cuatro nobles verdades, hacia la realidad de la transitoriedad y de la interconexión de todo, y hacia la libertad y la paz que resultan del despertar a esta realidad de impermanencia. Los budistas buscan esto, es lo que más cuenta para ellos. Así como los cristianos buscan a Dios, los budistas buscan el despertar. Se podría decir que el despertar es lo «Absoluto» de los budistas. ¿Pero significa esto que para los budistas lo Absoluto es una experiencia personal? Pues bien, sí y no. Sí, la iluminación es, ante todo, una experiencia propia de cada uno. Debe serlo, porque si uno no la alcanza, no tiene ese «algo» sobre qué hablar.

Pero hay un «algo», es decir, la iluminación es una experiencia de algo. Y ese algo es cómo son las cosas, la forma en que funcionan. No es una «cosa» tal como solemos utilizar esta palabra; no se puede localizar aquí o allá, como todo lo demás en el mundo, pero aún más, no tiene su propia existencia. (Ya he dicho que los budistas insisten en que todo esto está más allá de las palabras.)

Sin embargo, sí que utilizan palabras para llegar al contenido o a la realidad de la iluminación. Después de *nirvana*, uno de los términos más comunes del budismo es *sunyata*. Apareció dentro de la tradición mahayana del budismo (el movimiento de reforma que surgió unos cuantos siglos tras la muerte de Buda) y literalmente significa 'vacío', pero no vacío en el sentido puramente negativo de ausencia (como un cuarto vacío), sino vacío en el sentido de ser capaz de recibir algo (un cuarto que se puede llenar). La raíz *su* significa vacío/lleno, «hinchado», no solo la vacuidad de un globo, sino también la potencialidad de una mujer embarazada. *Sunyata* testifica la realidad de que no todo encuentra su propia existencia en sí mismo; más bien, todo está abierto, todo depende de algo y, por tanto, todo es capaz de contribuir a lo que es otro.

En ese sentido, *sunyata* refleja el significado literal de *nirvana*: ser extinguido, ser apagado como una vela, es decir, que la existencia de uno sea arrastrada por el viento y así pueda insuflar la existencia del otro. Otros términos que los budistas usan para referirse a lo que persiguen nos ofrecen una descripción escurridiza para lo que realmente es inasible.

Aquello que se hizo patente en la historia de Buda se conoce como *Dharmakaya*, el «cuerpo de *Dharma*». Aquí *Dharma* indica tanto la verdad infinita e incognoscible del mensaje de Buda como el poder de transformación que esa verdad posee.

De manera más práctica y personal, los budistas zen hablan del vacío como la «naturaleza de Buda» inherente a todos los seres sensibles. Siguiendo el Sendero Óctuple, los seres humanos pueden realizar y expresar la naturaleza de Buda en sus vidas. Esta misteriosa e interrelacionada naturaleza de Buda es nuestra verdadera naturaleza y podemos experimentarla cuando soltamos nuestro egoísmo y nos permitimos interactuar, recibiendo y dando, con todo lo demás en el tejido interconectado de la realidad.

Thich Nhat Hanh, un moderno estudioso y practicante del budismo zen que ha hecho mucho por popularizarlo, ofrece una traducción del *sunyata* más libre pero también más sugerente: «inter-Ser». Se trata del estado interconectado de las cosas que constantemente produce nuevas conexiones, nuevas posibilidades, nuevos problemas, vida nueva. De una forma más provocadora y quizá más desafiante, Pema Chödrön, maestra americana de un budismo de estilo tibetano, se refiere a *sunyata* como la «ausencia de fundamento». Afortunadamente, la vida no tiene un fundamento sólido e inmutable, no existe un lugar en el que uno pueda estar permanentemente, puesto que nos movemos y estamos en interdependencia con todo lo demás. Cuando nos damos cuenta de esto y nadamos con esa ausencia de fundamento en lugar de ir en su contra, dejando que nos lleve y moviéndonos con ella, entonces nadar se vuelve no solo posible, sino agradable.

¿Verbo o adverbio?

En este momento un cristiano como yo, que intenta acercarse a la experiencia y a las enseñanzas budistas con cautela y respeto, se encuentra preguntándose a sí mismo: ¿Pero qué es nirvana? ¿Realmente existe por sí solo? ¿O es solo una descripción general de cómo son y cómo actúan las cosas? ¿Es un «verbo» (una actividad real dentro del todo) o es simplemente un «adverbio» (una descripción de cómo actúan las cosas)? (Sé que los lingüistas me recordarán que no puede haber adverbio sin verbo... Quizá sea esto lo que quiero decir.)

Estas son preguntas típicas del cristianismo y de Occidente y, sin embargo, se dice que Buda se enfrentó a este tipo de desconciertos en su propia vida. En general, él respondió de una forma que aspiraba, me imagino, a aumentar el desconcierto hasta tal punto que apareciese en su lugar una nueva intuición. «¡Tu pregunta no viene al caso!» O: «Lo que preguntas no tiene ningún sentido respecto a lo que estoy diciendo.» Entonces él «explicó» que es incorrecto, o inapropiado, o confuso, tanto decir que «nirvana/*sunyata* existe» como decir que «nirvana/*sunyata* no existe».

En otras palabras, no se puede hablar de esa manera sobre lo que Buda intenta que la gente experimente y realice. Nirvana/*sunyata* (o «inter-Ser»/«ausencia de fundamento») no es algo que «exista» de la forma que pensamos que existen las cosas. No es una «cosa» como las demás «cosas» que experimentamos; en realidad es una no-cosa (otro término que algunos budistas mahayana usan). Mientras que las «cosas» existen en la interconexión, *sunyata* o nirvana *es* su conexión. Por describirlo con un término que no se encuentra en los textos budistas originales, pero que fue adoptado por budistas contemporáneos, *sunyata* o la ausencia de fundamento puede imaginarse como un proceso, de hecho, como *el* proceso por el cual, en el cual y a través del cual todas las cosas tienen su ser. ¡Uy!... quiero decir, su devenir.

Otra imagen que se puede utilizar para describir *sunyata* es la de un campo energético. Es el campo en el cual y por el cual todo lo demás se activa para interactuar e inter-convertirse. Tal campo energético «existe» a través de y con todas las actividades dentro de sí y no podría existir sin estas actividades. Sin embargo, no se puede reducir a estas actividades. Como dice el tópico: *sunyata* o «inter-Ser» es la suma de sus partes y a la vez mayor que todas ellas juntas. Me cuesta encontrar palabras y símbolos en este intento de acercarme al budismo, espero que estas sean las apropiadas.

¡Está aquí, ahora!

Con esta imagen del «inter-Ser» como un campo energético, nosotros los cristianos podemos apreciar mejor hacia dónde los budistas, especialmente los de la tradición mahayana, nos están guiando cuando insisten en que «nirvana es samsara». Se trata de un rompecabezas que pretende llevarnos a un sentido o sensación de la *no-dualidad* entre lo que para los budistas es lo Fundamental (lo que cuenta para muchos de ellos) y lo que para todos nosotros es este mundo finito. «Samsara» es nuestro día a día, el trabajo y el sufrimiento de la vida, nuestra existencia mundana en constante cambio y relación. En esta realidad finita que llamamos la vida diaria es donde encontramos el nirvana o el vacío, porque samsara es nirvana.

O, por decirlo de una forma un tanto más concreta y a la vez abstracta, hay otra expresión mahayana que dice: «El vacío es la forma, y la forma es el vacío»; es decir, la trascendencia, la realidad abstracta del vacío, se encuentra en cada forma concreta de este mundo y le da expresión: la gente, los animales, las plantas, los acontecimientos. No se pueden tener todas estas formas individuales sin el vacío; pero tampoco se puede tener vacío sin estas formas individuales.

Me parece que esto representa la máxima paradoja de lo que antes llamamos *no-dualidad*. Hacemos y mantenemos una distinción entre nirvana y samsara, o entre el vacío y la forma; no son dos ingredientes que puedan emulsionarse en una misma receta. En cambio, en su peculiaridad, están ligados en una interdependencia esencial que no permite la separación nítida entre uno y otro. Como Raimon Panikkar, un sabio pionero del diálogo interreligioso, ha dicho: en una no-dualidad real —en este caso, nirvana y samsara— las partes interrelacionadas *no son dos*. ¡Pero tampoco son *una*! ¿Pueden los cristianos decir algo similar sobre la relación entre Dios y la creación? Es hora de volver.

VUELTA: EL DIOS ESPÍRITU DE CONEXIÓN

Quisiera recordar lo que espero hacer en estos segmentos de «vuelta»: quiero tratar de describir tan claramente como pueda la manera en la que mi ida a la forma como los budistas viven y hablan sobre nirvana/*sunyata*/«inter-Ser» sirve de guía y de luz para mi propio «problema con Dios». Haciendo esto, quiero mostrar cómo esta luz del budismo nos ha iluminado, por así decirlo, en dos direcciones: hacia atrás y hacia delante. Esto me ha ayudado, creo, tanto para mirar atrás y redescubrir o recuperar lo que siempre ha sido parte de la tradición cristiana como para mirar hacia adelante con el fin de recrear mi propia tradición y de explorar cómo puedo «sacar de mi tesoro cosas nuevas y cosas viejas» (Mateo 13,52).

Volvernos místicos de nuevo por primera vez

Marcus Borg ha escrito un libro muy útil sobre la necesidad que los cristianos sienten de recuperar una comprensión correcta de Jesús; una imagen de Jesús que, según Borg, sería mucho más atractiva. El libro se titula *Meeting Jesus again for the first time* (*Conocer a Jesús de nuevo por primera vez*). Yo creo que lo mismo se puede decir sobre la necesidad que muchos cristianos sienten de recuperar sus tradiciones místicas: tienen que volverse de nuevo místicos por primera vez. Karl Rahner, uno de los teólogos cristianos más respetados del pasado siglo (¡y mi profesor!), reconoció esta necesidad en una afirmación que se ha repetido muchas veces: «El cristiano del futuro será místico o no será.»

Buda me ha permitido no solo entender y sentir la verdad de estas palabras de Rahner, sino también palpar su fuerza inherente. ¡Sí, es una cuestión de supervivencia! Solo si recupero mi tradición mística cristiana, será posible mantenerme dentro de mi Iglesia, por imperfecta y frustrante que a veces sea. Buda me ha llamado a «ser de nuevo un místico». Pero —y esto será difícil de explicar— el «de nuevo» es también «una primera vez». Con lo que he aprendido del budismo, me ha sido posible recuperar parte del rico contenido del misticismo cristiano tal como se presenta tanto en los «místicos profesionales» de la historia de la Iglesia (Teresa de Ávila, Juan de la Cruz, Maestro Eckhart, Juliana de Norwich) como en los textos del Evangelio de Juan y las epístolas de Pablo en el Nuevo Testamento. Gracias a mi acercamiento al budismo, ha sido más que una mera recuperación. Para mí no ha sido solo el haber podido sacar los mantos místicos cubiertos de polvo de mi armario cristiano, también he podido *añadir* algo a ese armario. Lo que he añadido se ha «acomodado» a lo que ya estaba allá, pero esto es algo realmente nuevo. Así que he vuelto de nuevo al armario místico del cristianismo, pero también por primera vez. Intento explicarme.

Cuando Buda se negó a hablar de Dios con el fin de preparar el camino para la experiencia de la iluminación, estaba utilizando el mismo argumento, pero con mucha más fuerza, que Rahner cuando insiste en que los cristianos tienen que ser místicos: «Dios» tiene que ser una experiencia antes de que «Dios» pueda ser una palabra. Si Dios no es una experiencia, cualquier palabra que usemos para designar lo Divino estará falta de contenido, como una señal de la carretera que no indique nada o una bombilla sin electricidad. Un consejo que Buda les daría a los cristianos y creo que Rahner apoyaría es: si quieres usar palabras para referirte a Dios, asegúrate de que estén precedidas o por lo menos provengan de una experiencia propia. Y esta será el tipo de experiencia que, de alguna forma, te tocará profundamente, quizá te haga parar en tu camino, te llene de asombro y gratitud, y será una experiencia con la cual entenderás que no hay palabras adecuadas. Rahner menciona muchas maneras en las que tales experiencias suceden en la vida diaria —enamorarse, teniendo esperanza cuando no hay esperanza, sintiéndose maravillado por la naturaleza, en momentos profundos de oración o de meditación. A menudo este tipo de experiencias suceden antes de que haya consciencia explícita o de que se hable de «Dios». Suceden, y algunas palabras, como *Dios*, *Misterio*, *Presencia* o incluso *Silencio*, parecen apropiadas para describirlas.

En términos más contemporáneos, Buda nos ha recordado, a mí y a todos los cristianos, que cualquier tipo de vida religiosa o afiliación a una Iglesia debe basarse en vivencias propias. *No* es suficiente decir «amén» a un credo, obedecer diligentemente una ley o asistir a una liturgia con regularidad. La experiencia personal puede estar mediada por una comunidad o Iglesia, pero tiene que ser propia. Sin este acontecimiento personal, místico, uno no puede llamarse auténtica y honestamente religioso.

Pero con esta experiencia, uno es libre tanto de afirmar como de encontrar significado en las creencias y prácticas de su Iglesia, y al mismo tiempo uno es libre de criticar su religión, lo cual significa estar por encima de ella, confrontarla, pero al mismo tiempo tener paciencia con ella. Ambos, Buda y Jesús, debido a sus extraordinarias experiencias místicas, pudieron criticar con encono sus propias religiones, el hinduismo y judaísmo (Jesús, hasta el punto de meterse en serios problemas), pero también afirmar y preservar lo que hallaron de bueno y verdadero en ellas. Los místicos son tanto seguidores fieles como críticos inconformes, lo cual, me parece, es exactamente lo que las Iglesias cristianas necesitan hoy día.

Guiado por mi linterna budista

He usado mucho la palabra *experiencia* en la sección anterior, principalmente para insistir en que, sin ningún tipo de vivencia mística, la religión es una mera farsa o cáscara vacía. Tengo que decir algo más respecto a lo que me refiero con «experiencia, vivencia mística». Y para ello, con la ayuda del budismo, hablaré más sobre lo que mis compañeros cristianos y yo queremos decir con «Dios».

I NIRVANA Y DIOS EL OTRO TRASCENDENTE

Quizá el adjetivo dominante o el primero que los eruditos del misticismo comparativo usan para describir la experiencia mística sea *unitivo*. No hay manera de desglosar todos sus significados. Tener una experiencia mística o una experiencia religiosa personal es sentirse conectado, ser parte de, estar unido a, ser consciente de, ser uno con algo o alguna actividad mayor que uno mismo. Uno se siente transportado más allá de su habitual sentido de sí a medida que se da cuenta de un ser expandido o de una pérdida del ser, en el descubrimiento de algo más allá de las palabras. El filósofo de la religión John Hick describe la experiencia mística como el desplazamiento del ego-centrismo al otro-centrismo o al realidad-centrismo.

Ciertamente, nuestra descripción de la iluminación budista encaja con esta característica unitiva del misticismo, a pesar de que los budistas, siendo firmes en la pérdida del sí, usan deliberadamente términos resbaladizos para referirse a *aquello* a lo que están conectados: el vacío, la ausencia de fundamento, el «inter-Ser». Por otro lado, los místicos cristianos son muy claros con respecto a aquello a lo que están conectados. En la literatura mística cristiana proliferan expresiones como «uno con Cristo», los «templos del Espíritu Santo», «el cuerpo de Cristo», las «esposas de Cristo», la «morada divina», los «participantes en la naturaleza divina». Tanto el entusiasmo como la dificultad de mi ida y vuelta del budismo al cristianismo comenzaron cuando empecé a explorar las conexiones entre este tipo de exclamaciones místicas cristianas y la experiencia budista de *sunyata*. Recuerdo la emoción pero también la duda que sentí cuando, a comienzos de la década de los setenta en la Theological Catholic Union, empecé a preguntar a mis estudiantes y a mí mismo si las nociones budistas de la producción condicionada y del «inter-Ser» podrían abrir las puertas a una comprensión más profunda de lo que Tomás de Aquino vio cuando anunció que Dios *participa* en la Creación, o que nosotros participamos en el ser de Dios.

Incluso me preguntaba si la proclamación del budismo de que nirvana es samsara nos puede ayudar a entender la descripción filosófica de Rahner sobre «lo existencial sobrenatural», es decir, su sorprendente pero desconcertante proclamación de que nuestra condición humana no es solo «humana» o puramente natural porque desde el primer momento de la creación la humanidad está infundida y animada por la gracia de la presencia de Dios. En otras palabras, ¡lo «natural» es realmente lo «sobrenatural»! ¿O pueden las enseñanzas budistas del «inter-Ser» ayudarnos a entender la elegante propuesta de Paul Tillich (en ese momento bastante revolucionaria) de que Dios se puede entender más coherentemente como el fundamento del ser?

Al releer mis diarios espirituales durante la preparación de este libro, me di cuenta de cuánto he luchado a lo largo de los años con esta clase de intercambio cristiano-budista; ha sido una lucha maravillosa a la vez que inquietante. Pero he llegado a un punto en el cual tengo que admitir que, como resultado de esas exploraciones, el Dios a quien profeso todos los domingos, el Dios de quien intento ser consciente en mi oración y en mi meditación, el Dios con quien tanto mi cabeza como mi corazón se identifican, ese Dios o mi Dios mantiene un mayor parecido con *sunyata* y el «inter-Ser» que con la prevalente imagen cristiana de Dios como el Otro trascendente.

¿Es Dios el «inter-Ser»?

Permítanme plantear una pregunta sin rodeos ni sofisticación alguna: ¿es Dios el «inter-Ser»? O, con mayor prudencia: ¿el vacío o el «inter-Ser» son símbolos apropiados para Dios, especialmente para los hombres y las mujeres mayores de treinta y cinco años, en lo así llamado nuestro mundo moderno? (Hablaremos más sobre los símbolos en el capítulo III.) He llegado a creer —o mejor, sentir— que así es. Ciertamente, como gran parte de la literatura contemporánea sobre el diálogo budista-cristiano indica, este tipo de Dios del vacío y del «inter-Ser» se halla muy cerca de lo que los místicos cristianos intentan expresar al describir sus experiencias de Dios. Señalar las similitudes entre el budismo y los místicos como Eckhart y Juan de la Cruz es, se podría decir, fácil, a la vez que revelador y estimulante.

El teólogo que llevo dentro siente la necesidad de examinar esto de forma más amplia. Creo que en los estantes del almacén de las creencias cristianas podemos encontrar imágenes de Dios —quizá un poco empolvadas— que indican que los cristianos sí tienen consciencia de lo Divino como el misterio del «inter-Ser». Yo necesité una linterna budista para descubrirlas.

Como primer ejemplo, tomemos la única «definición de Dios» que hay en el Nuevo Testamento. El autor de la primera carta de Juan anuncia que «Dios es amor» (1 Juan 4,8). El autor no dice que Dios es un padre que ama, sino que Dios *es* amor. Me tomo este pasaje literalmente —aunque también con cautela— cuando permito que este lenguaje confirme lo que noto y lo que los budistas me han ayudado a aclarar: para ir más allá de o penetrar más profundamente en la imagen común de Dios como el Padre, podemos y debemos hablar de amor. ¿Por qué? Porque la imagen del Padre nos dice (o se supone que nos dice, según la clase de padre que hayamos tenido) que la verdadera naturaleza de Dios es amor. Amar es salir de uno mismo, vaciar el ser y conectarse con los demás. El amor es esa energía de vacío, de conexión, que en su poderío origina nuevas conexiones y nueva vida. El Dios que, como dice Dante, es «el amor que mueve el Sol y las otras estrellas» es el «inter-Ser» de las estrellas y del universo.

Todo esto nos lleva a una de las formas más típicas de hablar de lo Divino que tienen los cristianos: el Dios cristiano, aprendí ya en la escuela primaria, es a la vez uno y tres, la Trinidad. (¿Recuerdan? ¿Tres cerillas juntas que se queman con la misma llama?) Si toda creencia cristiana, como insisten los teólogos, tiene que ser significativa antes de que pueda ser verdad, ¿cuál es el *significado* de la Trinidad? ¿Cómo refleja la forma en la que la comunidad cristiana ha llegado a experimentar lo Divino? Sin perdernos en el rico pero a veces enmarañado paisaje que es la historia de la teología trinitaria, podemos centrarnos en una de las piezas esenciales de ese paisaje: creer en un Dios trinitario es creer en un Dios *relacional*. La verdadera naturaleza de lo Divino no es otra cosa que existir *dentro y fuera* de las relaciones; para Dios, *ser* no es otra cosa que *relacionarse*. Eso, junto con otras cosas, es lo que la doctrina de la Trinidad les dice a los cristianos.

Para los cristianos, Dios no puede ser solo uno, sencillamente porque, como dice el refrán: Para discutir se necesitan dos. Por tanto, aunque haya un solo Dios, debe ser más que uno. Esto es lo que los cristianos experimentaron y aprendieron de Jesús acerca de Dios. Es cierto que él nunca les enseñó la doctrina de la Trinidad, pero al reflexionar sobre el impacto que tuvo en sus vidas, sus discípulos a la larga acabaron viendo a Dios como tres: tres energías, tres movimientos, tres «personas» relacionadas entre sí; «Padre, Hijo y Espíritu Santo»; o Progenitor, Criatura y Espíritu.

Todo esto significa que el mismo ser de Dios, o su existencia, o su identidad consiste en la relación, en la interexistencia o en el «inter-Ser». Esto es lo que los teólogos llaman «la Trinidad interna», la naturaleza interna de Dios. Pero lo que Dios es internamente, Dios debe ser externamente. Lo que los cristianos han visto en Jesús de Nazaret es un Dios que crea y está presente en el mundo a través de las *relaciones*, la misma clase de relaciones que decimos existen en la naturaleza misma de Dios: relaciones de conocimiento, de entrega, de amor que crean cada vez más vida y existencia. Detrás y dentro de todos los diferentes símbolos e imágenes que los cristianos pueden usar para referirse a Dios —Creador, Padre, Redentor, Verbo, Espíritu—, lo más fundamental, la verdad más profunda que los cristianos pueden pronunciar sobre Dios es que Dios es la fuente y el poder de las relaciones.

Esto suena muy abstracto, pero no lo es. Es la cosa más básica y simple que podemos decir sobre nosotros mismos y sobre Dios: existimos a través de las relaciones de conocimiento, amor y entrega, porque es así como Dios existe.

Aquí es donde el budismo me ayudó a sentir o a captar lo que todo esto significa. Experimentar y creer en un Dios trinitario es experimentar y creer en un Dios que no es, como Tillich diría, el fundamento del ser, sino ¡el fundamento del «inter-Ser»! Dios es el acto de dar y recibir, de saber y amar, de perder y encontrar, de morir y vivir, que nos abarca y nos infunde a todos nosotros, a toda la creación. Aunque toda imagen o símbolo cojee, los cristianos pueden y *tienen* que decir algo con lo que los budistas *quizá* estén de acuerdo: si vamos a hablar de Dios, Dios no es ni un sustantivo ni un adjetivo. ¡Dios es un verbo! Con la palabra *Dios* intentamos designar una actividad que se da en todas partes, más que un Ser que existe en algún lugar. Dios es mucho más ambiente que objeto.

Y, por tanto, si nosotros los cristianos realmente afirmamos que «Dios es amor» y que la Trinidad significa relacionalidad, entonces creo que el símbolo que los budistas usan para *sunyata* encaja perfectamente con nuestro Dios. Dios es el campo —el campo energético, dinámico del «inter-Ser»— dentro del cual, tal como leemos en el Nuevo Testamento (aunque quizá realmente nunca hayamos escuchado), «vivimos y nos movemos y existimos» (Hechos 17,28). O, desde la perspectiva divina, existe «un Dios, Padre de todos, que está sobre todos, entre todos, en todos» (Efesios 4,6). Esta presencia «arriba, a través y por dentro» se puede fácilmente imaginar como un campo de energía que nos impregna y nos influye a todos, llamándonos a tener relaciones de conocimiento y de amor, dándonos ánimos cuando esas relaciones se vuelven difíciles, llenándonos de felicidad profunda cuando nos vaciamos y nos encontramos en los demás.

Amar al prójimo, entonces, no es una cuestión de «hacer la voluntad de Dios» y sí de «vivir la vida de Dios». Por esto Rahner decía que hay mucha gente que vive la vida de Dios en sus acciones, aunque puedan negar la existencia de Dios en sus palabras. (Y viceversa: mucha gente dice creer en Dios pero niega esa creencia por su forma de vida.)

El Espíritu de conexión

Ahora puedo intentar aclarar por qué he titulado esta sección de vuelta «El Dios Espíritu de conexión». Si existe alguna palabra para referirse a Dios en el léxico cristiano que guarda estrecha relación con el lenguaje que los budistas usan para lo que ellos están buscando, esta es *Espíritu*. Curiosamente, *pneuma*, o el Espíritu de la Sabiduría, fue una de las primeras imágenes que la comunidad cristiana usó para hablar sobre la relación entre Jesús y Dios; aunque poco después se cambió por la de «Padre» e «Hijo». Mi diálogo con el budismo me ha permitido no solo recuperar, sino también ser recuperado por la imagen del Espíritu como un símbolo de Dios. Volver al Espíritu tras haberme acercado a *sunyata* me permite entender y sentir «de nuevo por primera vez» que el Espíritu se refiere más significativamente a una energía penetrante que a un ser en particular; que el Espíritu anima muchas cosas sin ser contenido por ninguna de ellas, y que el Espíritu se funde con lo que anima de una manera que es mucho más una materia de interpenetración que de asimilación. La relación entre el «espíritu» (o alma) y el cuerpo, enseña la teología cristiana, es de reciprocidad: sin el espíritu el cuerpo no puede vivir; sin el cuerpo el espíritu no puede actuar. Lo mismo es cierto respecto al Espíritu y la creación. En junio del 2001 lo expresé de esta forma:

> En un sentido muy real, de acuerdo con el simbolismo y la experiencia cristianos, el Espíritu está dado con la creación, incluso es el instrumento o el poder de la creación. Él está con nosotros desde el comienzo, fundamentando y conectando todo ser viviente, todo ser. Puedo descansar en él, así como Cathy (mi esposa, budista) descansa en la ausencia de fundamento. Absolutamente

misterioso, completamente imprevisible, lleno y dirigido por amor/compasión, el Espíritu es el útero en el que descanso y desde donde emano momento a momento.

Anteriormente, en marzo del 2000, reflexionando sobre Romanos 8,9, escribí:

> «El Espíritu de Dios habita dentro de ti.» Creer esto es convertir la vida en algo muy diferente de lo que normalmente es. Aquí está la realidad desde la cual puedo encararlo todo, lidiar con todo, responder al amor y al odio, seguir con mi trabajo de escritura y enseñanza. Es real. El Espíritu está verdaderamente en mí, dentro de mí, viviendo como yo. Es la «vasta apertura» de la que habla Pema Chödrön. Es la fuente de *maitri* (bondad amorosa) con la que puedo ser veraz y compasivo conmigo mismo y con todos lo que forman parte de mi vida o me afectan.

La creación: manifestación de la no-dualidad

Es evidente, creo, que pensar o imaginar a Dios como «inter-Ser» y relacionarse con Dios como Espíritu de conexión es el mayor antídoto para el dualismo que ha empobrecido la teología y la espiritualidad cristianas. Me ha servido como una suerte de gafas nuevas a través de las cuales ver la creación. Esta nueva visión ha sido una clarificación, un ver más y más profundamente, pero también ha sido una corrección de las distorsiones causadas por mis gafas anteriores. Como dije antes, volver a la propia tradición después de haber ido a otra puede llevar a la recuperación, pero también al realineamiento de las creencias previas de cada uno.

Con Dios como Espíritu de conexión, el Creador no puede ser «lo totalmente otro» respecto a la creación. Si lo Divino se siente y se imagina como el «inter-Ser», y si el mundo funciona y se desarrolla a través de interser, entonces el acto de creación de un creador no puede entenderse como una producción de algo que está fuera del creador. Lo dinámico de la vida divina es precisamente lo dinámico del mundo finito. Aquí creo que me estoy acercando a lo que Tomás de Aquino intentaba expresar cuando describió la relación entre Dios y el mundo como una participación. También Rahner trataba de guiarnos por el mismo camino cuando reflexionó que aunque Dios crease el mundo «de la nada», esto no significa que la creación simplemente se quede ahí, como si estuviera sobre una mesa de trabajo para que Dios la admirara o jugara con ella. Lo que Dios crea, agregó Rahner, Dios lo incluye. Por esto, una mejor imagen de la creación podría ser una efusión de Dios, una extensión de Dios, en la cual lo Divino continúa la tarea divina de interrelación *en* y *con* y *a través* de la creación.

Anticipo las objeciones: esto suena a —o simplemente es— panteísmo. Todo se convierte en Dios. Pero no es panteísmo. Es lo que llamamos, a falta de mejor palabra, no-dualidad: ¡Dios y la creación no son dos, pero tampoco son uno! El panteísmo reduce a Dios y a la creación a un solo elemento. La no-dualidad, si recuerdo correctamente mis clases de química, es más como una sustancia compuesta (o, ahora que lo pienso, como un buen matrimonio): dos personas diferentes que se vuelven inherentes la una a la otra, o que son lo que son la una a través de la otra. Los místicos cristianos como Nicolás de Cusa hablan de la *coincidentia oppositorum*: dos realidades «opuestas», Creador y criatura, que coinciden y forman una unidad integral. Para matizar otro dicho del latín que además es el lema de Estados

Unidos, la no-dualidad no es *e pluribus unum* (de muchos, uno) sino *e pluribus unitas* (de muchos, unidad). El Espíritu y el mundo no pierden su identidad distinta, pero tampoco pueden existir el uno sin el otro.

Pero aquí llegamos a algo que *sí* huele a herejía, algo que parece ser opuesto a la doctrina tradicional cristiana: «Ninguno puede existir sin el otro.» Esto significa que el Espíritu divino *necesita* al mundo, que el Espíritu *tuvo* que crear al mundo. Aparentemente esto va en contra del «dogma establecido» de que la creación es un acto libre de Dios. La libertad, como dijimos antes, es hacer algo que no tenemos por qué hacer. Dios no tuvo que crear porque Dios no necesitaba el mundo.

Esto es perfectamente lógico dentro de la comprensión griega de lo Divino como «Ser-en-sí». Pero si se parte de la experiencia de Dios como amor de Jesús y la sucesiva comprensión trinitaria de la Divinidad como «relación-en-sí», entonces decir que el Espíritu no necesitaba crear llevaría a una contradicción. Decir que el Espíritu no tiene por qué crear sería como decir que no necesitamos respirar. Por naturaleza, respiramos. Por su divina naturaleza, el Espíritu ama. Amar significa relacionar, dar de sí mismo, hacer surgir el «inter-Ser». El Espíritu necesita a los demás para ser Espíritu. Y si no hay otros, el Espíritu «los creará» con el fin de incluirlos en el amor. Esto, por supuesto, no significa que el Espíritu tuvo que crear este mundo, sino que tuvo que crear algún mundo.

Tal como comenté en la sección sobre mi «problema con Dios», algunos cristianos contestarán que la necesidad que Dios tiene de amar se satisface dentro de la Trinidad. Dios ya es totalmente feliz amándose a sí mismo dentro de las relaciones de Padre, Hijo y Espíritu. Bueno, tal vez. ¿Pero qué le diríamos a una persona que declara que es perfectamente feliz amándose solo a sí misma? Nos preocuparíamos por su salud mental. ¿Qué hay de malo en necesitar a los demás? Si los humanos no podemos ser felices como individualistas empedernidos, tampoco lo puede Dios.

Entender este mundo y sus múltiples ocupantes como si existiesen dentro del campo energético de interconexión del Espíritu es también ir más allá de la imagen literal del Espíritu que interviene en el mundo. El Espíritu ya no tiene que «descender» de una forma que parece del todo arbitraria, aquí sí pero allá no. El Espíritu ya está allá, omnipresente en todo, protegiendo, como sugiere el libro del Génesis, las aguas y toda la creación. Entonces, el Espíritu no entra, sino que más bien da un paso hacia delante. Lo que ya está allá emerge, toma forma o se vuelve completamente activo.

Y la manera en la cual esto sucede a nivel humano depende de cuánto notan los individuos al Espíritu conector y/o de cuánto escogen libremente responder. Hay que recordar que la no-dualidad no puede ser real sin la interdependencia. Entender lo Divino como la fuente omnipresente del «inter-Ser» significa que Dios realmente depende de nosotros. Nos detendremos más detalladamente sobre esto en el próximo capítulo.

En mi diario de otoño del 2004 apunté estos conflictos con algunas de las diferentes formas de sentir el Dios no-dual:

> Aquí hay una paradoja maravillosa. Dios es siempre «Dios-con»; y los humanos siempre son «humanos-con». Cuando estas dos realidades están realmente interconectadas —Dios con la humanidad,

y la humanidad con Dios—, es cuando realmente son, en su máxima capacidad, lo más verdadero de sí mismas.

La unidad entre lo que llamo Dios y yo mismo es una en la cual Dios actúa genuinamente como Dios en la medida en que yo actúo de una manera verdaderamente humana.

[Reflexionando sobre Efesios 4,6: «Un Dios, Padre de todos, el cual es sobre todos, y por todos, y en todos.»] Si Dios realmente actúa a través de nosotros, eso significa que Dios no puede estar «en» a no ser que Dios esté «a través». Por tanto, no es solo que Dios actúe en mí, sino que yo sea Dios tal como Dios actúa en el mundo. Burdamente, somos un equipo, aunque clara y afortunadamente Dios es el principal jugador. De todos modos, Dios no podría jugar si yo no estuviese jugando también.

II

NIRVANA Y EL DIOS OTRO PERSONAL

El capítulo i, sobre Dios como el Otro trascendente, proporciona la base y muchos de los puntos iniciales para lidiar con los otros dos aspectos de las enseñanzas cristianas sobre Dios que me han dejado perplejo, y sé que a muchos de mis colegas cristianos también: Dios como persona y Dios como misterio. Tales confusiones, como trato de mostrar en este capítulo y en el siguiente, se pueden resolver con mayor facilidad si cambiamos la imagen de Dios como el Otro trascendente por una de Dios como el Espíritu del «inter-Ser». Empiezo con la dificultad para entender y relacionarme con Dios como un «tú».

mis conflictos: ¿es dios un tú?

Siendo muy sincero, he tenido grandes dificultades para hablar con Dios. Ha sido angustioso porque desde mis primeros días de clase de catecismo, sor Walter me dijo que la oración es eso: hablar con Dios. Y la oración es un ingrediente esencial de la lista de elementos que definen el cristianismo. Pero desde mi madurez —por primera vez de acuerdo con el calendario establecido por C. G. Jung sobre el momento en que normalmente aparecen estos problemas—

cada vez me es más difícil imaginar a Dios como un «tú» y hablarle a «él».

Sí, parte de la dificultad tiene que ver con las imágenes particulares que adornan la noción cristiana de Dios como un tú. El primero de esa lista es, por supuesto, el «Padre». Para algunos cristianos, esto ha llevado a la imagen de un hombre blanco con barba que está en el cielo observando con cariño cada uno de nuestros pasos, pero que también va anotando en su libreta cada vez que molestamos a una hermana o perdemos los estribos. De todos modos, creo que la mayoría los cristianos adultos ya hemos superado esa figura tan literal de un Dios que «sabe cuándo has sido malo o bueno». El uso exclusivo de un rostro masculino para el Dios cristiano también es un problema, y muy grande. Con la ayuda de algunas teólogas feministas, he llegado a la firme convicción de que los símbolos de lo Divino no pueden restringirse a un género. Aun así, si sigo siendo honesto, me resulta tan difícil hablarle a Dios en cuanto Madre como a Dios en cuanto Padre.

Antropomorfismos

Mis problemas con Dios como un tú son aún más profundos. No estoy seguro de poder exponerlos de una forma clara. Creo que tienen que ver con el hecho de que, a pesar de que no hay otra forma de hablar de Dios fuera de los símbolos (sobre ello incidiré en el próximo capítulo), cuando esos símbolos surgen de lo que nosotros mismos creemos que somos en tanto que personas, se vuelven peligrosos. Pueden ser muy fácilmente malinterpretados o usados equivocadamente. Al describir o acercarme a lo Divino como un «tú», de alguna manera siento que estoy siendo inapropiado, irrespetuoso u ofensivo, algo como hablar en voz muy alta en medio de la tranquila belleza de un bosque neozelandés. Creo que mis problemas gravitan alrededor de lo que los expertos llaman «antropomorfismos». Puede que utilizar formas humanas o darle un rostro humano a lo Divino sea algo que no podemos evitar. Pero es algo fundamentalmente inapropiado.

Es cierto que cuando imaginamos a Dios como un «tú» en la forma de padre, madre, amigo o Salvador, le estamos dando un papel central a la realidad de lo Divino en nuestras vidas, pero lo Divino implica muchas cosas más, que quizá nos estemos perdiendo o incluso estemos distorsionando. El padre Hugo M. Enomiya-Lasalle, un jesuita alemán que pasó la mayor parte de su vida en Japón y llegó a ser un maestro zen, dijo en algún lugar que el requisito previo para dirigirse a Dios como un «tú» es darnos cuenta de que no debemos hacerlo. Mi propia experiencia corrobora esta idea.

Pero la consideración contraria a todo esto, que no solo escucho de otros, sino que además afirmo yo mismo, es que el ser humano es el culmen de la creación (o parece serlo en este momento), y las relaciones interpersonales son la parte más preciosa y necesaria del ser humano. Por supuesto, debería ser posible, o incluso necesario, tener una relación *interpersonal* con lo Divino, lo cual requiere que Dios sea un tú. Por tanto, al atribuirle una imagen de persona a Dios, estamos reconociendo que Dios contiene lo que Dios ha producido como el pináculo de la creación: la personalidad.

Sí, sí. Pero me veo respondiendo a esta lógica tan inconcusa con el padre Enomiya-Lassalle: si sentimos que podemos y debemos hablar con Dios como un «tú», también debemos recordar que hay buenas razones para no hacerlo. Si no tenemos esto en cuenta, lo que no espera es el tipo de desasosiego que muchos cristianos, especialmente aquellos que pasan de los cuarenta, estamos sintiendo.

Cuando intento averiguar qué es lo que causa problemas al juntar «Dios» con «tú», pienso que tiene que ver con la tensión, o incluso contradicción, entre las cualidades inherentes de «lo Divino» y las cualidades inherentes de un «tú». Las cualidades divinas a las que me refiero son aquellas que describí en el capítulo anterior con la ayuda de mis amigos budistas: la no-dualidad, el Dios que está aquí mismo, en quien vivimos y nos movemos y tenemos nuestro ser, el Dios que actúa *como* yo y al mismo tiempo es más que yo. Cuando Dios se convierte en «tú» delante de mí o fuera de mí, creo que existe el peligro de perder esas cualidades del Dios interior, del Dios vivido como una energía que anima. Para mí, cuando Dios se vuelve parte de una «relación yo-tú», este Dios-como-un-tú adquiere un grado de alteridad que no encaja con la intimidad que yo siento, o espero sentir, respecto a lo Divino. Supongo que lo que estoy diciendo es que Dios-como-un-tú fácilmente recae en el dualismo de Dios como el Otro.

Un super-tú

Este problema se propaga cuando nos dirigimos a Dios-como-un-tú (sobre todo en la liturgia) como al tradicional Otro *trascendente* del que hablamos en el capítulo 1. Esto lo puedo expresar mediante una sencilla fórmula: «Dios trascendente, todopoderoso, todo-perfecto» + «tú» = tú trascendente, todopoderoso, todo-perfecto, o una suerte de super-tú. Y, tal como sabe cualquiera cuyo matrimonio haya fracasado, tener una relación saludable con un super-tú conlleva ciertos problemas. Ahora bien, no pretendo tener una relación con lo Divino que sea un equilibrio perfecto entre dos partes iguales. Existen diferencias definitivas y necesarias entre lo Infinito y lo finito, entre la Fuente y la expresión, entre el campo y los elementos del campo. Pero tiene que ser una relación de auténtica mutualidad, una en la que yo tenga una responsabilidad genuina, lo cual significa que es una relación en la cual yo importo de verdad y tengo la capacidad de afectar a lo Divino. No puede ser solo el espectáculo de Dios, sino *nuestro* espectáculo.

Voy a formular el problema como una pregunta, quizá un tanto artificial, pero creo que de mucha ayuda. ¿Si tu padre fuese todopoderoso y todo-perfecto (¡sé que algunos padres de verdad creen serlo!), cómo lo tratarías? No pregunto cómo se comportaría él contigo, sino ¿cómo te comportarías tú con él? Si supieras que él puede controlar o determinar todo lo que sucede en tu vida y al mismo tiempo supieras que él te ama profundamente, ¿cómo te sentirías? ¿Optarías por relajarte y dejar que él se ocupara de todo? Efectivamente, ya que él *podría* ocuparse de todo, ¿no esperarías que así lo *hiciera*?

Con el paso de los años, estas preguntas y estas inquietudes han aumentado para mí. De joven, en el seminario y aun en la universidad, mi relación con Dios como un tú todopoderoso y todo-amoroso me llevó a vivir la vida un poco como la forma en la que me tomaba las películas de miedo en el cine: por muchas escenas espantosas que hubiera, yo sabía que al final el héroe triunfaría; así que podía reclinarme y disfrutar de las palomitas.

A medida que iba creciendo, me daba cuenta de que las amenazas y los desafíos de la vida son reales, y de que tenía que lidiar con ellos con inteligencia y tomando mis propias decisiones. Mi problema no era cómo depender de Dios en la vida diaria, sino cómo evitar depender demasiado de un Dios personal encargado de todo. Si Dios es mi Padre amoroso, un Padre que lo controla todo, en realidad no tengo de qué preocuparme. Pero una vida sin preocupación alguna fácilmente se convierte en una vida sin responsabilidad.

Así que empecé a sentir que relacionarme con un Dios entendido como un tú todopoderoso y todo-amoroso podría ser no solo inapropiado e irrespetuoso con Dios, sino también inapropiado y prejudicial para mí. En un tipo de relación como esa, ¿cuánto espacio quedaba realmente para *mí*, es decir, para mi propia libertad y mi propia responsabilidad? ¿Si Dios es el capitán de mi barco, yo puedo llegar a ser algo más que un tripulante?

No pretendo trivializar el problema con esta suerte de imágenes. Y desde luego no quiero insinuar que creer en un Dios personal necesariamente me impedía a mí, o les impide a otros, tomar decisiones responsables y bien meditadas. Pero sé que otros han luchado como yo por cómo entender este tipo de decisiones en una relación con un Otro divino personal que también es un Otro todopoderoso, omnisciente, todo-perfecto. Si el Dios personal está siempre en el asiento del conductor y lo dejo conducir, en realidad no tengo de qué preocuparme, ¿no?

Los problemas se multiplican cuando este Otro personal todopoderoso se presenta en las clases de catecismo y en los sermones del domingo, no solo como un Dios que ama tiernamente, sino como uno que reacciona con gran furia.

El Dios Padre amoroso representado en la Biblia es un Dios exigente y que llega a enfadarse mucho cuando sus exigencias no se cumplen —tanto el Dios del Antiguo Testamento, que mató a todos los primogénitos de Egipto porque el faraón se negó a cumplir con sus ordenes (Éxodo 11,5), como el Dios de Jesús, que llevó a la muerte a un matrimonio cuando este mintió sobre su contribución a la iglesia (Hechos 5,1-11). ¡Enfurecer a Dios puede ser todavía peor que enfurecer a los propios padres!

Es voluntad de Dios

Muchos cristianos tienen un conflicto parecido en su habitual entendimiento de la «voluntad de Dios». ¿Cuántas veces escuchamos desde quien habla en el púlpito que ese Dios personal trascendente Otro, que es mi Padre amoroso, tiene un plan para cada uno de nosotros y para el mundo entero? Desde muy temprana edad creí que mi Padre celestial tenía una idea clara sobre lo que quería que yo fuera al crecer. Mi trabajo, como buen niño católico, era averiguarlo y después hacerlo. Si no lo hacía, podría tener grandes problemas, tal vez incluso incurrir en un pecado. Había implicaciones morales si no se cumplía la voluntad de Dios. Mis padres, católicos devotos, creían lo mismo. Fue por eso que cuando les dije que sentía la llamada de Dios al sacerdocio durante el último semestre de octavo grado, se quedaron algo desconcertados, sobre todo teniendo en cuenta que debía matricularme en el Seminario Menor del Verbo Divino, en East Troy, Wisconsin, a unas ciento cincuenta millas de nuestra casa en Chicago. ¿Pero cómo iba a competir con la «voluntad de Dios» su humilde preocupación de que yo era demasiado joven para dejar el hogar? (Además, el padre Dearworth, que era el director vocacional, les dijo que Dios me llamaba para ser uno de los escogidos.)

No estoy diciendo que mi decisión de dejar el hogar por el seminario a los trece años fuera completamente desacertada. Pero sí cuestiono lo apropiado que fue hacerlo bajo la rúbrica de la «voluntad de Dios». Se trata de una rúbrica que me temo que puede ser y *es* fácilmente mal entendida y mal usada, por lo que al final acaba siendo gran fuente de daño más que de ayuda en nuestras vidas, muchas veces sin que nos demos cuenta de que ese es el caso. Esto sucede en una variedad de formas.

Tanto en mi juventud como durante mi trabajo de sacerdote, a menudo comprobé que muchos cristianos se vuelven excesivamente ansiosos, incluso escrupulosos, por tener que descubrir o escoger el camino que Dios les ha predeterminado. («¿Cómo puedo estar seguro de que esta es la persona con quien Dios quiere que me case?») Con demasiada facilidad y tal vez subconscientemente, la voluntad de Dios se puede utilizar como un escudo para justificar decisiones que realmente se toman en beneficio propio. («Dios quiere que yo sea rico.») Incluso más amplia y perjudicialmente, vemos tanto en la historia como en los noticieros diarios actuales lo fácil que es para algunos recurrir a la «voluntad de Dios» a fin de aprovecharse de los demás. («Si eres pobre en la tierra, tendrás un lugar más alto en el cielo.» O: «Esta guerra es el designio de Dios; por tanto, si mueres lo harás a su servicio.»)

Mi último ejemplo es más sutil e inaprensible: cuando recurrimos a una invocación demasiado fácil de la voluntad de Dios para sacarnos de un apuro y esto nos impide pensar más o hacer preguntas más profundas. A veces siento un ramalazo de inquietud cuando escucho a una persona, frente a un acontecimiento triste o inexplicable, que declara: «Es la voluntad de Dios. ¿Qué podemos hacer?» Es verdad que en la vida de todo el mundo pasan cosas que no encajan de ninguna manera dentro de los parámetros de la lógica y el entendimiento humanos. Quizá el recurso a Dios o a su voluntad pueda ser una forma indirecta o subconsciente de reconocer que «esto nos sobrepasa; solo una inteligencia mayor puede entenderlo». Pero cuando este tipo de recurso se hace demasiado rápida o conclusivamente, se puede convertir no en una forma de reverencia a la realidad sino en una huida de esta. Decir que un horrible accidente aéreo ocurrió por la voluntad de Dios puede impedir que indaguemos en las normas de seguridad de la compañía aérea. Aceptar la muerte del tío Lou por cáncer de pulmón como una cuestión de la voluntad de Dios puede desviarnos de cuestionar y confrontar a la industria del tabaco.

Me temo que muchos cristianos hacen lo mismo que yo hacía con mi vida: esconder los trapos sucios bajo la voluntad de Dios cuando lo que deberíamos hacer es lavarlos.

Un Padre poderoso y un mundo desordenado

Si *nosotros* tendemos a esconder un montón de trapos sucios bajo la voluntad de Dios, parece que Dios mismo permita que se acumule un montón más encima. Me refiero al «problema del mal». Para muchos cristianos (y para mucha gente religiosa que pertenece a las religiones monoteístas del judaísmo y del islam) es desalentadoramente difícil, si no francamente imposible, entender cómo un Dios personal que nos ama puede tolerar tal cantidad de sufrimiento en su creación. Ahora bien, ya sé que esto es un rompecabezas que ha quebrado cerebros, tanto eruditos como legos, a través de los tiempos. Una sección entera de la teología, llamada teodicea, se ha desarrollado a lo largo de décadas en un esfuerzo por darle algún sentido al «problema del mal».

En esencia, este es el problema: si Dios es una persona, un Padre, que realmente es todo-amoroso y todopoderoso, entonces, por el hecho de amarnos debería *querer* impedir al menos parte del sufrimiento aparentemente superfluo que sus hijos soportan, y debería ser capaz de hacerlo, puesto que es todopoderoso. Pero no lo hace. Algo no encaja bien aquí, ya tenga que ver con Dios o con nuestro entendimiento de él.

Si puedo generalizar de un modo un tanto tosco, me parece que todos nuestros intentos de reconciliar lo que parece ser un sufrimiento innecesario con la imagen de un Dios amoroso y poderoso, se reducen a recurrir al *misterio*. En definitiva, igual que Job en la Biblia, bajamos la cabeza y admitimos que «los caminos de Dios no son nuestros caminos» y que realmente nunca entenderemos el misterio de lo que Dios pretende. Es algo así.

En el caso de lo que llamamos maldad humana o moral, Dios misteriosamente permite que los seres humanos ejerciten su propia voluntad tal como ellos quieren, aunque eso signifique abusar sexualmente de un niño inocente de cinco años o asesinar a seis millones de judíos. Dios sí podría prevenir estos actos, pero respeta y permite la libertad humana, y sus razones tendrá.

Con respecto al mal natural —la devastación y las muertes causadas por terremotos, incendios, inundaciones, deslizamientos de montañas—, el problema, en cierto sentido, se complica. Aquí no hay una voluntad libre que tenga que respetarse. Un padre humano que pudiese impedir una avalancha de barro para salvar su familia, ciertamente lo haría. Dios no lo hace. Por razones más allá de nuestro entendimiento, quizá por algún bien mayor que será revelado en el futuro. De nuevo, se trata de un misterio.

Por supuesto que deseo reconocer y respetar tanto los límites de mi intelecto humano como la falta de límites de lo Divino. Los teólogos necesitamos «controles de humildad» periódicos. Pero también necesitamos «controles de honestidad». Y siendo sincero, me parece que el recurso al misterio para intentar reconciliar la realidad del mal con un Dios personal demasiadas veces acaba siendo una manera de evitar el problema en vez de enfrentarlo de verdad. Una cosa es inclinarse ante el misterio. Otra muy diferente es someterse a la contradicción. Existen muchos aspectos de nuestra vida y de este mundo que están más allá de la razón, más allá de la total comprensión. Y ante ellos, nos arrodillamos con humildad. Pero también hay muchas afirmaciones que son *contrarias* a la razón, que son contradictorias por sí solas. Y ante estas, tenemos que declarar honestamente la contradicción y tratar de lidiar con ella.

Permítanme llevar todas estas ideas abstractas hacia un ejemplo más concreto y sentido. Cuando algunas personas, entre ellas varios líderes religiosos, declararon que el tsunami que se cobró la vida de miles de personas en Indonesia, India y Tailandia en el 2004 fue la voluntad de Dios y que él había causado o permitido esta devastación por razones inescrutables, me encontré a mí mismo estallando emocionalmente y en muchas ocasiones también verbalmente. Una cosa es que un padre desconsolado invoque la voluntad de Dios frente a la pérdida de un hijo; es un grito de ayuda más que una exposición de los hechos. Pero cuando un maestro religioso asegura que eso fue, literalmente, un «acto de Dios», simplemente no me lo puedo creer. Tampoco puedo creer en un Dios así. Según la mente y la inteligencia que proclamamos que Dios nos ha dado, sería inmoral para cualquier ser humano llevar a cabo, o incluso permitir, la muerte de miles de personas por un «bien superior»; sería una cuestión de los fines justificando los medios. Algo va mal si tenemos que eximir a Dios de tal moralidad.

El problema es la persona, no lo personal

Al revisar y tratar de entender mis conflictos con un Dios personal —los antropomorfismos que convierten a Dios en una super-persona, las nociones sobre la voluntad de Dios que implican de una forma muy arriesgada que Dios es un marionetista, y la realidad del mal que no cuadra con un Dios amoroso y poderoso—, sospecho que el meollo de mis conflictos tiene que ver con Dios como persona más que con lo Divino como algo personal. La mayoría, por no decir todos, los conflictos que he tratado de describir nacen de un entendimiento común de un Dios que se considera alguien divino con quien se supone que tengo que tener una relación que siga el modelo de cualquier relación yo-tú. Creo que mi problema es considerar que hay una persona divina frente a mí. ¿Pero qué ocurre si mi imagen de lo Divino cambia y paso a considerar que hay un Espíritu omnipresente, que no es una persona, pero sí una presencia o una energía con cualidades personales? Hay una diferencia real, aunque quizá sea sutil, entre estas dos formas de simbolizar a Dios.

Para mí, el budismo ha sido una ayuda casi indispensable en la comprensión, y después en la vivencia, de esta diferencia entre Dios como persona y lo Divino como lo personal. Espero ahora poder explicar el porqué.

IDA: LA COMPASIÓN SIN UN DIOS DE COMPASIÓN

Puedo imaginar a algunos de mis amigos budistas, tras haber leído las anteriores descripciones de mis conflictos con un Dios como un tú, rascándose la cabeza y preguntado: «¿Cuál es el problema? Para nosotros, no hay Dios; por tanto, no hay persona; por tanto, no hay problema.» Admiro su inmunidad y libertad ante tales dificultades. Pero yo soy, o quiero ser, un cristiano. Y a pesar de todos mis problemas acerca de la manera en que los cristianos se han tomado tan literal o superficialmente la idea de Dios como Padre o como Salvador, realmente creo, porque lo he vivido, que los símbolos personales que los cristianos (junto con los judíos y los musulmanes) utilizan para referirse a lo Divino han enriquecido mi vida y pueden contribuir al diálogo interreligioso. Pero para profundizar en este enriquecimiento y en esta contribución, siento la necesidad de acercarme a estos símbolos personales de una forma más crítica, cuidadosa y seria.

Para explicar cómo el budismo me ha ayudado a hacer justamente eso, tengo que repetir una pequeña advertencia que ya hice en el Prefacio. Es especialmente necesaria en un tema que para los budistas es más bien extraño y, por lo tanto, sensible: si hay o no aspectos personales en la experiencia y en la naturaleza de *sunyata*/vacío. A pesar de que me esfuerzo por acercarme con cuidado y entender con exactitud las enseñanzas budistas en toda su diversidad cultural, lo que sigue es la lectura del budismo de un cristiano. Tal como me advertirían (¡y me advierten!) los filósofos posmodernos, nunca puedo dejar totalmente de lado mis gafas de cristiano. A medida que penetro en el exuberante jardín budista, todo lo veo con mis gafas cristianas, todo lo capto con mi olfato cristiano y todo lo entiendo a través del filtro de mis experiencias y mis problemas cristianos.

A pesar de todo esto, creo, o espero, que mi esfuerzo de explorar el budismo a través de las gafas de mis conflictos con un Dios como un tú sea, en general, una lectura precisa de lo que al menos algunos budistas han enseñado. Si no es el caso, pido perdón y espero las enmiendas.

Las dos caras de la iluminación: sabiduría y compasión

Como ya hemos visto, lo que buscan los budistas —o en términos occidentales, lo que conforma su «preocupación última»— no es el conocimiento, la adoración o el amor de Dios. Es la iluminación. Mientras que los cristianos quieren ser salvados, los budistas quieren ser iluminados. Quieren experimentar el nirvana. Aunque la experiencia de la iluminación o el nirvana está más allá del alcance de las palabras humanas, igual que el aire está más allá del alcance de las manos humanas, de todos modos, dos de las palabras que a menudo surgen cuando los budistas se prestan a la fútil tarea de hablar sobre la iluminación son *sabiduría* y *compasión*. Ambas palabras son fruto de la experiencia personal, no del pensamiento racional.

La sabiduría, o *prajna*, es lo que uno entiende, descubre o siente cuando despierta a la realidad sentida de que todo está en movimiento constante y todo está interrelacionado. Esta es la verdad dinámica del «inter-Ser» que vimos desde varios puntos de vista en el capítulo 1. En la iluminación, uno la ve y la siente. Sus ojos se abren. Y como resultado, también ve y siente a los otros de forma distinta, y empieza a actuar de manera diferente hacia ellos. Esta forma distinta de actuar se describe como compasión o *karuna*. Como reconocen todos los budistas y destacan especialmente los reformistas mahayana: es imposible tener sabiduría sin compasión. Estas son las dos caras de la iluminación. Verse a uno mismo es también ver al otro. Por tanto, si uno cree haber alcanzado la iluminación, pero no siente compasión por todos los «seres sensibles» (no solo los humanos, sino todo ser capaz de sentir), más vale que dé marcha atrás y revise esa iluminación. O, si uno intenta tener compasión por todos sus vecinos, pero no ha experimentado su propio «no-ser» en la red del «inter-Ser», debe tener mucho cuidado porque esa compasión puede agotarse o llegar a contaminarse por el propio egoísmo.

Estas dos caras de la iluminación tienen un sólido sentido filosófico si pensamos en una filosofía basada en la experiencia budista. Experimentar lo que se llama el vacío de toda individualidad, o la realidad del «inter-Ser», es experimentar nuestras conexiones constitutivas con los demás. Cualquier preocupación natural o biológica que tengas para contigo mismo, también la sentirás hacia los demás. Si la biología te lleva *de forma natural* a preocuparte o a amarte a ti mismo, la iluminación te llevará *de forma natural* a preocuparte o a amar a los demás. En términos cristianos, amarás al prójimo como a ti mismo. Para los cristianos, esto es un «mandamiento»; para los budistas, es algo que viene naturalmente, como parte de la experiencia iluminada del nirvana o del «inter-Ser».

Para sacar una conclusión de esta reflexión filosófica, si el nirvana, como dijimos antes, no es solo una experiencia personal, sino una realidad en la que o como la cual existimos, entonces esta realidad —también llamada vacío o *Dharmakaya* o «inter-Ser»— contiene, o consiste en, o se expresa a través de la *compasión*. La compasión, por tanto, es parte íntegra de lo que para los budistas es lo Fundamental.

Podíamos dejarlo así. Pero, como cristiano, no puedo. Aunque los budistas generalmente no hablan, o no quieren hablar, de un otro divino, sí que hablan mucho sobre los «otros». A pesar de que no hay un Otro supremo, personal, a quien aman o que los ama, ellos sí que aman a los demás. Aunque no existe una persona divina que ocupe el centro del escenario budista, su escenario, por así decirlo, está lleno de personas u otros, cada uno de los cuales forma ese centro. Cada uno está en el centro del universo porque cada uno está en un lugar adonde todo se une.

Por esto, me parece que no deberíamos hablar sobre la meta de la vida y de la práctica budistas como algo *impersonal*. Los budistas no se sienten llamados a una relación yo-tú con Dios, sino con todos los seres sensibles. Se trata de la compasión universal hacia los demás. Aquellos que han despertado sienten compasión por todos los demás seres porque han sentido, en la mismísima médula de su «inter-Ser», que son *no-seres*, que están interconectados y son parte de todos los seres. Uno no puede amarse a sí mismo si no ama a los demás.

Pero también funciona al revés: ¡no puedes amar a los demás si no te amas a ti mismo! Esta es una advertencia que los maestros budistas, sobre todo los contemporáneos, como Pema Chödrön, el dalái-lama y Thich Nhat Hanh, hacen a sus estudiantes occidentales, quienes provienen de una cultura más individualista y tienen problemas de inseguridad y sentimientos de insuficiencia. Introducirse en la experiencia del despertar y crecer en la consciencia de una interconexión real con la totalidad del panorama general del mundo es valorar y cuidar, no solo todas las demás contribuciones a este, sino también la propia. La energía compasiva que se siente hacia los demás es como un bumerán que regresa a uno mismo. Nuestro propio ser es arrastrado por la ola de la compasión hacia los otros seres. Tal vez la forma de Buda de expresar el mandamiento de Jesús de «amar al prójimo como a uno mismo» podría haber sido «ámate a ti mismo como amas a los demás».

Sospecho que esto forma parte de la razón por la cual la experiencia de la iluminación aporta un sentimiento de intensa paz. Esta paz ahonda sus raíces más profundas en la consciencia de que todo está interconectado en la gran, y siempre cambiante, figura del «inter-Ser»; todo, incluido uno mismo, «encaja» y tiene su lugar en el panorama general. Esta es la paz que surge de la sabiduría, *prajna*. Paz que también se basa en *karuna*, la compasión que de forma natural se siente hacia todos los «componentes» de ese panorama general, incluyendo nuestro propio «no-ser» pasajero. Así, se llega a ser tanto la fuente como el recipiente de la compasión. Y se respira paz.

Lo que para mí como cristiano es confuso, y desafiante, es que aunque *nirvana*, entendido como la «preocupación última» budista, no es de ninguna manera un Ser amoroso o Amante, rezuma amor y paz. O dicho de una manera más personal y concreta: la misma clase de paz que un cristiano experimenta a través de la consciencia de ser amado por Dios, es sentida por los budistas en su consciencia de formar parte del «inter-Ser». Ellos son arrastrados, o llevados, por la compasión, pero no hay un Otro compasivo. ¿Es esto algo que pueda traer conmigo en el viaje de «vuelta»?

El «otro poder» es auto-poder

Creo que me he precipitado cuando he dicho que para los budistas no hay un «Otro compasivo». Para algunos budistas sí lo hay. O más bien, para un cristiano, sí que parece que lo hay. En muchas de las múltiples escuelas de budismo mahayana, se ha llegado a entender a Buda (porque se experimenta como tal), si no como un salvador, sí como un ayudante, un «otro» que está ahí para impulsar a las personas en sus propias vivencias del vacío o del nirvana. Lo que quiero decir ha sido perfectamente captado en la imagen del *bodhisattva*. Es lo que todos los budistas mahayana están llamados a ser, porque es lo que Gautama fue, o llegó a ser, cuando se convirtió en Buda. Todo Buda tiene que ser un *bodhisattva*. Esta es otra imagen de lo que llamamos «las dos caras de la iluminación». Un Buda gana sabiduría; un *bodhisattva* añade compasión.

El rol y el ejemplo de un *bodhisattva* están ilustrados de forma atractiva en la historia familiar de los cuatro hombres que se perdieron en el desierto. Después de días de deambular sin agua por abrasadoras arenas, llegaron a una vasta zona rodeada por un alto muro. Tras escalar el muro vieron al otro lado un exuberante oasis donde abundaban el agua y las frutas. Tres de ellos saltaron para sumergirse en este nirvana del desierto. El otro regresó para dar a conocer el oasis a los demás. Este último es el *bodhisattva*. No se guarda el nirvana para sí, sino que lo comparte con los demás. Esto es lo que tenemos que ser para los demás, porque eso es lo que Buda es para nosotros.

Los actuales estudiosos del budismo, como David Loy, señalan que la relación entre ser un buda y un *bodhisattva* no es de «primero esto y después aquello»: primero se practica la compasión hacia los demás y luego se alcanza la budeidad. Más bien se trata de una relación de «ambos-y». Alcanzar la iluminación es tanto realizar la sabiduría como practicar la compasión. Si *conoces* (sabiduría/*prajna*), actuarás de acuerdo con ese conocimiento. Comportándote (compasivamente), realmente conoces. Ser un buda es ser un *bodhisattva*, y viceversa.

Esta distinción entre «ambos-y» en vez de «o-o» también se aplica a otra distinción que aparece en el budismo mahayana: la que se da entre el auto-poder y el «otro poder». Para un budista tradicional, o theravada, el discurso de la escuela de la Tierra Pura (nacida en China y hoy día muy popular en Japón) sobre el «otro poder» suena totalmente a herejía. Como vimos en el primer capítulo, no existe el Otro trascendente para los budistas.

Para los teólogos cristianos, la Tierra Pura se parece muchísimo al mensaje que Martín Lutero anunció en su Reforma. Los fieles del budismo de la Tierra Pura están llamados a renunciar a toda buena obra y a confiar total y únicamente en el Buda Amida, un Buda que ha prometido salvar a todos sus devotos y llevarlos a lo que se llama la Tierra Pura. Algunos budistas de la Tierra Pura no hacen otra cosa que cantar e invocar el nombre de Amida. Otros ni siquiera hacen eso, porque no quieren convertir el cántico en una obligación. Para ellos, la confianza es lo único que realmente cuenta, lo único que es de verdad necesario.

En el budismo tibetano aparecen expresiones similares de encontrar ayuda en el «otro poder». Con su amplio abanico de olores y campanas, imágenes y velas, los monasterios del Tíbet parecen iglesias italianas. Exhiben colecciones variadas y multicolores de budas y *bodhisattvas*, cada uno resplandeciente con su particular personalidad y su séquito, cada uno honrado e invocado por medio de elaborados cánticos, oraciones, gestos, inciensos y *ghee*. Nunca olvidaré la inspiración y la reverencia que sentí en 1999, durante un viaje en autobús por un accidentado camino, de Katmandú a Lhasa, en el que mi esposa y yo presenciamos, monasterio tras monasterio, las largas colas de tibetanos que iban devota y atentamente de una imagen de Buda o de un *bodhisattva* a otra. Sin duda parecían estar abriéndose a un «otro poder», pues hacían lo mismo que yo solía hacer en la parroquia de San José al arrodillarme ante una estatua del Sagrado Corazón, de la Inmaculada Concepción o de san José.

Y, sin embargo, a pesar de las similitudes externas, hay profundas diferencias. El «otro poder» del cual hablan los budistas y con el cual se encuentran, no es ni esencial ni definitivamente tan «otro» como los cristianos podrían creer. El poder al que los budistas mahayana se refieren como el «otro» resulta ser su propio «auto-poder». De nuevo nos hallamos frente a esa realidad escurridiza, que no es dos pero tampoco es una, que llamamos la no-dualidad. Puede que *distingamos* entre el «otro poder» y el auto-poder, pero jamás podremos *separarlos*. Están interrelacionados. Se contienen entre sí, «inter-son».

En el budismo de la Tierra Pura, esta no-dualidad última aparece a nivel popular en el siempre presente recordatorio que dice que por mucho que Amida tenga que ayudar a sus devotos a llegar a la Tierra Pura, esta no será su lugar de descanso final. Hay más por venir. Una vez asentados en la estabilidad de la Tierra Pura, deberán experimentar el paso iluminador al nirvana en el que lo que cada uno pensaba que era su propio «yo» será integrado en el fluir del «inter-Ser», y toda distinción nítida entre «auto-poder» y «otro poder» se transformará y difuminará en una visión mucho más amplia.

Los estudiosos del budismo mahayana señalan que, a nivel psicológico, este desvanecimiento de distinciones se lleva a cabo todo el tiempo, pero inconscientemente, en la medida en que los devotos están llamados a renunciar a todo esfuerzo personal y a «simplemente confiar» en Amida. Se trata de una técnica, o lo que los budistas llaman un «medio útil» (*upaya*): olvídate del yo y confiadamente permite que «el otro» se encargue de todo, hasta el punto de que el yo se trascienda y se funda con el otro. El lenguaje es dual: el yo y el otro. Pero el resultado es no-dual: no-ser, no-otro, solo soltar y confiar. El auto-poder se abandona con el objetivo de convertirse en «otro poder»; o el «otro poder» se convierte en auto-poder.

Cuando los maestros tibetanos explican y defienden cuidadosa y minuciosamente el rol especial de los diferentes budas y *bodhisattvas*, tienen el mismo esmero en describir el objeto de la devoción a estas figuras santas. Tanto si el devoto es consciente o no de ello, tanto si describe su experiencia en estas palabras o no, el resultado de su devoción ha de ser vivir la «realidad» de Buda o del *bodhisattva* como su propia «realidad». Al visualizar y sentir el poder, el coraje o la sabiduría particulares contenidos en el rostro, en las muchas manos, en los actos de los *bodhisattvas* individuales, los devotos llegan a sentir y quizá a reconocer ese mismo poder, coraje o sabiduría en sí mismos.

Esto no significa que la cara colorida, entrañable o espantosa de la figura en particular sea solo una táctica, o que solo tenga la función provisional de ser totalmente absorbida por las propias experiencias individuales. El «otro poder» del Buda o del *bodhisattva* no se sustituye por el propio auto-poder de cada uno. Más bien, el «otro poder» se *convierte* o se *realiza* como el auto-poder de uno mismo. El auto-poder se vuelve expresión del «otro poder», de la misma forma que una ola es la expresión del océano. En definitiva, se cae en la cuenta de que no hay un yo individual que pueda ser claramente identificado y que actúe por sí solo. Solo hay interconexión, «inter-Ser», «inter-Seres».

El mal: realmente no es lo que parece

Si hay algo en el budismo que pueda cortarle las alas a un cristiano, incluso más que la reticencia de Buda a hablar claramente sobre Dios, es la renuncia de Buda a hablar claramente sobre el mal. Todo el tema de «Buda y el mal» está repleto de complejidad y controversia. Así que quiero entrar en este terreno con mucho cuidado y recordar que lo que sigue es la perspectiva concienzuda pero limitada de una sola persona. En última instancia, por esto, lo que más me interesa no es si mi comprensión de la visión budista del mal es perfectamente correcta, sino cómo la utilizaré después cuando vuelva e intente aplicarla a mis conflictos cristianos.

Para tratar de ir más allá de las simples declaraciones generales, como la que afirma que «el budismo niega la maldad», mejor empiezo con lo que más me impresiona y me deja perplejo cuando hablo del «mal» con mis colegas y amigos budistas. No quieren vincular el mal con ninguna persona, ni siquiera con un objeto ni con un acontecimiento. Parecen temer que tan pronto identifiquen o definan a cualquier persona o cosa como mala, una situación o relación difícil se volverá todavía peor. Los budistas temen que en el momento en que se comience a «pensar mal», uno no será realmente capaz de comprender una situación compleja, por lo que no podrá lidiar con ella de una forma favorable. Catalogar algo o alguien como malo representa un ejemplo de la clase de ignorancia que nos puede poner en un problema, o en más de uno.

Todo esto es a nivel práctico: no «pienses» mal porque causa problemas. Los budistas explican por qué esto es así de diferentes formas, a menudo complejas. Aquí es donde entramos en terreno resbaladizo. Me parece que la razón básica por la que los budistas son reacios a definir algo como malo tiene que ver con una afirmación budista, aún más básica, que dice que nada tiene una realidad duradera propia. No se puede definir nada como intrínsecamente «malo», así como tampoco se puede definir nada como intrínsecamente «bueno». Toda persona o acto es, como dicen los budistas, una confluencia de «causas y condiciones». Algunas de estas causas y condiciones pueden producir sufrimiento; otras quizá no. Así que señalar a una persona o una circunstancia como «mala» es no entender todo aquello que la hace como es. Hay otros ingredientes en la composición de su «identidad» que quizá no sean tan «malos» o que podrían dar una explicación bastante buena de lo que, en ese momento, está causando sufrimiento. En otras palabras, si alguien nos parece que es malo o que nos está perjudicando, tenemos que ser *plenamente conscientes* [*mindful*] (oiremos más veces esta palabra en el capítulo dedicado a la oración y la meditación) de que eso no es la totalidad de la persona. Y por supuesto no representa todo lo que la persona puede llegar a ser.

Tal perspectiva del mal significa que un budista no podría acudir a la respuesta cristiana, a veces excesivamente ocurrente pero no por ello menos grave: «¡El diablo me obligó a hacerlo!» Para los budistas no hay una fuente originaria del mal, no existe una «fuerza oscura» ni fuera de nosotros (el diablo) ni en nuestro interior (una naturaleza pecaminosa). Si ofreciesen alguna clase de explicación para el mal a nivel humano —es decir, para la frecuencia y la eficiencia deprimentes con las que los seres humanos nos hacemos daño los unos a los otros—, dirían que este tipo de «mal» tiene su origen no en Satanás ni en una naturaleza pecaminosa, sino en la *ignorancia*. Dicho con más claridad: hacemos cosas horribles no porque seamos malas personas, sino porque somos ignorantes.

Exploraremos esto con más detenimiento en el siguiente capítulo al hablar de Jesús y Buda, pero por ahora quiero señalar la visión budista fundamentalmente *positiva* de «la condición humana». Si hacemos cosas malas porque somos fundamentalmente malos, tenemos un problema que no va a desaparecer, al menos no en este mundo. Sin embargo, si hacemos cosas malas porque somos fundamentalmente ignorantes, podemos arremangarnos y empezar a educarnos (o, en términos budistas, «iluminarnos») a nosotros mismos y a los demás. Ahora podemos entender mejor por qué los budistas no quieren tildar a nadie de «malo».

Lo cual no significa que los budistas sean unos soñadores idealistas que no ven el barro porque siempre están mirando la montaña. Ellos reconocen, clara y explícitamente, que cuando la gente actúa egoístamente por ignorancia, como a menudo hacen, se puede provocar un verdadero caos en este mundo. Los budistas enseñan que cuando alguien actúa por ignorancia y egoísmo, sus actos producen *más* ignorancia y egoísmo, y eso significa más sufrimiento, tanto para ellos mismos como para los demás.

Se trata de la denominada ley del karma. Los actos nocivos siempre producen consecuencias perjudiciales. Y si son tus actos, *tú* tendrás que hacer frente a esas consecuencias. No hay excusas. Eso, podríamos decir, son las «malas noticias» sobre el karma. Pero la ley del karma también contiene «buenas noticias»: tú *puedes* lidiar con el caos que provocas. No estás atrapado en tu karma malo, puedes producir karma bueno. Si, como dijo Buda, el egoísmo *siempre* produce sufrimiento, la iluminación o la sabiduría *siempre* pueden eliminar ese sufrimiento. Depende de nosotros.

Y si para Buda ese «nosotros» era cada uno de nosotros individualmente, los líderes budistas actuales lo aplican a cada nación. Depende de nosotros lidiar con el «mal» o con el sufrimiento que nosotros mismos causamos.

Hasta ahora hemos estado hablando del «mal moral». ¿Pero qué dicen los budistas sobre el «mal natural»: todo aquel sufrimiento provocado por los caprichos de la naturaleza, como los terremotos y los huracanes? Aquí es donde la respuesta budista puede sorprender a muchos cristianos: tales acontecimientos *simplemente suceden*. Son provocados por «las causas y las condiciones» de los movimientos de los vientos o de las placas tectónicas, o por cambios de temperatura. Lo mismo es cierto para las deficiencias en nuestra herencia genética. Simplemente es así. Como mucho, podemos atribuirlos a la pura casualidad, a sucesos aleatorios, lo que más o menos equivale a decir que simplemente suceden por suceder. No hay una causa en particular, nada divino determina tales acontecimientos. Suceden, y tenemos que lidiar con ellos. Pero el budismo agrega que *podemos* hacerlo.

VUELTA: DIOS COMO PRESENCIA PERSONAL

Al retornar a mi identidad y a mis conflictos cristianos, me encuentro a la vez atraído por y reacio a la reticencia budista a usar un lenguaje personal para designar su Preocupación Fundamental. Gran parte de esa reticencia provoca ecos de compasión en mis propios sentimientos religiosos. Tiene todo el sentido del mundo querer evitar lo que realmente son antropomorfismos incrustados en el Misterio divino. Pero al mismo tiempo, mi condición de cristiano y mi raciocinio humano me dicen que los teístas del mundo (¡así como los politeístas!) —todas esas personas que, como los cristianos, se dirigen a su Preocupación Fundamental con un «tú»— van por buen camino. Ellos también tienen razones, algunas de ellas muy válidas, creo yo, para llamar a lo Fundamental «Padre Celestial», «Madre Divina» o «Espíritu Santo». Por esto, aunque muchas veces no me guste la forma como los cristianos usan ese lenguaje personal, no quiero simplemente tirarlo todo por la borda. Aunque el agua de la bañera esté sucia, ¡no hay que tirarla con el bebé!

Antes de entrar en detalle sobre cómo pienso que el budismo me ha ayudado a entender y usar este tipo de lenguaje personal, déjenme expresar primero la lección general —o mejor dicho, el recordatorio— que mis amigos budistas me ofrecieron. Toda la conversación sobre Dios como un «tú» y como una «persona» es *simbólica*. Teólogos como Karl Rahner y Paul Tillich me han enseñado que *todo* nuestro lenguaje sobre lo Divino no puede ser otra cosa que simbólico o, en la terminología más técnica de Tomás de Aquino, *analógico*. Veremos más detenidamente lo que esto significa en el próximo capítulo. Por ahora, solo quiero decir lo importante y útil que ha sido para mí recordarme a mí mismo que cada vez que me dirijo a Dios como a un «tú» o rezo a «nuestro Padre celestial», especialmente en la liturgia, estoy usando símbolos.

El lenguaje simbólico es a la vez valioso y peligroso. Por tanto, debe ser usado cuidadosamente. Los símbolos son palabras que utilizamos para abrirnos a algo que está más allá de las palabras. Son imágenes que nos conectan con una realidad que nunca puede estar contenida en una imagen. Esto significa, como a menudo se dice, aunque también se ignore, que si bien los símbolos se deben tomar siempre en serio, tenemos que ir con cuidado y no tomarlos literalmente. Si lo hacemos, corremos el riesgo de exagerarlos tanto que los convertimos en ídolos.

Entonces, si todo nuestro lenguaje sobre Dios como persona es simbólico, tenemos que ser cuidadosos con la forma en la que lo usamos. Si nos olvidamos de que referirnos a Dios como un tú o un Padre es hacer uso de símbolos, si nos tomamos tales símbolos literalmente, ellos pueden impedir que Dios sea algo más que un «tú» o un «Padre». Esto nos lleva de nuevo a la admonición del padre Enomiya-Lasalle: podemos recurrir a imágenes personales de Dios solo cuando nos damos cuenta de que no debemos hacerlo, solo cuando nos damos cuenta del peligro de hacerlo. Es decir, solo si nos tomamos nuestro símbolo personal de Dios seria y cautelosamente, y no literalmente.

Permítanme tratar de explicar cómo el budismo me ha ayudado a hacer esto.

No una persona, sino personal

Para sacar una conclusión clara y, espero, meticulosa de lo que he encontrado en mi ida al budismo, para mí, Dios ya no es una persona, aunque definitivamente, y además de un modo mucho más interesante, Dios es *personal*. Puede que sea una distinción bastante sutil, pero para mí y creo que para muchos cristianos es importante. El budismo me ha permitido identificar y afirmar algo que he ido sintiendo durante las últimas décadas en mis conflictos espirituales: que Dios *no* es un alguien todopoderoso y afectivo, ni un Ser personal divino con quien tengo esencialmente la misma clase de relación interpersonal que tengo con otras personas. Como traté de exponer en el capítulo 1, para mí Dios es y ha sido, más bien, el Misterio del «inter-Ser» que me rodea y me anima. Pero es un Misterio que también está personalmente presente en mí. Cuando digo «personalmente presente», quiero decir que he sentido que este Misterio me toca y me afecta de una forma que puedo, y debo, describir como personal. El tipo de vivencias que han estimulado mi consciencia de formar parte del campo energético del «inter-Ser» también me han hecho consciente de que esta energía no es ciega y de que su campo no es inanimado. La energía, por así decirlo, está tramando algo. Hay algo personal en ello, pero no puedo llamarlo persona.

Por esto, tal como confesé en el primer capítulo, el símbolo de Dios que todavía me habla y lo hace más poderosamente después de mi ida al budismo es Dios como Espíritu, como Espíritu conector. El budismo me ha ayudado a identificar, así como a nutrir, el tipo de experiencias humanas en las que encuentro y siento ese Espíritu. Los dos principales frutos o características que los budistas descubren en la iluminación —la sabiduría y la compasión— han hecho posible que me centre en las dos experiencias más fundamentales por las cuales sé que el Espíritu, aunque no sea persona, es una *presencia personal* en mi vida; un sentido de fundamentación que produce paz en mi interior y un sentido de conexión que provoca el cariño hacia los demás.

Fundamentado en la paz

Al usar la palabra *fundamentación*, intento expresar el sentido de formar parte o de pertenecer a algo mucho mayor que uno mismo; siento que ese algo mucho mayor me incluye o incluso me abraza. En otras palabras, es *digno de confianza*. A pesar de que sigue siendo huidizo y misterioso, a pesar de que nunca me ofrece un lugar permanente donde estar (por eso los budistas lo llaman ausencia de fundamento), tengo la sensación de que, perteneciéndole, puedo confiar en él. Los budistas llamarían este tipo de vivencia «sabiduría» o comprensión —despertar a la realidad del *Dharma* o del «inter-Ser»— y aunque no suelen hablar del «inter-Ser» como algo digno de confianza, claramente afirman que una vez que alguien se despierta a él, su vida cambia. Encuentra una paz, un descanso, una habilidad para vivir la vida que no se tenía antes. Esta es esencialmente la clase de vivencia en la que yo identificaría la presencia personal del Espíritu.

Los tipos de situaciones humanas que pueden desencadenar tal sentido de fundamentación-que-produce-paz son tan variadas que pueden ser sorprendentes. Para los budistas, el entorno principal, o la práctica, que nos abrirá los ojos es el mismo que fue para Gautama: el silencio de la meditación. Veremos esto más detenidamente en el capítulo sobre la oración y la meditación. Los maestros espirituales y teólogos cristianos hablan de otros «signos de trascendencia» que están, según parece, más a mano, que forman parte del tejido diario de la vida. Con frecuencia captamos tales signos sin ser claramente conscientes de ello; o solo los podemos identificar y nombrar cuando los recordamos. Por lo general llegan cuando estamos o bien en las cumbres de la vida o bien en lo más profundo de una mina.

Por cumbres, me refiero a aquellas situaciones positivas que parecen sobrecogernos y sacarnos de nuestra propia piel limitante para impulsarnos hacia un mundo mayor, hermoso; cuando el poder y la magnificencia de la naturaleza nos atraen hacia sí; cuando una pieza musical en particular entra tanto en nosotros que, tal como dijo T. S. Eliot, «nos convertimos en la música»; cuando una palabra o el abrazo de un amigo nos da una fuerza que ni nosotros ni nuestro amigo tenía; cuando hacer el amor se convierte en algo mayor que en simple sexo, y nos deja sin respiración y agradecidos. En todas estas vivencias humanas tan cotidianas puede suceder algo extraordinario que nos hace sentir conectados o fundamentados y en manos de una paz que puede perdurar aún después de que la embriaguez de la vivencia haya pasado.

En las vivencias adquiridas en las profundidades de la mina, en lugar de elevarnos más allá, nos sumergimos en los fondos de la vida. Cuando la tierra cede, cuando no hay nada ahí que nos soporte, podemos encontrarnos de alguna forma llevados, sostenidos, incluso cuando no hay nada dentro de nosotros o en los demás que nos sostenga. En la ausencia de fundamento hay algo que nos sostiene o nos guía. Paradójica y misteriosamente, hay fundamentos en la ausencia de fundamento.

Este tipo de entendimiento no suele llegar cuando estamos en las profundidades de la mina, sino cuando hemos sido capaces de salir de ella. El sentido de la muerte accidental de un hijo, la desolación por un divorcio tras veinte años de matrimonio, la frustración de fallar en el acceso a la carrera universitaria escogida, el trauma de la memoria recurrente de un abuso sexual en el pasado: todas ellas vivencias en las que las mismas bases de la vida flaquean y caemos en la ausencia de fundamento. No obstante, durante cualquiera de ellas —o quizá, en realidad, después— vemos que fuimos capaces de continuar, que seguimos levantándonos por la mañana, que entramos en una nueva relación, que tuvimos otro hijo. Sí, para poder superarlo debimos esforzarnos; necesitamos el apoyo de los amigos. Pero en el momento preciso del dolor, de la confusión y del agotamiento, ningún esfuerzo, ni amigo, por sí mismo, parecían suficientes. Estando inmersos en cualquiera de esas vivencias, pudimos sentir algo más, algo que nos sostuvo y, añadiría un cristiano, algo que se preocupó por nosotros. No un Dios Padre que aparece y nos rescata, sino una fuerza personal, un Espíritu que actúa a través de nuestros esfuerzos y nuestros amigos, y aun así, es algo más.

Puedo decir, entonces, que hay algo que me fundamenta, me sostiene y así me da paz. No es un alguien definible pero tampoco es un algo inanimado. Lo llamo la presencia personal del Espíritu.

Conectados por el cariño

El empeño budista en que la iluminación produce no solo sabiduría sino también compasión me ha llevado a identificar y a sentir el Espíritu en mi vida no solo como aquello que me fundamenta en una paz interior, sino también como aquello que me conecta en el cariño y el amor al prójimo. Es sobre todo en este tipo de vivencias donde la presencia que siento se muestra personal. En mi experiencia cristiana —que es diferente aunque no completamente distinta de la que describen mis amigos budistas— no es tanto que primero sienta la presencia y luego como me conecta con los demás, sino que la forma como siento mis conexiones con los otros revela una presencia o poder más profundos.

Mi gran amigo y mentor Aloysius Pieris S. J., a partir de su estudio y práctica del budismo en Sri Lanka, me ha ayudado a entender esto. Él señala que, para los budistas, la sabiduría, o *prajna*, tiene cierta prioridad sobre la compasión, o *karuna*; para los cristianos suele ser al revés: la compasión, o ágape, precede a la sabiduría. Creo que esto se ajusta a la forma en la que funciona en mí. Es en mis relaciones con los demás, en la forma como me tocan y me afectan, como me he vuelto consciente de la amplia realidad de la presencia del Espíritu, del «inter-Ser» que vibra en mis relaciones.

Existe un misterio y un poder en el modo en que los demás pueden hacer reclamaciones sobre nuestras vidas, en la forma como pueden entrar en nuestro terreno personal, sin ser invitados, y desafiarnos a salir de nosotros mismos. Un claro ejemplo de tal feliz intrusión nos llegó, a mi esposa y a mí, a través de los rostros de los campesinos salvadoreños cuando estuvimos trabajando con un grupo llamado CRISPAZ (Cristianos por la Paz en El Salvador) durante las décadas de los ochenta y noventa. Al percatarnos del sufrimiento al que esta gente estaba sometida por culpa de su gobierno represivo (apoyado por nuestro propio gobierno), al visitarlos, escuchar sus historias y ver sus rostros llenos de preocupación pero a la vez resistentes, no nos quedó otra opción que responder de alguna manera. «Sin otra opción»: aquí están el misterio y el poder a los que me refiero. Es la manera en la que otras personas pueden llegar a provocar compasión y cariño en nosotros, incluso cuando no lo queremos.

Esto no siempre sucede, por supuesto. Pero cuando tiene lugar, es potente, misterioso y hermoso. Al contrario de lo que algunos biólogos nos han contado sobre nuestros «genes egoístas», también hay una parte de nosotros que es capaz de, y necesita, responder con cariño y compasión hacia otros seres humanos. Y cuando respondemos así, nos sentimos más humanos, más felices, a pesar de cualquier problema que ese cariño pueda provocarnos.

Algunos budistas llamarían esto *bodhi citta*, el corazón de la misericordia que late en algún lugar dentro de cada uno de nosotros. Como cristiano, lo llamaría poder personal del Espíritu que me toca de la forma como otros me tocan. El filósofo judío Emmanuel Lévinas me ha ayudado a entender y a encontrar palabras para lo que intento decir y para lo que viví en El Salvador. Él nos dice que el camino más convincente, quizá el principal, en el cual podemos encontrar la realidad de lo Divino es *en el rostro del otro*. Mirando a los ojos de otro ser humano sentimos, o podemos sentir, tanto respeto como responsabilidad; nos sentimos obligados a apreciar la identidad del otro y nunca a reclamarla como nuestra, pero al mismo tiempo sentimos la necesidad de proteger y fomentar esa identidad. El otro provoca una *acción* de nuestra parte, el acto del cariño y la responsabilidad. Y aquí, sugiere Lévinas, podemos sentir la presencia de un Otro en el otro, que es nada menos que el Otro que está presente en nosotros mismos. Pero es una presencia que se encuentra en lo que el otro nos llama a hacer, en cómo deberíamos actuar frente a ese otro.

Y entonces, Lévinas nos dice, cuando intentemos hablar sobre Dios, no deberíamos usar un «vocabulario del ser», sino un «vocabulario de la acción». Es lo que dijimos antes: la realidad más profunda de lo Divino es mucho más un verbo que un sustantivo. Esto debería sugerir que nuestro primer o fundamental acceso a la realidad de Dios no es un tema de la filosofía —de pensar correctamente—, sino un tema de la ética, de vivir correctamente. Dios no es primariamente un ser que conocemos, es una actividad que sentimos cuando permitimos que la actividad y la energía fluyan a través de nosotros. Primero tenemos que actuar como Dios y cuidar del prójimo antes de que podamos realmente pensar sobre Dios. Esto me recuerda, de nuevo, lo que mi maestro Karl

Rahner nos dijo: una persona que nunca ha amado y no ha cuidado de otra persona no tiene idea de lo que realmente significa la palabra *Dios*.

En una entrada de mi diario de diciembre del 2004 traté de expresar este cambio en mi espiritualidad de un Dios que ama a un Dios que es Amor:

> Mientras que tengo dificultades con la sobre-simbolización o la sobre-personalización de Dios, sé que lo que hace que mi vida sea valiosa, completa y excitante es dar y recibir. De esto trata el amor: dar de uno mismo y recibir de otro que no es uno mismo. Esto es lo que espero que sea mi vida, especialmente en estos últimos años: dar de mí mismo amor y compasión por todos los seres sintientes. Y recibo del Misterio que siento dentro este movimiento de mí mismo hacia el otro. Soy alimentado a medida que alimento. Este es el Misterio del ser, del vivir, de la evolución. Esta es la Vida dentro de toda vida, un Espíritu dentro de todo espíritu. Doy y confío. Cuanto más pueda dar de mí —principalmente a Cathy y a todos los que entren en mi vida inmediata o remotamente—, más puedo sentir y ser este Misterio.

Danzar juntos

Imaginar y sentir a Dios no como una persona todopoderosa que me está mirando desde arriba, sino como una presencia personal que me rodea y me abraza, me ha permitido compartir el escenario de mi vida con Dios más que seguir un guion preescrito por la Divinidad. La siguiente entrada de mi diario, de febrero del 2003, se refiere a un pasaje del libro *Confortable with uncertainty* (*Cómodos con la incertidumbre*), de Pema Chödrön, que capta lo que intento decir. Hablando sobre *maitri*, la bondad amorosa que nos rodea, Chödrön alude a la imagen usada en su tradición *shambhala* de «colocar nuestra temerosa mente en la cuna de bondad amorosa» y entonces sigue; mis propias reflexiones aparecen después:

> Otra imagen para *maitri* es la de una madre pájaro que protege y cuida de sus pequeñuelos hasta que son suficientemente fuertes para volar… La gente a veces pregunta: «¿Quien soy en esa imagen: la madre o el polluelo? La respuesta es ambos…» Somos los dos, la madre amorosa, confidente, y el temeroso polluelo. Aquí es precisamente donde el budismo me ayuda como cristiano a superar el dualismo entre Dios y ser/mundo. La habilidad de aceptarme a mí mismo, la habilidad de seguir adelante no es algo que venga de nuestro exterior. Es lo que soy, aunque siempre es mucho más de quién soy o de qué soy. No soy dos, pero tampoco uno.

A estas imágenes budistas de la madre pájaro y el polluelo, del «otro poder» y del auto-poder, quiero añadir una distinción cristiana que es más técnica, y que ha sido para muchos la causa de contiendas teológicas durante siglos: la gracia divina y el libre albedrío humano. Estos son los términos cristianos para el «otro poder» y el auto-poder. Es inútil, dirían los budistas (y mi propia experiencia lo confirma), discutir lo que es más importante o lo que tiene la última palabra. Mientras que hay una diferencia entre la gracia divina y mi libre voluntad, la gracia se convierte en gracia en mis *acciones libres*, en mis *decisiones*. A los budistas les gustaría el modo en el que lo expresa Karl Rahner: hay una relación directamente proporcional entre la gracia y la libertad; cuanto más experimento el poder de la gracia en mi vida, más vivo mi propia libertad. Aunque son diferentes, existen la una en la otra. Su relación es *no-dual*, es decir, interactiva. Con sencillez pero con un poco más de audacia: ¡el Espíritu me necesita para ser Espíritu y yo necesito del Espíritu para ser yo!

Podríamos comparar esta relación de interactividad e interdependencia entre el Espíritu y el espíritu, entre la gracia divina y la libertad humana, con una danza a dos liderada por lo Divino (¡lo cual no implica una figura masculina de Dios!). Puede que Dios sea la fuente de la dirección y de la novedad, pero los pasos que se den, o cuándo se han de dar esos pasos, dependen de la capacidad de respuesta del compañero. En sus diferencias, en el movimiento entre ellos, en la respuesta entre ellos y a pesar de pisarse los pies con frecuencia, los compañeros de danza crean nuevos movimientos juntos.

La voluntad de Dios en proceso

Todo esto me ayuda a lidiar con mis problemas, descritos con anterioridad, sobre «la voluntad de Dios». Si el Dios que sentimos en nuestras vidas es una presencia personal más que una persona todopoderosa, si nos tomamos en serio la no-dualidad o la interacción entre la gracia de Dios y nuestra libertad, entonces la voluntad de Dios no viene a ser para nosotros algo que *existe*, sino algo que *sucede*. No se trata de un plan prefabricado impuesto en la historia que determina quién ganará qué batalla o si hará sol este fin de semana. Más bien, la voluntad de Dios se va realizando a través de la interacción del siempre-presente y siempre-activo Espíritu, por un lado, y de las libres opciones de los humanos y los sucesos aleatorios de la naturaleza, por el otro. Pero aunque los miembros de la pareja sean diferentes, sus diferencias pueden ser difíciles de determinar mientras bailan juntos.

Así que en lo que llamamos la voluntad de Dios hay un gran espacio para «rellenar las casillas en blanco». O, tal como los eruditos del Nuevo Testamento describen la forma en la que Jesús entiende el Reino de Dios (o la voluntad de Dios para el mundo), es tanto *ya* como *todavía no*. El *ya* es el Espíritu, siempre-presente y digno de confianza, que nos fundamenta en la paz y nos llama a una mayor compasión. En cuanto al *todavía no*, la imagen budista de la ausencia de fundamento me ha ayudado a captar cuán aterradora y cuán digna de confianza realmente es la voluntad de Dios. Es aterradora porque todavía es incierta, todavía está llena de espacios vacíos en los que no vemos ninguna red de protección. Todavía tiene que ser elaborada, lo cual significa que puede haber un final feliz o infeliz. Pero al mismo tiempo, puedo abrazar la incerteza, puedo dejarme caer en la amplitud sin fundamento porque aquello que *todavía no* es y está por venir será la co-creación de mi propia sabiduría y compasión, y de la Sabiduría y Compasión de lo que como cristiano denomino Espíritu y que algunos budistas podrían llamar la «cuna de la bondad amorosa». Por eso, la «voluntad de Dios» es un drama interactivo entre el Espíritu y las criaturas finitas.

Para mí, y espero que para otros cristianos, todo esto puede tener un sentido intelectual, aunque sea siempre misterioso. Pero para que eso se torne real —es decir, una realidad sentida en la vida de cada uno—, uno muchas veces necesita la perspectiva de un espejo retrovisor. Un ejemplo de esto me sucedió inesperadamente cuando, en 1991, regresé con mi esposa Cathy y mis dos hijos, John y Moira, a la ciudad universitaria alemana de Marburgo, donde casi veinte años antes había recibido mi doctorado en teología. Para mí, habían sido años maravillosos, excitantes, pero al mismo tiempo dolorosos y confusos. Aparte de los conflictos predecibles por tener que adaptarme a los rigores particulares de un programa protestante germánico, me vi sorprendido por una corriente emocional no tan esperada de relaciones y de sentimientos que me obligaron a preguntarme a mí mismo, después de haber estado en el seminario y en la vida religiosa desde que tenía trece años, si de verdad quería formar parte de un sacerdocio célibe. Nunca pensé que me plantearía tal pregunta ni que tendría que responderla. Y durante esos años en Marburgo, me parecía como si la pregunta fuese tan incontestable como inevitable.

Pero veinte años más tarde, sentado en silencio con Cathy en el mismo banco cerca del castillo en lo alto de la ciudad donde tantas veces había reflexionado y me había sentido afligido, con un surgimiento de claridad y gratitud me di cuenta que durante todos esos años *algo pasaba en mi vida*. No sé cómo decirlo. No es como si a lo largo de todas esas dudas hubiera finalmente descubierto un camino que ya estaba allá, aunque escondido para mí. No, yo tuve que forjar ese camino. Pero haciéndolo, con todas las decisiones buenas y malas que tomé, con todas las personas que entraron en mi vida —tanto para apoyarme como para complicar las cosas—, con la alegría y el dolor que les causé a otros y a mí mismo, estuve siendo mantenido o inspirado por algo más. Algo creativo, algo ingenioso. Llamémoslo presencia, llamémoslo Espíritu. Veinte años más tarde todo estaba más claro de lo que podría haber estado antes. Y yo estaba agradecido.

El mal nunca tiene la última palabra

¿Pero qué pasa con nuestro caótico mundo, con los residuos del horrible sufrimiento que se encuentra en todo rincón de este mundo, causado tanto por lo que los humanos se hacen los unos a los otros y a los demás seres sensibles como por lo que la naturaleza nos hace a todos? Estoy hablando de mis conflictos con el «problema del mal».

Ciertamente la cantidad, la intensidad y la insensatez del sufrimiento que los humanos tienen que soportar piden entendimiento, aunque conllevan un elemento de incomprensión que jamás podremos eliminar. Aun así, el budismo me ha ayudado a lidiar con el misterio, a no huir de él. Me ha ayudado a recuperar los medios propios de mi tradición cristiana con los que puedo aproximarme de una manera más honesta, inteligente y creativa al «problema del mal».

En primer lugar, si entendemos a Dios como el Espíritu del «inter-Ser» que interactúa creativamente con el mundo más que como un Ser personal todopoderoso que rige ese mundo, ya no podemos culpar ingenuamente a Dios del «mal». Igual que el viento en la velas de un barco comandado por un capitán experto, el Espíritu interactúa, no controla. O como dicen los teólogos procesuales, si queremos describir a Dios como «todopoderoso», ha de tratarse del persistente poder de persuasión, no de una cohesión controladora. Creo que esta es una forma mucho más ortodoxa de hablar sobre el poder del Dios cristiano, en vez de declarar que «Dios puede hacer cualquier cosa que quiera». Si Dios es amor, entonces Dios *no puede* hacer cualquier cosa que quiera. Si los amantes *usan la fuerza* entre ellos, no están amándose de verdad. Los amantes se abstienen de la coerción, aunque les duela.

Pero el budismo también sugiere que, si no podemos culpar a Dios por lo que llamamos el mal humano o moral, tampoco podemos culpar al diablo o a cualquier fuente del mal pre-existente y autónoma. Creo que aquí nosotros los cristianos podemos aprender muchas cosas. Podemos entender nuestras doctrinas tradicionales del pecado original y de nuestro «estado caído» más coherente y profundamente si entablamos conversación con la segunda noble verdad de Buda. Esa verdad nos dice que nosotros nos causamos el sufrimiento a nosotros mismos y a los demás porque somos egoístas, y que somos egoístas no porque sea algo innato en nosotros, sino porque somos ignorantes.

Entonces, desde esta perspectiva, podemos decir que el mal no existe por sí solo. No tiene su propia realidad o identidad, pues siempre es el producto de algo más, es decir, de la ignorancia. Lo que afirmamos aquí no es solo una interesante visión filosófica, sino que tiene consecuencias prácticas para la forma como entendemos y lidiamos con nuestro mundo caótico. Si el «mal» es real —o mejor dicho, si es un elemento dado de la condición humana—, tenemos una enfermedad incurable que realmente no podremos curar hasta que pasemos a la siguiente vida, donde finalmente el mal será eliminado o castigado. Si el mal no es real por sí mismo pero es el infeliz producto de la ignorancia, llamemos al médico, ¡hay esperanza!

El hincapié cristiano en nuestro «estado caído», en nuestra posición de «pecadores, no merecedores del amor de Dios», puede neutralizarse bastante, y de forma saludable, creo, con la valoración fundamentalmente esperanzadora que el budismo hace de la naturaleza humana y del mundo. Es una valoración realista porque se enfrenta de cara a la profundidad y la amplitud del sufrimiento causado por la ignorancia. El karma, tal como vimos, significa que la ignorancia y el sufrimiento pueden ir creciendo como una bola de nieve a la deriva hasta convertirse en una avalancha devastadora. Pero los budistas nunca abandonan el esfuerzo del *bodhisattva* por eliminar la ignorancia de todos los seres sensibles; la iluminación es posible para todo ser humano porque todo ser humano posee la naturaleza de Buda. Por tanto, mañana puede haber menos sufrimiento en el mundo del que hay hoy.

Las creencias básicas cristianas también contienen tal optimismo, aunque a menudo es obviado o incluso olvidado: no importa lo sumidos que estemos en el pecado, seguimos siendo hijos de Dios; nada de lo que hagamos es imperdonable; según las palabras de san Pablo, «donde abundó el pecado, sobreabundó la gracia» (Romanos 5,20); es decir, a pesar de todo el egoísmo y el sufrimiento que los humanos nos causamos los unos a los otros, la posibilidad de la compasión y la colaboración es siempre mayor. Se supone que nosotros los cristianos debemos creer todo esto y actuar en consecuencia.

Sospecho que podríamos estar mucho más cerca de la valoración hecha por Jesús sobre la naturaleza humana si por *pecado original* entendiéramos «ignorancia original». Si vamos a hablar sobre aquello que en un primer momento introdujo la bola de nieve del egoísmo y del sufrimiento en la historia de la humanidad, estamos más cerca de la verdad si localizamos el primer impulso no en una corrupción primordial que ahora se filtra en cada uno de nosotros en el mismo acto de la procreación, sino, tal como nos cuenta la historia de Adán y Eva, en una decisión absurda, de hecho, estúpida, de creer en las promesas de alguien disfrazado de serpiente.

No quiero ser irrespetuoso, pero estoy convencido de que si entendemos el mito de Adán y Eva no como un acto malvado de rebelión, sino como una decisión basada en un engaño ignorante, estamos en mejor posición para no permitir que el «pecado original» ensombrezca o desplace la «gracia original» de la creación de Dios. (Hay que recordar la parte de la historia en la que Dios da un paso hacia atrás y declara que todo «era muy bueno», en Génesis 1.)

Pues bien, todo puede ayudarnos a lidiar con los desastres del mundo causados por decisiones humanas. ¿Pero qué pasa con los desastres, con el sufrimiento horrible, que desencadenan las propias fuerzas de la naturaleza? De nuevo, si entendemos a Dios como el Espíritu fundamentador, de conexión, que interactúa con el mundo sin controlarlo, podemos, y debemos, reconocer que de la misma manera que el Espíritu respeta y trabaja con el modo de actuar de los humanos, el Espíritu respetará y trabajará con la forma de actuar de los animales y los elementos de la naturaleza. En el mejor de los casos, los humanos actúan con libertad; tienen control, o algún control, sobre sus instintos y tendencias naturales. El resto de la naturaleza funciona por puro instinto y/o por acontecimientos aleatorios. En unas circunstancias dadas o en una confluencia de eventos en particular, las partículas subatómicas actuarán como partículas subatómicas y los volcanes actuarán como volcanes. Y el Espíritu, como presencia interactiva y no como jefe supremo, permite que esto suceda.

Entonces, «cuando a la gente buena le pasan cosas malas» (tomando prestado el título del popular libro del rabino Harold S. Kushner), cuando afrontamos cosas tales como terremotos, tsunamis, erupciones volcánicas, cánceres o defectos de nacimiento, en primer lugar tenemos que examinar diligentemente si han participado algunas «causas y condiciones» humanas; si no es el caso, entonces, junto con Buda y con el rabino Kushner podemos decir: «sencillamente han sucedido». No fueron causadas por Dios ni ningún otro agente sobrenatural, bueno o malo. Se produjeron por las «causas y condiciones» aleatorias que conforman el funcionamiento de la naturaleza. Buda lo llamaría *tathata*, la mismidad de las cosas. Y nuestra primera respuesta debería ser *aceptarlas*. Esto no significa que nos hagan felices; pero tampoco que tengamos que negarlas, rebelarnos contra de ellas o dejar que nos hundan. Como aconseja la sabia «Mother Mary» de los Beatles (fuera quien fuese): déjalo estar («Let it be»).

Pero no nos detenemos ahí. La aceptación es solo la primera respuesta. Los budistas, si entiendo correctamente a personas como Thich Nhat Hanh y Pema Chödrön, en primer lugar aceptarían lo que es con tanta atención plena y compasión como fuera posible, y a continuación dejarían que cualquier acción que emprendiesen fluyera a partir de esa atención plena y de esa compasión. Como cristiano debería tratar de hacer lo mismo: aceptar el sufrimiento que conlleva lo que sucedió como «lo que sucedió», pero a la vez ser consciente del siempre-presente Espíritu interactivo de Sabiduría y de Compasión. Y cuando este Espíritu interactúa con mi espíritu, puede darme tanto la *fuerza* para aceptar algo que parece completamente inaceptable como la *creatividad* para hacer algo al respecto o, por lo menos, para dar otro paso hacia delante. Esa «creatividad» se basa en la confianza que tengo (y la confianza que creo tienen los budistas, aunque no necesitan nombrarla) en que, al aceptar lo que ha sucedido, encontraré la capacidad de seguir adelante y de transformar el dolor y la pérdida que he vivido.

Los teólogos procesuales hablan del Espíritu como una fuente de posibilidades infinitas para la nueva vida y las nuevas relaciones que pueden surgir de cualquier cosa que suceda. Mi fe cristiana me dice que incluso frente a la pérdida de un hijo, a la ruptura de un matrimonio, a la noticia de que un cáncer ha invadido mi cuerpo, dispongo de recursos internos —que son los recursos del Espíritu— para lidiar con cualquier realidad dolorosa *y* para sacar de ella una nueva posibilidad. Las enseñanzas budistas me han ayudado a abrirme a este Espíritu y a sentir su presencia, aconsejándome primero aceptar sincera y valientemente todo el dolor y el horror de lo que ha sucedido, y después responder con toda la sabiduría paciente y la compasión persistente, hacia mí mismo y hacia los demás, como sea posible. Y así seré capaz de avanzar, e incluso quizá de sacar algo «bueno» de lo «malo» que ha sucedido. En el caso del mal causado por los humanos, será un bien que *nunca podría* haber sucedido sin el mal que *nunca debería* haber sucedido. Lidiamos aquí con el misterio de la paradoja. Pero es un misterio que afirma la vida y que crea vida. De nuevo, si miro en el retrovisor de mi vida, sé que este tipo de misterio sucede.

Por tanto, lo que llamamos mal, ya sea provocado por decisiones humanas o por acontecimientos naturales aleatorios, nunca tiene la última palabra. Mejor dicho, no tiene que tener la última palabra. El Espíritu no lo ha causado. Pero el Espíritu está ahí, dentro de nosotros y como nosotros, para lidiar con él.

III

NIRVANA Y EL DIOS OTRO MISTERIOSO

En este último de los tres capítulos fundamentales sobre Dios y el nirvana lidiaré con algo subyacente a mi conflicto con Dios como el Otro trascendente y como el Otro personal: cómo encontrar palabras para una realidad que, tanto en su propia naturaleza como en la forma en la que toca nuestras vidas, está esencialmente más allá de las palabras. Cuando un budista que ha pasado por algo parecido a una vivencia de la iluminación, o un cristiano que ha dado pasos en la esfera de lo místico, intenta hablar sobre lo que le ha sucedido, le faltan las palabras. Descubre que aunque su vivencia pueda haber sido impulsada por palabras, siempre se halla dos pasos por delante o lejos de cualquiera de las palabras que pueda usar para describirla. Por esto, ambos, el budismo y el cristianismo, así como las demás religiones del mundo, reconocen, de diferentes maneras, que lo que más importa es *una cuestión de Misterio*. En el fondo, las religiones lidian con una realidad que reconocen ser indefinible, incomprensible e inefable.

Pero aun así, todas las religiones hablan. Algunas de ellas más que otras. El cristianismo —junto con, y creo aún más que, las otras dos religiones semíticas, el judaísmo y el islam— es una de las «más locuaces». Tal como exploraré con mayor detención en este capítulo, a lo largo de su historia, los cristianos han usado múltiples palabras para describir y definir lo que creen, sin importar si esas creencias se refieren a la misma naturaleza de Dios.

Y aquí yace mi problema: cómo mantener unidas todas las palabras sobre Dios que he aprendido como buen cristiano, y luego como teólogo profesional, con mi creciente consciencia, especialmente, durante las tres últimas décadas, de Dios en cuanto Misterio. Ahora que lo pienso, este problema de «palabras» quizá no sea solo subyacente a los otros conflictos que he planteado en los dos últimos capítulos, puede que sea precisamente una de las causas principales de esos problemas.

Entonces permítanme tratar de encontrar palabras para describir mis problemas con las palabras.

MIS CONFLICTOS: PALABRAS QUE ENCADENAN AL MISTERIO

Con el paso de los años, he tenido cada vez más problemas al utilizar el lenguaje religioso con el que crecí. Muchas veces, especialmente durante la misa, pero también en conversaciones con colegas cristianos o leyendo libros sobre el cristianismo, he escuchado o leído palabras o expresiones que me han hecho detenerme, tanto por motivos emocionales como intelectuales. Mis dificultades tienen que ver o bien con la compresión, o bien con la consternación. O bien he quedado perplejo sobre: «¿Qué significa eso realmente?», o bien me he atragantado con: «¿Puede eso realmente significar lo que se supone que significa?» No estoy hablando solo sobre las cosas extrañas que tan fácilmente se encuentran en las conversaciones o en libros sobre religión. (Como dice un amigo mío: «La religión ofrece la misma atracción a mentes brillantes que a chiflados.») Para ser muy franco, he tenido problemas con las palabras que forman el tejido del credo y el dogma cristianos, tales como: «Hijo unigénito... consustancial con el Padre... viniendo a juzgar a los vivos y a los muertos... concebido sin pecado... asumido al cielo en cuerpo.»

Mi problema con este tipo de lenguaje no ha sido tanto que no tiene del todo sentido para mí (aunque debo admitir que todavía me cuesta comprender intelectualmente eso de «consustancial» o «asumido al cielo en cuerpo»). Lo que me hace tropezar es que esas palabras tienen *demasiado* sentido; han sido entendidas y explicadas con demasiada claridad o demasiado categóricamente. Así, en el fondo, mis dificultades han sido no por *falta* de significado, sino por *exceso* de significado; no por la *posibilidad* de significado, sino por la *determinación* de significado. La imagen que me viene a la cabeza es la de un hermoso pájaro tropical dentro de una jaula. Capaz de volar, pero impedido para hacerlo.

Matamos el lenguaje religioso cuando no permitimos que vuele. Si esto puede ser un problema para cualquier religión, para el cristianismo es el mayor de ellos.

Un equilibrio delicado

Por su propia definición, el cristianismo tiene la difícil tarea de mantener el delicado equilibrio entre la palabra humana y el Misterio divino. Se puede decir que la palabra es el tema central de la religión cristiana. Y esto no es así simplemente porque heredara de su madre judía un amor y un respeto por el *dabar* o el Verbo de Dios —el Verbo que dio a luz el mundo («Dijo Dios: 'Hágase la...'», Génesis 1,3) y que después siguió la conversación a través de Moisés y de los profetas. El cristianismo fue más allá de las enseñanzas de su madre, y en cierto sentido le causó bastante pena cuando los teólogos de los primeros siglos después de Cristo distinguieron, por así decirlo, entre un «Dios Hablador» y un «Dios Creador». El Dios siempre-uno, consideraron y luego proclamaron los cristianos, no era solo Padre (primera persona de la Trinidad), sino también Verbo (segunda persona). (El trabajo del Espíritu, entonces, consistía en provocar una respuesta al Verbo.)

Y entonces, como si esto no fuera suficiente para marcar la diferencia entre la prole cristiana y su progenitora judía, el autor del Evangelio de Juan anunció algo que ha reverberado y se ha amplificado a través de la historia cristiana hasta convertirse en una creencia que, más que cualquier otra, distingue al cristianismo de las demás religiones: ese Verbo que creó el mundo y le habló a Moisés y a los profetas se ha *hecho carne* en el ser humano que fue Jesús de Nazaret. «Y el Verbo se hizo carne y habitó entre nosotros» (Juan 1,14). Jesús, proclaman los cristianos, *es* el Verbo de Dios. El mismo Dios que es Verbo es el fundador y el núcleo central de la creencia y la práctica cristianas.

Cuando entré a formar parte de la Sociedad del Verbo Divino (en la cual permanecí durante veintitrés años), ese respeto por Dios como Verbo se convirtió en parte central de mi propia espiritualidad, y sigue siéndolo. Como misionero del Verbo Divino, el trabajo general de todo cristiano se convirtió en la tarea particular de mi vida: escuchar el Verbo de Dios, entenderlo a la luz de otras culturas y entonces usar otras palabras para hablar de él al resto del mundo. Gracias a la SVD (siglas de su nombre en latín) continúo siendo amante de las palabras.

Convertirme en teólogo intensificó ese amor y a la vez me hizo desconfiar de él. Durante mis años de estudiante de teología en la Pontificia Universidad Gregoriana en Roma (1962-1966) —años que providencial y maravillosamente coincidieron con el Concilio Vaticano II (1962-1965)—, se hacía mucho hincapié, como es de esperar, en la palabra, en el Verbo de Dios tal como se da en la Biblia y en las palabras de la Iglesia contenidas en un libro que los estudiantes simplemente llamábamos «Denzinger» (el nombre de uno de sus editores jesuitas). En las páginas manoseadas y subrayadas de mi Denzinger, entre dos tapas maltrechas, tenía todas las enseñanzas oficiales de los concilios y de los papas a través de los siglos. Nos explicaron que esas palabras de la Iglesia eran necesarias y voluntad-de-Dios con el fin de interpretar, proteger y algunas veces hasta definir infaliblemente el verdadero significado del Verbo de Dios. Así, en nuestros exámenes más importantes (siempre orales, con tres examinadores jesuitas y siempre en latín), entrábamos temblorosos en la sala con dos libros en la mano: la Biblia y el Denzinger (el último en mi mano derecha, pues por lo general lo utilizaba más frecuentemente). La veracidad y la exactitud de nuestras respuestas eran medidas, en el fondo, por las palabras (de Dios o de la Iglesia).

Pero entre el flujo de palabras que formaron mi educación teológica en la Gregoriana, había también recordatorios —solo ocasionales pero abrumadores— de las *limitaciones* de las palabras y del raciocinio humano detrás de ellas. Cuando estudiamos los místicos cristianos en nuestros cursos de teología espiritual, escuchamos tales recordatorios sobre el Misterio. Para mí, los místicos, como Dionisio Areopagita, Juan de la Cruz, Teresa de Ávila, Maestro Eckhart, Juliana de Norwich, se convirtieron en voces siempre presentes en mi cabeza mientras escuchaba las explicaciones de los profesores en otros cursos como «De Dios trino», «Del Verbo encarnado» o «De las cosas últimas». Sobre la masa creciente de mi conocimiento teológico se cernía la amonestación de los místicos: todo lo que se puede saber sobre Dios es en gran medida superado por —y debe mantenerse bajo el control de— lo que no se sabe y no se puede saber sobre él.

No obstante, como también descubrí durante aquellos años en la Gregoriana, no solo los místicos presentaban advertencias acerca de nuestra lengua. Hasta el Denzinger explícitamente reconocía y se arrodillaba ante el Misterio que los cristianos llaman Dios. En el IV Concilio de Letrán de 1215 y de nuevo en el Concilio Vaticano I de 1875, el «Magisterio» (el cuerpo de enseñanza oficial de la Iglesia católica) definió formalmente la «incomprensibilidad» de Dios (Denzinger, 428 y 1782). En otras palabras, ¡es un dogma definido que Dios nunca puede ser definido!

Y aquí se halla la fricción que ya sentí en esos años tempranos, pero que después se volvió una irritación espiritual e intelectual aún mayor: ¿cómo voy a mantener unidos todo el conocimiento certero que tengo como teólogo y que se supone debo afirmar como creyente con lo que cada vez siento con mayor fuerza y que incluso el Magisterio ha definido: el misterio absoluto y la incomprensibilidad de Dios?

Un equilibrio roto

La triste verdad y la fuente de mis conflictos es que no hemos logrado mantenerlos unidos. En las aulas de teología, en los púlpitos de la misa dominical, en las clases de catecismo, nosotros los cristianos a menudo no respetamos el equilibrio necesario entre el conocimiento y la incomprensibilidad, entre nuestras palabras humanas y el divino Misterio. Hablamos demasiado. O no cuidamos la forma de hablar. Y entonces nuestras palabras acaban encadenando al rico e insondable Misterio de Dios.

Permítanme nombrar algunas de las maneras en las que esto me ha sucedido. Voy a intentar hablar como una persona desde el banco de la iglesia —que es exactamente donde he estado cada domingo (bueno, casi todos los domingos) desde que dejé el sacerdocio en 1975. Quizá la mayor fuente de mi frecuente malestar con el lenguaje usado en la comunidad de mi Iglesia sea que es tan concreto, o tan preciso —realmente, tan *literal*. Ahora sé que muchos de nosotros, adultos cristianos, hemos recorrido un largo camino desde aquellos tiempos en los que creíamos que «los seis días de la creación» de verdad eran jornadas de veinticuatro horas. Y yo he llegado muy lejos desde principios de la década de 1960, cuando asistía al curso del padre Clemens Fuerst sobre «las cosas últimas» (*De Ultimis*) y escribía concienzudamente en mi libreta que debemos creer que el fuego del infierno es «material» y que, aunque no sabemos con certeza qué clase de instrumentos musicales se utilizarán para tocar la llamada al último juicio, «habrá sonido».

La educación religiosa después del Concilio Vaticano II ha alertado a muchos católicos de que no deben tomarse todas las imágenes y afirmaciones del credo y del catecismo literalmente. Bien. Es un alivio. Pero solo es la mitad de la solución. Si no nos hemos de tomar literalmente esas creencias, ¿cómo *debemos* entenderlas? ¿Qué estamos afirmando, qué queremos decir cuando decimos lo que decimos o escuchamos lo que escuchamos cada domingo? ¿Que hay «tres personas en Dios», que «Jesús se sienta a la derecha del Padre», que él «vendrá al final de los tiempos», que María era virgen «antes, durante y después» del nacimiento de Jesús, que algunas personas irán al purgatorio en tanto que otras sufrirán en el infierno «por toda la eternidad», que María fue «asunta al cielo en cuerpo»? No pido algún tipo de significado bien definido que tome el lugar del significado literal de estas creencias, sino que, como muchos de mis colegas cristianos, simplemente pregunto: «¿En qué creemos si no creemos en el sentido literal de tales declaraciones?»

Mis problemas con el lenguaje cristiano se agudizan precisamente cuando intento contestar esa pregunta: «¿En qué creemos si no creemos literalmente?» Muchas interpretaciones de las doctrinas cristianas se han vuelto barreras para explorar su contenido más profundo o para explorar cualquier *otro* contenido. La razón principal de ello parece ser el modo en el que los significados de las creencias cristianas tan frecuentemente levantan muros, y muros que son excluyentes. Bien, estos muros rodean cualquier interpretación distinta al insistir en que son la única forma válida de entender una doctrina en particular (por ejemplo, la «transubstanciación» es la única forma de entender la presencia real de Jesús en la eucaristía). O bien excluyen, o bien denigran toda verdad al otro lado del muro cristiano, es decir, de otras religiones. A menudo parece que la forma que tenemos nosotros los cristianos de afirmar que «sostenemos estas verdades» nos lleva a negar o desdeñar las verdades que sostienen los demás.

Lo que quiero decir tiene que ver con el sello de «uno y único» que define tantas creencias y enseñanzas cristianas. Si realmente solo hay un Dios, entonces todos los demás dioses son falsos (por eso todos los demás «dioses» solo se merecen una letra «d» en minúscula). Si Jesús realmente es el Hijo de Dios, es su único hijo; o si es realmente el Salvador, es el único salvador. Si la Iglesia cristiana es de verdad el camino a la salvación, entonces es el único camino, o por lo menos es el mejor y el último camino. O, tomando alguno de los temas del capítulo anterior: si Dios es todopoderoso, entonces «él» no puede ser dependiente. Si Dios realmente es una persona, entonces las religiones que no reconocen un Ser supremo personal son ateas.

«Mi verdad» viene a oponerse a o destruir «tu verdad». Volviendo a una imagen que ya mencioné: cuando encerramos en una jaula el pájaro tropical del lenguaje religioso, se convierte en un ave de rapiña.

No quiero exagerar mi inquietud, pero me temo que hay muchas de estas «aves de rapiña» volando por ahí en las comunidades cristianas. Las he encontrado en aquellos católicos que quieren sentirse unidos por una fe bien definida y por esto piden a sus pastores que excluyan a ciertos miembros de la parroquia porque no creen en la «verdadera presencia» de Jesús en el pan. Las he encontrado en organizaciones católicas que denuncian en Roma a los obispos por permitir que laicos prediquen en la misa. Las he encontrado en los obispos que les niegan la comunión a ciertos políticos católicos por su punto de vista sobre la relación entre la ley de la Iglesia y la ley estatal en temas como el aborto y los derechos reproductivos. Y siendo muy franco, también me las he encontrado personalmente en algunos funcionarios del Vaticano, quienes prohíben a ciertos teólogos enseñar o escribir porque intentan llegar a un nuevo entendimiento del papel de Cristo o de la Iglesia con relación a otras religiones. No quiero emitir un juicio sobre las buenas intenciones de tales personas, pero me atrevo a decir que podrían estar abusando del lenguaje religioso.

Este tipo de ejemplos indican que el lenguaje religioso no es solo un medio necesario que la comunidad utiliza para articular aquello que la mantiene unida y la define. El lenguaje religioso, como todo lenguaje, también puede ser fácilmente manipulado como un instrumento de poder con el cual unos intentan controlar a otros. Ese es un peligro constante cada vez que abrimos la boca y hablamos, nos dicen los filósofos contemporáneos, así que debemos ser conscientes de ello e intentar evitarlo. Cada vez que nos tomamos el lenguaje religioso en un sentido demasiado literal, preciso o unívoco, estamos bajando la guardia y, por tanto, aumenta la tentación de convertirlo en un instrumento de poder.

En mi experiencia, esto es precisamente lo que a menudo ocurre en nuestras Iglesias cristianas. Por la forma como entendemos y usamos el lenguaje, no solo encadenamos el Misterio de Dios: nos encadenamos los unos a los otros.

IDA: EL DEDO NO ES LA LUNA

Como en toda religión, la palabra juega un papel importante en el budismo. Pero es siempre un papel subordinado. La vivencia es lo primero: la vivencia de la iluminación, el despertar a la existencia de uno en el «inter-Ser». Vivir es lo primero: vivir una vida de compasión hacia todos los seres sensibles, como un *bodhisattva*. Las palabras son importantes y tienen significado solo en la medida en que promueven tales vivencias. Para los budistas, las palabras siempre son *medios para un fin*, nunca el fin en sí. De hecho, la enseñanza tradicional de Buda es que una vez alcanzando el fin, pueden desecharse las palabras. No se necesitan. O se pueden utilizar de forma libre, fácil y sin rigidez, igual que el pájaro utiliza el viento para planear o bajar en picado.

Para los budistas, las palabras no solo están subordinadas a un fin empírico mayor o más profundo. También son *inadecuadas* respecto a ese fin. En sí mismas o por sí solas, realmente nunca nos llevarán más allá. Aunque las palabras puedan prepararnos para la vivencia y la consciencia del «inter-Ser», tiene que ocurrir algo más para que esa consciencia despierte, algo que es más que el poder evocativo de cualquier palabra. Y, entonces, cuando «ese algo» ocurre, es mucho más que cualquier cosa que pueda ser captada por el lenguaje. Puede que las palabras hayan jugado un papel en desencadenar la experiencia de perder la identidad propia en la gran identidad del «inter-Ser», pero cuando llega la vivencia, es una explosión en cuya luz ya no se puede encontrar ese desencadenamiento. Dicho de una forma más directa y en terminología occidental: en el budismo, el «misterio» siempre tiene prioridad sobre la palabra, tanto en la ida como en la vuelta, es decir, tanto en la preparación como en el recuerdo de lo que uno «ve» cuando sus ojos se abren de verdad.

Para completar esta visión general de cómo los budistas entienden el lenguaje —que espero no haya sido demasiado incongruente—, debo añadir que como las palabras siempre son subordinadas e inadecuadas, también son *peligrosas*. Como los seres humanos son seres sensibles privilegiados, no solo por la capacidad de ser iluminados, sino por la capacidad de hablar, es fácil, y tal vez inevitable, que su discurso se interponga en su iluminación. Cuando la palabra se vuelve más importante que la vivencia del Vacío, cuando proclamamos que ciertas palabras son «necesarias» para alcanzar la iluminación, cuando, en la jerga contemporánea, «hablar» sobre la compasión se vuelve más importante que «actuar» en la compasión, entonces vemos el peligro siempre acechante de las palabras. Se convierten en un impedimento para o un substituto de la vivencia a la cual Buda llama a todo ser humano.

Todas las etiquetas que los budistas les atribuyen a los embalajes de las palabras —«subordinados, inadecuados, peligrosos»— son bastante abstractas. Permítanme ofrecer unas cuantas historias o imágenes budistas tradicionales para ilustrarlas mejor.

Cuidado con las palabras

Hay una parábola a menudo repetida sobre un hombre a quien le dispararon una flecha envenenada. Ahí está, tendido en la carretera con una flecha clavada, cuando llegan unos amigos a rescatarlo. Pero antes de que puedan hacer algo, el herido empieza a bombardearlos con toda clase de preguntas: «¿Quién hizo esto?, ¿por qué lo hizo?, ¿dónde estaba?, ¿qué clase de flecha es ésta?» Suave pero firmemente le piden que se calle. «Deja ya de hablar. Tenemos que sacarte la flecha.» Ese, comenta Gautama el Buda, es su trabajo como ser iluminado: retirar la flecha del sufrimiento de nuestra vida, no responder a todas nuestras preguntas especulativas, me atrevo a decir teológicas. Es muy fácil que las palabras entorpezcan esa tarea.

Hay un mensaje similar en una frase que las primeras escrituras budistas frecuentemente colocan en labios de Gautama: «La pregunta no viene al caso.» Cuando alguien le hacía una pregunta a Gautama del tipo: «¿El yo existe o no existe?, ¿vivimos después de la muerte?, ¿de dónde surgió el mundo?», esa era su respuesta. Lo que preguntas no tiene nada que ver con las respuestas que ofrezco. Estas preguntas son sobre asuntos que o bien están más allá de las palabras, o bien más allá de la inteligencia humana. En cualquier caso, son distracciones de lo que podemos y debemos hacer: averiguar cómo lidiar con el sufrimiento, cómo vivir en paz y con compasión. Primero haz eso, y después quizá haya tiempo para entretenerse con preguntas, si es que hace falta. Otra imagen bien conocida sugiere que las palabras no deberían ser necesarias. El Buda comparó sus enseñanzas, sus palabras, con una balsa cuyo único propósito era el de permitir a la gente alcanzar la orilla de la iluminación. Añadió: al llegar a la orilla, ¡puedes deshacerte de la balsa! ¿Para qué aferrarse a ella? Ya no se necesita. Arrastrarla de un lado a otro en la tierra solo sería un lastre.

Los budistas zen aluden a una imagen más potente, incluso perturbadora, para hacer hincapié en el peligro de volverse demasiado dependiente de las palabras, incluso de las palabras del Maestro. «Si encontráis a Buda», amonestan, «¡matad a Buda!» Para los budistas, que por lo demás son no-violentos, esta declaración es, evidentemente, una hipérbole. Pero lo que afirma no lo es; no hay que dejar que las palabras, aunque sean las del propio Buda, interfieran con el sentido global del mensaje de Buda: tener una vivencia propia del nirvana, vivir la apertura de los propios ojos, sentir por uno mismo el estimulante Vacío del «inter-Ser». Si alguna palabra, algún profesor, algún libro sagrado se vuelve más importante que eso, hay que tirarlo por la borda y seguir navegando.

Pero el dicho que para mí (y para la mayoría de los maestros budistas que he tenido) mejor describe la forma budista de usar las palabras y el lenguaje está contenido en la sencilla frase zen: «El dedo no es la luna.» La luna representa lo que en última instancia buscamos (mejor dicho, lo que en última instancia somos): la iluminación, el nirvana, el Vacío, la naturaleza de Buda; o, en términos cristianos/occidentales, podríamos decir el Misterio o lo Fundamental. Los dedos sirven para indicar el camino hacia ese Misterio, que puede ser tan *real* en nuestra vivencia como lo es *más allá* de nuestras palabras y nuestro entendimiento. Si confundimos el dedo con la luna, ¡no veremos la luna! La visión budista del lenguaje es tan simple, tan profunda y tan desafiante como eso.

Los dedos tienen un propósito

Aunque los budistas desconfían de las palabras, por decirlo suavemente, aunque su firme intención es ir más allá de las palabras, creo que como interlocutor cristiano en el diálogo no me equivoco del todo cuando observo que el budismo también reconoce el importante papel de las palabras. Me gusta provocar a mis amigos budistas diciéndoles: «¡Pero si nunca os deshacéis de la balsa! Nunca matáis a Buda.» La balsa del *Dharma*, o de las enseñanzas de Buda, sigue siendo importante; y su importancia, me parece, no es solo para el propósito de enseñar a aquellos que todavía están labrando su camino hacia el despertar. Incluso los maestros parecen necesitar la ayuda continua o las admoniciones de la balsa y de Buda.

Pero a pesar de reconocer la importancia, tal vez incluso la necesidad, de las palabras, los maestros budistas las usan de forma muy diferente a como lo hacen los cristianos (¡especialmente si se trata de un teólogo, un obispo o un papa!). La «Parábola de la casa en llamas» del Sutra del Loto mahayana ilustra muy bien esta idea. Un padre sabio y amoroso se da cuenta, horrorizado, de que la casa donde sus tres hijos están jugando felizmente con sus carretillas de juguete está en llamas. Él tiene que sacarlos de allí tan rápido como sea posible. Pero, absortos en su juego, los niños no prestan atención a la suave pero urgente llamada de su padre. Así que el padre recurre a lo que llamamos una «mentira piadosa» y les dice que tiene afuera unas carretillas aún mayores y más bonitas para ellos, carretillas de cabra, de ciervo y de vaca, para ser más específicos. Los niños salen corriendo de la casa entusiasmados y se salvan. ¿Pero se quedan desilusionados? Para nada, pues aunque el padre dijo una mentirijilla, acaba cumpliendo su palabra de una forma aún más fabulosa. Les da a los niños una hermosa carretilla brillante, decorada con piedras preciosas y tirada por dos hermosos bueyes blancos. ¡Un juguete que supera a todos los demás!

Esta encantadora historia (aunque un tanto anticuada, pues hoy día el padre tendría que recurrir a un nuevo videojuego para convencer a sus hijos de que saliesen de la casa) encarna la enseñanza budista de *upaya*, «habilidad en los medios» o «medios hábiles». El Buda o los maestros budistas (el padre en nuestra parábola), debido a su desbordante y sabia compasión, usará cualquier «medio» o palabra que pueda —incluso, como la parábola indica, si ha de estirar un poco la verdad— para rescatar a los hijos de la humanidad que están despistados jugando dentro de una casa que arde por las llamas del sufrimiento. El regalo final entregado a través de tales medios hábiles —podríamos decir engañosos— es la carretilla dorada de la iluminación, junto con la paz y la compasión que conlleva.

Esta manera hábil, flexible, ingeniosa e incluso ágil de usar las palabras se basa en el subyacente entendimiento budista del lenguaje como medio para un fin. Casi parece como si el budismo, en este caso, defienda que «el fin justifica los medios»; puede usarse cualquier medio deseado, siempre y cuando se llegue a la iluminación como fin. En realidad no es así. La enseñanza moral del Sendero Óctuple, que prohíbe herir a otros a través del habla o de las acciones, tiene aquí la misma relevancia que mantiene a lo largo de toda la vida budista. Pero la noción de *upaya* sí que deja muy claro que *el fin es más importante que los medios* —o la vivencia es más importante que la palabra.

Tal como un amigo mío budista, David Loy, me explicó en un comentario de este capítulo que me envió por correo electrónico: «Para los budistas, el lenguaje no es algo que nos salve si nos identificamos con él; en cambio, es algo que puede transformarnos cuando interactuamos con él. Las enseñanzas budistas, como todas las doctrinas religiosas, tienen que ser interpretadas. Pero para los budistas, la interpretación no es una cuestión de creencias, sino una forma de vivir.»

Esto no quiere decir que *cualquier* creencia o cualquier palabra sean, por tanto, justificadas. Pero significa que serán necesarias muchas palabras variadas y adaptables. Claramente, parece que no hay espacio en el armario budista para cualquier doctrina o palabra del tipo «uno y único», «infalible» o de «talla única». Todas las palabras son sirvientes de la Verdad. Y la Verdad necesita muchos sirvientes.

Algunos de estos sirvientes pueden ser astutos o descuidados. Me refiero a los *koan,* las palabras-herramienta que algunos profesores zen usan para guiar a sus estudiantes hacia el sendero de la iluminación. Se trata de las preguntas escurridizas, obtusas y del todo incongruentes que a algunos eruditos occidentales (como Houston Smith) les parecen una forma de «payasada trascendental». Algunos de los *koan* más conocidos son: «¿Cuál es el sonido de una sola mano?», «Muéstrame tu rostro original antes de haber nacido», «¿Un perro tiene la naturaleza de Buda?» Se supone que los estudiantes pasan largas horas debatiendo internamente sobre estas preguntas y después regresan para proponerle al profesor las respuestas. Los profesores les piden que vuelvan a pensarlas una y otra vez hasta que «lo» hayan captado.

Lejos de mí está el afirmar qué es este «lo». Pero me han dicho que tiene que ver con llegar al entendimiento en el cual la respuesta, o la forma de contestar, no es una cuestión de «palabras correctas», ni de pensamiento, de lo que llamaríamos «pensamiento racional». Podríamos decir que los *koan* son palabras que se usan para mostrar la insuficiencia de las palabras, de los pensamientos o de las imágenes, y su propuesta es la de impulsar a los estudiantes más allá de los pensamientos y de las imágenes. Para usar una imagen inapropiada, los *koan* son pequeños cartuchos de dinamita mental que el profesor introduce discretamente en la pared del pensamiento racional con el fin de hacerla dinamitar. Podría decirse que se espera que los *koan* provoquen un colapso mental que posibilite un avance. Esto debería liberar al estudiante de forma que pueda encontrar la respuesta por un camino enteramente diferente, un camino más experimental, inmediato, intuitivo, de captar o de ser captado por la verdad de lo que realmente somos. Los *koan*, por tanto, son una forma de luchar con fuego contra el fuego, de luchar con palabras contra las palabras.

Para resumir, ofrezco una de las declaraciones contemporáneas sobre la visión budista del lenguaje más claras, simples y desafiantes. Esta se compone de los dos primeros de los «catorce principios del inter-Ser» escritos por Thich Nhat Hanh:

> No hay que ser idólatra ni apegarse a ninguna doctrina, teoría o ideología, aunque sea la budista. Todos los sistemas de pensamiento son medios de guía; no son verdades absolutas. Si se tiene un arma, uno puede disparar a una, dos, tres, cinco personas; pero si se tiene una ideología y se aferra a ella, si se cree que es la verdad absoluta, puede matar a millones.
>
> No hay que creerse que el conocimiento que se posee en el presente sea incambiable, verdad absoluta. Hay que evitar ser de mente estrecha y amarrarse a las visiones presentes. Hay que aprender y practicar el desapego de estas visiones con el fin de estar abierto para recibir otros puntos de vista.

Nhat Hanh expresa con claridad tanto del peligro como los beneficios de distinguir entre el dedo y la luna. Los dedos que se confunden con la luna y, por tanto, se vuelven el «dedo único», también pueden fácilmente convertirse en los puños con los que ejercemos la violencia sobre quienes se niegan a aceptar «nuestro dedo». Por otro lado, los dedos que se reconocen son «señaladores» —la luna que intentamos ver más claramente—, nos dejan libres, en realidad nos recuerdan que hay que aprender de los otros dedos.

¿Puede el lenguaje cristiano, incluso el lenguaje de los credos y del dogma, entenderse como un dedo que señala a la luna? Como trataré ahora de explicar, tal pregunta está cargada de complejidad y oportunidad.

VUELTA: PALABRAS QUE APRECIAN EL MISTERIO

Uno de los frutos más evidentes y quizá más útiles que nosotros los cristianos podemos recolectar del diálogo con los budistas tiene que ver con el lenguaje. El budismo nos puede ayudar a reconocer y después restablecer el equilibrio roto, descrito arriba, entre el Dios que afirmamos es el Misterio y las palabras que usamos para hablar sobre ese Misterio. En mi propia vida espiritual, creo que al volver de mi diálogo con el budismo, estoy mejor preparado para usar las palabras que sepan *apreciar* el Misterio de lo Divino.

Esta palabra, *apreciar*, va por dos caminos. En negativo expresa las limitaciones de toda palabra que se usa para hablar del Dios a quien hemos llamado el Espíritu de Conexión; las palabras deben respetar el Misterio, nunca usurpar su lugar de forma idólatra. Pero en positivo, precisamente cuando las limitaciones de las palabras se afirman y se mantienen, todas ellas se vuelven más efectivas en la revelación del Misterio. Las palabras son como telescopios con los que contemplamos los cielos misteriosos: solo al enfocar podemos discernir algo; sin un foco, cuando intentamos abarcar demasiado, no vemos nada. O lo que vemos es muy confuso. Nuestras palabras aprecian el Misterio viendo solo una parte de él. O, en la imagen budista: los dedos identifican la luna al no identificarse con ella.

Todas las palabras son dedos

Tengo que insistir en este punto con más firmeza, por mí mismo, y creo que también por mis colegas cristianos. Una amiga budista, Rita Gross (excristiana), me ha preguntado explícitamente: «¿Puedes realmente decir que todo tu lenguaje cristiano —no solo el de las reflexiones de los teólogos, sino también el de las historias y enseñanzas de las Escrituras y el de la redacción exacta de la doctrina y del dogma— son dedos que señalan a la luna?» Mi respuesta, que antes era vacilante, ahora es un firme: «¡Sí!» Y lo digo como cristiano. Hay elementos concretos de las enseñanzas y la tradición cristianas que no solo permiten, sino que exigen que estemos de acuerdo con nuestros hermanos y hermanas budistas. El lenguaje cristiano, como todo lenguaje religioso, está completamente compuesto de dedos que señalan a la luna.

La razón fundamental para hacer valer esto es la doctrina cristiana, firme aunque a menudo sumergida, que afirma que Dios es un Misterio que no puede ser captado nítida y completamente, ni por la mente humana ni por las palabras. En la poesía de la Biblia *siempre* «vemos de manera indirecta y velada, como en un espejo… Ahora conozco de manera imperfecta» (1 Corintios 13,12), o como ya vimos en la precisión del IV Concilio de Letrán, debemos inclinarnos ante la «incomprensibilidad» de Dios. Esto significa que por mucho que podamos y debamos decir sobre el divino Misterio, hay mucho más que se deja sin decir. Y deberíamos llevar este «sin decir» a cuestas, como una suerte de mono angelical que nos recordase constantemente que digamos lo que digamos sobre Dios —ya sea el papa impartiendo una «enseñanza oficial» o unos buenos padres cristianos amonestando a los hijos—, nunca puede ser la única palabra, o la última palabra, sobre él. Siempre se puede decir más, conocer más. Y puede que este «más» no solo realce o aclare lo que ya hemos declarado. A menudo también puede corregirlo. Ahora hablo no como un budista, sino como un cristiano. Esta es una sólida doctrina cristiana y, añadiría, católica.

Lo que acabo de decir es una declaración teológica. Así que permítanme utilizar un poco de lenguaje técnico para fundamentarla. El budismo ha sido un incentivo para mí, y quizá pueda serlo para mi comunidad cristiana en general, para desempolvar, pulir y recuperar lo que en la historia cristiana se ha llamado la teología *negativa* (o «apofática»). La mayor parte de lo que los teólogos y educadores religiosos hacemos es teología *positiva* (o «catafática»), que habla sobre quién o qué es Dios o lo que Dios ha hecho en lo que llamamos «la historia de la salvación». La teología negativa nos recuerda lo que Dios *no* es —por qué y cómo lo Divino no es lo que decimos porque es mucho más que lo que decimos. Es como la noción hindú de *neti, neti* —«no esto, no aquello»— que los hindúes añaden, como si fuera una nota a pie de página, cada vez que dicen algo sobre lo Divino. Todo lo que afirmamos sobre Dios, por tanto, tiene que ser negado, calificado o reducido teniendo en cuenta lo que no podemos decir o no podemos saber. Si pudiéramos escribir todo lo que *no podemos* saber de Dios (algo que, por supuesto, no podemos hacer), sería como una enciclopedia junto al panfleto de lo que sí podemos saber.

Una de las mentes teológicas más brillantes e influyentes de toda la historia cristiana, cuyos voluminosos escritos han ocupado y preocupado a los teólogos desde el siglo XIII, reconoce que él era solo un panfletista ante el total Misterio de lo Divino. «La substancia divina sobrepasa toda forma que nuestro intelecto alcance», anunció Tomás de Aquino en la jerga filosófica de su tiempo. Y sacó sus deducciones personales: «Conoce mejor a Dios quien reconoce que no importa lo que piense o diga, pues nunca está a la altura de lo que Dios realmente es» (*Summa contra Gentiles*, 1, 14, 3; *De Causis*, 6). Tal vez por esto, hacia el final de su vida, tras una experiencia mística en la cual sintió más sobre el Misterio Divino de lo que jamás podría llegar a saber sobre él, Aquino sorprendentemente declaró que todos los tomos que había escrito no eran más que paja que bien podría tirarse al fuego.

Las advertencias contenidas en la teología negativa o en el recordatorio budista de que nuestros dedos doctrinales no son la luna son particularmente útiles, o incluso completamente necesarios, teniendo en cuenta la propensión cristiana de usar tanto el lenguaje tipo «uno y único». Hablaremos de este tema con mayor amplitud cuando exploremos la expresión «único Hijo de Dios» en el capítulo v. Por el momento, puedo reiterar la simple pero revolucionaria conclusión que el budismo me ha ayudado a reconocer: si realmente tomamos en serio nuestra doctrina sobre la incomprensibilidad de Dios, si realmente creemos, como decimos que hacemos, que el Misterio Divino siempre es más que cualquier cosa que podamos conocer o decir, entonces nosotros los cristianos tenemos que ser mucho más cuidadosos con la forma en como usamos el adjetivo *solo*, si es que nos atrevemos a usar ese adjetivo de entrada. Declarar al mundo que Dios *solo* puede ser entendido como trino, que Dios «salva» a través de *una sola* Iglesia, que *solo* hay una forma de organizar la Iglesia, que *solo* los hombres pueden ser curas…, tales declaraciones corren el riesgo de intentar embutir el Misterio Divino dentro de un recipiente. Y entonces nos apoderamos del recipiente. O lo utilizamos para remplazar otros recipientes. Los ídolos y los idólatras siempre acaban peleándose entre ellos mismos.

No se pueden evitar los símbolos

Si los budistas tienen razón cuando dicen que todas nuestras palabras son dedos que señalan a la luna y no la luna en sí, entonces todas nuestras palabras sobre Dios son símbolos. Sospecho —no, afirmo— que si los cristianos que están luchando con lo que se supone deben creer pudiesen captar con la cabeza y abrazar con el sentimiento la declaración de que «todas nuestras palabras son símbolos», descubrirían que sus luchas no solo se vuelven más fáciles, sino que además generan frutos.

Nunca olvidaré la sorpresa que sentí, seguida de un sentimiento de liberación y después de bienestar, la primera vez que leí la exposición de Paul Tillich sobre por qué no hay forma de hablar de Dios excepto a través de los símbolos. (Eso fue después de mis estudios en Roma, pues Tillich, al ser protestante, no formaba parte de la lista de lecturas obligatorias en la Pontificia Universidad Gregoriana en 1960.) Primero Tillich pensó que la única excepción era la palabra *Dios*, pero luego reconoció que también *Dios* debía ocupar su lugar entre todos los demás símbolos de todas las demás religiones que apuntaban a lo que Tillich llamaba «el Dios más allá de Dios».

Entonces, para Tillich —y creo que la mayoría de teólogos cristianos corrientes estaría de acuerdo con él—, los símbolos son indispensables tanto para la *vivencia* como para la *expresión* del Misterio Divino. Eso significa que para todos nosotros no hay una vivencia de Dios directa, sin mediación (mis estudiantes dirían «cara a cara»). Siempre hay un intermediario, un vehículo, lo que llamamos un símbolo. Quizá algunos budistas zen discutirían esto, pero aunque tuvieran razón, aunque pudiera haber una experiencia del Absoluto sin símbolos, también ellos admitirían que no hay una forma de hablar sobre esa experiencia que no sea a través de los símbolos.

Pero, entonces, ¿qué son esas cosas maravillosas, aunque limitantes, que llamamos símbolos? Intentando evitar toda la verbosidad filosófica que se ha amontonado en respuesta a esa pregunta, podríamos decir que, básicamente, los símbolos son objetos, palabras, imágenes, cuentos o fragmentos de vivencias ordinarias que hacen presentes o dan expresión a realidades que de otra manera no tendrían forma y serían indescriptibles. Los símbolos nos permiten sentir o hablar sobre cosas que en sí mismas son difíciles de sentir o de expresar. Algunos ejemplos comunes pero también preciosos: el anillo que simboliza el amor (por lo menos en la cultura occidental, porque los símbolos están condicionados culturalmente), la paloma que despierta el sentimiento de paz, el relato sobre un héroe que nos inspira valor (Frodo en *El Señor de los Anillos*). Estos ejemplos ilustran lo que Tillich también señaló sobre los símbolos: participan de aquello que simbolizan, pero no son lo mismo que aquello que simbolizan. El significado de un símbolo no se puede determinar intencionalmente de la misma manera en que determinamos que el rojo significa detenerse o el verde seguir. Hay algo «natural» en su significado: cómo la forma circular de un anillo comunica la preciosa eternidad del amor, o cómo la historia de Frodo y su implacable valentía apela a nuestras propias reservas de valor.

Ya dije que mi lectura de lo que Tillich tenía que decir sobre los símbolos fue liberadora. Me liberó de la carga, a menudo muy pesada, de tener que tomarme literalmente todo el lenguaje de mis creencias cristianas. De hecho, me advirtió que si me tomaba literalmente ciertas creencias, podría dejar de entenderlas. Lo que Tillich decía se volvió más imperativo y, por tanto, más liberador a través de mi diálogo con el budismo. Ya me había ido más allá de la lectura literal de la historia de la creación en seis días y de muchas otras historias del «Antiguo Testamento». Pero ahora, lo que Tillich, y después los budistas, me estaban diciendo también se refería al Nuevo Testamento, al Credo Niceno, ¡al «Denzinger»! *Todas* nuestras palabras, todo nuestro discurso, son dedos: símbolos.

Pero si todo esto fue una liberación, también fue un desafío de enormes proporciones. Esto es a lo que Tillich apuntaba con su insistencia en que, si realmente entendiéramos lo que son los símbolos, nunca diríamos «*solo* es un símbolo». Una imagen, una palabra o una historia tomada como un símbolo rebosa de significado, y puede seguir rebosando con diferentes significados a través de los siglos. Si nuestro lenguaje religioso es principalmente simbólico, no literal, significa que su contenido, su significado, es más profundo, más poderoso, más cautivador a nivel personal de lo que puede ser si es tomado «únicamente» en sentido literal. Es fácil tomarse literalmente las expresiones «Dios Padre», «sentado a la derecha de» o «Hijo de Dios». Es mucho más desafiante y gratificante primero preguntar y después sentir el significado simbólico y el poder de esas palabras e imágenes.

¿Cómo hacerlo? ¿Cómo tomarnos los símbolos no literalmente pero sí en serio? Tal como preguntamos antes: ¿cómo averiguamos lo que significa un símbolo si no nos lo tomamos literalmente? Por supuesto, no existe una respuesta fácil a estas preguntas.

Para empezar, yo he encontrado útil, tanto para mí mismo como para mis alumnos, tener en cuenta que llamar algo un símbolo o un mito *no* es negar su verdad. Solo porque algo «no sucedió» o no sucedió en la forma precisa en la que se relató no significa que no contenga una verdad poderosa. Al contrario, como acabamos de decir, su verdad puede ser *más* desgarradora y apasionante.

Para llegar a esa profundidad, a un significado más apasionante, tenemos que reconocer que tomar nuestro lenguaje religioso y nuestras historias como símbolos o mitos significa acercarnos a ellos de la misma forma en que nos acercamos a la poesía. Reconocemos que la verdad que puedan contener no se puede precisar fácilmente. Para llegar a ella, tendremos que permitir que los símbolos bailen por nuestra imaginación antes de poder entrar en nuestro intelecto. Nos están diciendo algo, pero antes de que puedan ser registrados en la mente y en el pensamiento, les hablan al corazón y a los sentimientos. Y por supuesto, como nosotros los cristianos somos inherentemente comunitarios, tenemos que hacer juntos ese proceso de leer y de sentir la poesía de nuestras historias y creencias. Cada uno de nosotros tiene que hacerlo por sí mismo, pero nunca en soledad.

Otra ayuda para llegar a la verdad de los símbolos y los mitos es reconocer y permitir que su significado sea más general que particular. Debo explicarme con cuidado, pues es fácil que sea mal interpretado. Aunque el contenido de una imagen o de una historia pueda ser extremadamente concreto y particular, aunque pueda basarse en un acontecimiento histórico dado (por ejemplo, el éxodo de Egipto o la crucifixión de Jesús), en sus imágenes o en su contenido en particular apunta a algo verdadero e iluminador sobre la vida, sobre la naturaleza humana, sobre la historia en general. Los símbolos, los mitos y la poesía son como la luz bien definida de una linterna que ilumina algo que no nos habíamos dado cuenta de que existía, o que solo esperábamos que estuviese ahí, en el cuarto oscuro de lo que a veces llamamos «la condición humana». La fuerza profunda de un símbolo no está determinada por el tamaño o la forma de su propio haz de luz, sino por la verdad que ilumina, clarifica y anima. Ahora bien, esto no significa que las verdades que iluminan los símbolos siempre sean descubrimientos maravillosos y encantadores. La verdad que emanan también puede ser una patada en el trasero que nos exige cambiar el curso de nuestra vida.

¿Pero qué hay del contenido histórico o «fáctico» de un símbolo o de un mito? Esta es una pregunta que los cristianos tienen que preguntar porque, tal como hemos visto (junto con su progenitor, el judaísmo, y su hermano, el islam), han vivido y creen en un *Dios de la historia*. Por eso los acontecimientos históricos conforman los cimientos del cristianismo. Cierto. Pero si reconocemos que todo lenguaje religioso es simbólico y que, por tanto, los acontecimientos y las figuras históricas también son «dedos que señalan a la luna», entonces estos cimientos de la historia tienen que animarse igual que la poesía del símbolo. Con esto quiero decir que a menos que el acontecimiento —el éxodo, la crucifixión— se vuelva un símbolo que provoca reverberaciones en nuestros sentimientos e ilumina una verdad *universal* de nuestras vidas, no es otra cosa que un acontecimiento histórico que sucedió o una persona que vivió en el pasado.

Para que tenga un impacto real en nuestra vida —en el lenguaje cristiano, para «salvarnos»—, la historia tiene que volverse un símbolo. Cuando los teólogos dicen que el cristianismo está basado en el «acontecimiento de Cristo», significa que nuestra religión se basa en un *símbolo histórico* o un *mito histórico*, una historia que habla con el poder del mito.

Si esto tiene sentido, como yo creo que lo tiene o lo puede tener, si incluso los acontecimientos históricos fundadores de nuestra fe son dedos que señalan a la luna, entonces lo verdaderamente importante no es preguntar: «¿Esto sucedió de verdad?» o «¿Qué ocurrió exactamente?», sino «¿Qué significa esto?» Aunque no sepamos con seguridad exactamente qué pasó —o en algunas historias si de verdad sucedió o no—, el significado simbólico de un símbolo o de un mito puede aún permitirle ser el dedo que señala a la luna; aún puede dar un significado que ilumine y reanime nuestra vida o que la vuelva patas arriba y la dirija en una nueva dirección.

Un ejemplo concreto de lo que intento decir: aunque Jesús no hubiera caminado sobre las aguas y no le hubiera pedido a Pedro que hiciera lo mismo, lo que le dijo a Pedro (o se dice que le dijo): «¡Hombre de poca fe! ¿Por qué dudaste?» (Mateo 14,30-32), ha tenido el poder de sacudir y transformar mi vida. (En el capítulo sobre Cristo y Buda exploraremos cómo la resurrección, la piedra angular del cristianismo, puede ser considerada un «mito histórico».)

Actuar más que informar

Al tomar nuestro lenguaje en serio más que de forma literal —o, como acabo de decir, centrándonos en «¿qué significa esto?» más que en «¿qué sucedió realmente?»—, sería bueno tener en cuenta un consejo técnico por parte de los teólogos profesionales: todo lenguaje religioso, especialmente cuando se reconoce como lenguaje simbólico, tiene más que ver con «actuar que con informar». Traducción: el principal propósito de todo el lenguaje en la Biblia, en los credos y en el catecismo es el de decirnos cómo vivir, más que proveernos con respuestas finales, claras sobre la naturaleza de Dios y el universo. Realmente, los teólogos anuncian aquello que Buda enseñó siglos antes: como símbolos y mitos que son, nuestras creencias religiosas están ahí para sacar la flecha del sufrimiento de nuestro cuerpo, no para contestar todas nuestras preguntas sobre por qué la flecha esta ahí de entrada. Sea cual sea la información que nuestras creencias —nuestros mitos y símbolos— nos proporcionen, lo que más importa es que *sintamos* y *vivamos* esa información más que la etiquetemos o la definamos. Los símbolos son para cambiar nuestras vidas, no para llenar nuestras mentes.

Y, sin embargo, también les ofrecen algo a nuestras mentes. Haciendo hincapié en el actuar sobre el informar, de ninguna manera quiero negar que nuestras creencias-como-símbolos digan algo real, algo de verdad. En el lenguaje técnico de mi oficio teológico, tienen un contenido «ontológico», no únicamente una intención ética. Al llamarnos a vivir y a actuar de una forma determinada, también nos están dando información sobre la «forma como las cosas realmente son». No deseo minimizar lo que los filósofos llaman «las pretensiones de verdad» de nuestras creencias. Pero quiero recalcar dos consecuencias de reconocer que toda pretensión de verdad tiene un embalaje simbólico: 1) como subraya reiteradamente el autor del Evangelio de Juan, es mucho más importante *hacer* la verdad que conocerla; de hecho, solo la podemos conocer haciéndola; solamente de esta manera «la verdad os hará libres» (Juan 8,32), y 2) lo que sea que sepamos de la verdad, ese conocimiento, como dice Thich Nhat Hanh, nunca puede ser hecho absoluto; siempre habrá «otra verdad», o siempre habrá la necesidad y la oportunidad de entender la verdad que tenemos de una forma más profunda, y eso significa diferente.

Los dedos son importantes (y diferentes)

Después de intentar explicar cuánto he aprendido del budismo sobre el lenguaje y los dedos, creo que debo ofrecerme a mí mismo un recordatorio cristiano. A pesar de todas sus deficiencias, las palabras y los dedos podrían ser más importantes de lo que los budistas —y los cristianos— creen. Si los cristianos tienen una buena razón en sus vivencias y tradiciones para usar el símbolo del «Verbo» (*Logos, Verbum*) con el fin de describir la propia naturaleza de Dios (la segunda persona de la Trinidad es el «Verbo»), entonces las palabras, a pesar de todas sus limitaciones, son uno de los caminos a través del cual lo Divino se *hace presente* en la historia y en las vidas humanas. En lenguaje budista, quizá podemos decir que la palabra es una de las «formas» en las cuales se manifiesta el Vacío.

Pero permítanme dar un paso adelante más audaz en mis reflexiones cristianas: si es cierto que «el dedo no es la luna», ¿no tendríamos que tener cuidado de no hacer una declaración tan absoluta? También hay razones para decir que «el dedo sí es la luna», no enteramente la luna pero realmente la luna. Los dedos —que son palabras, símbolos, mitos, doctrinas— no solo *señalan*. Al señalar, realmente hacen presente la Conexión del Espíritu. *Son* el Espíritu, nunca enteramente pero sí realmente. Esto es lo que Tillich quería decir al subrayar que, aunque los símbolos nunca puedan ser identificados con lo que simbolizan, sí que participan de lo que simbolizan.

Por tanto, tal vez los budistas tengan que ser cuidadosos con su insistencia en que las palabras son solo los medios hacia un fin. También pueden ser personificaciones —parciales pero reales— de ese fin. La forma *es* Vacío —esta «forma» aquí mismo. Jesús *es* el Verbo de Dios. Mahoma *es* el profeta de Dios.

Las consecuencias prácticas de estas reflexiones un tanto abstractas son que, al menos para mí como cristiano, las palabras son importantes por las *diferencias* que existen entre ellas. Las diferentes palabras que usamos para el Misterio no son más que distintas formas de decir la misma cosa; cada palabra afirma algo distinto sobre la misma cosa, el mismo Misterio. Por tanto, las diferencias importan. Quizá podamos decir que aunque todos los distintos dedos religiosos señalan a la misma luna, cada uno, por así decirlo, señala a una parte diferente de esa luna. Sin los dedos budistas, hay partes de la luna que los cristianos nunca podrían ver. Lo mismo es cierto respecto a aquello que los dedos cristianos podrían señalar para los budistas.

Permítanme terminar esta sección con unas cuantas anotaciones de mi diario. Hacen que estos temas tan difíciles sean algo más personales, y espero que más claros. En agosto del 2005, durante un retiro en la abadía de Getsemaní, me conmoví por el poder de unas palabras insignificantes:

> Lo Divino es un misterio total. Es mucho más que nuestro lenguaje y nuestra vivencia cristianos; sí, también mucho más que Jesús el Cristo. Y, sin embargo, lo Divino está esperando, por así decirlo, ser traído a la verdad finita a través de nosotros, los humanos, y a través de nuestras palabras humanas. Cuando los humanos —incluyendo a Jesús humano—, basándonos en nuestra propia vivencia, hablamos sobre Dios, la salvación y la historia, permitimos que el Misterio Divino nos afecte y nos transforme precisamente a través de tales vivencias finitas y de las palabras finitas e inadecuadas y las historias que resultan de ellas.
>
> Sí, hablar sobre Dios como el que llega al final de los tiempos, o sobre Jesús como el hijo unigénito de Dios, es tocar solamente una parte del Divino Misterio, la Matriz Creativa que late en el mundo. Pero esto es —ES— una manera muy real y muy efectiva de hacer presente el Misterio. A lo que apuntamos cuando decimos «al final de los tiempos», puede ser muy inadecuado, y quizá hasta engañoso, cuando colocamos el significado de estas palabras en el marco ilimitado de lo Divino. De todos modos, estas palabras y esta tradición son todavía inspiradoras y han inspirado a millones de personas a amar, a trabajar por la justicia y a creer que este mundo puede ser diferente. Cuando las personas

III NIRVANA Y EL DIOS OTRO MISTERIOSO

hacen eso, están viviendo la vida de lo Divino adecuadamente, aunque su compresión a través de los símbolos sea tan inquietantemente inadecuada.

Cuando decimos que Dios se ha vuelto carne en la historia, estamos diciendo que nuestras palabras, símbolos y creencias inadecuados son tan verdaderos como inadecuados. Le permiten a Dios ser Dios, le permiten al «inter-Ser» ser el «inter-Ser». ¿Pueden ser más verdaderas las palabras, finitas como son?

En julio del 2003 intenté explicarme a mí mismo cómo puedo comprometerme totalmente con aquello que solo puedo conocer parcialmente:

> En las palabras que hallo en mi tradición, en las palabras que me nutren y que muy a menudo me insultan, encuentro lo que es absolutamente necesario para nutrir mi espíritu, especialmente mi espíritu cristiano; pero también, en esas palabras, siento aquello que es totalmente inadecuado. Necesito las palabras porque ellas dicen algo sobre lo que siento, lo que espero, con lo que me comprometo. Pero si ellas me dicen algo, ese algo solo es significativo para mí cuando me recuerdo a mí mismo que no lo dicen todo. Dicen algo pero no todo. Es decir, suficiente como para que me juegue la vida en ello, pero no tanto como para no mantenerme abierto a algo más, y al Misterio esencial que es la realidad que llamo Dios.
>
> Entonces todas las palabras que escucho durante la misa o leo en la Biblia o uso en el aula —palabras como salvación, final de los tiempos, segunda llegada, Trinidad, Madre de Dios—, todas señalan realidades que están más allá de nosotros pero que a la vez están poderosamente presentes. Poderosamente presentes, al mismo tiempo solo son fragmentos de lo que tendríamos que saber y que nunca sabremos completamente. Si mi vida puede depender de fragmentos, he de saber que esos fragmentos son

suficientemente poderosos para redimensionar mi vida y la vida del mundo, pero, al mismo tiempo, que solo son señalizadores, que nunca serán absolutos, finales o inmutables.

Así que la próxima vez que una palabra de la liturgia quede atrapada en mi boca, tengo que recordar que es solo un fragmento, intentar convertirla en un fragmento delicioso, y después tragar.

Por mucho que para mí sea un problema el lenguaje cristiano tradicional, lo necesito. Vivo de él.

IV

NIRVANA Y CIELO

Mis problemas con la forma en la que muchas de nuestras palabras son irrespetuosas con el Misterio que es Dios, tal como los he descrito en el capítulo anterior, son básicamente los mismos que los que he tenido con la manera en la que nosotros los cristianos hablamos sobre el misterio que está más allá de la muerte. Hablamos demasiado. Pero en cierto sentido, mis conflictos con todo este discurso cristiano sobre la vida después de la muerte son aún mayores, o más dolorosos, que los que siento respecto al discurso cristiano sobre Dios. Por lo menos, al hablar sobre Dios, nosotros los cristianos somos, en general, más conscientes —o podemos volvernos conscientes más fácilmente— del hecho de que estamos lidiando con el Misterio. Nadie negará que Dios sea mucho más que cualquier cosa que podamos conocer o decir. Pero cuando se trata del cielo y del infierno, parece que estemos mucho más seguros sobre lo que sabemos y decimos. Parece que olvidemos, o no queramos admitir, que lo que es cierto para lo Divino también lo es para la vida con lo Divino después de la muerte: todo nuestro lenguaje es inherente, obstinada y maravillosamente simbólico.

Las palabras *cielo, infierno, purgatorio, juicio final*, son símbolos. También son dedos que señalan a la luna, no se han de identificar con ella. Quizá los cristianos no acaban de entender esto porque creen que Jesús, o la Biblia, les han proporcionado una información del todo precisa o unos informes fidedignos sobre lo que hay al otro lado de la muerte. Olvidan que, incluso cuando «Dios nos habla» y nos revela el ser de Dios, el único lenguaje que Dios puede usar es simbólico. Dios, asimismo, solo puede señalar.

Cuando se habla de «las últimas cosas», tal vez incluso más que cuando se habla sobre Dios, los cristianos no se toman su lenguaje suficientemente en serio porque lo interpretan demasiado literalmente. Al menos esa es mi sospecha. Y es algo que he sentido aún más claramente a medida que he ido entrando en los sesenta, consciente de que, para mí, las «últimas cosas» no están muy lejos.

Permítanme comenzar describiendo situaciones en las cuales el discurso cristiano sobre la vida después de la muerte me provoca malestar.

MIS CONFLICTOS: HABLAMOS DEMASIADO

Funerales. Ahí es donde a menudo siento ese malestar. Ya sea por el lenguaje de la liturgia en sí, por la homilía durante la misa del entierro cristiano o por los elogios en el tanatorio; muchas veces me he encontrado diciéndome a mí mismo —y mi esposa es testigo de ello—: «Vaya, no quiero que hablen así sobre mí en mi funeral.» Ejemplos de cosas que no me gustaría oír, aun cuando pudiera:

> «Que los ángeles le conduzcan al paraíso.»
> «Ahora podrá cantar las preces de Dios con el coro de ángeles durante toda la eternidad.»
> «Ahora Dios lo recompensará por haber soportado tales hijos ingratos.»

«Por fin está en paz después de sufrir por el cáncer.»
«Bien, ahora papá estará de nuevo con mamá.»
«Si tuviera que pasar por el purgatorio, seguro que será por poco tiempo.»

De verdad no quiero que un día la gente hable de mí de esa manera. ¿Por qué?

Creo que la razón general por la cual este tipo de lenguaje me inquieta —y sé de amigos que comparten esta inquietud— es que se presenta de una forma ordenada y clara, pero versa sobre cosas que no pueden ser conocidas ni ordenada ni claramente desde este lado de la sepultura. Una cosa es creer en la «vida eterna». Otra es detallar cómo será vivida esa vida. Me temo que cuando hablamos de «la próxima vida», olvidamos que realmente no sabemos de qué estamos hablando. Y así, hablamos demasiado y con demasiada facilidad. Al hablar demasiado, no somos capaces de apreciar, incluso llegamos a desvalorizar, el *misterio* de lo que yace más allá de la muerte.

Miedo infernal

Una de las áreas donde creo que nosotros los cristianos hemos hablado demasiado y no solo hemos desvalorizado, sino que hemos distorsionado tanto el misterio de «las últimas cosas» como el misterio de lo Divino, es en referencia al infierno. Aun cuando no tomemos «el fuego del infierno» literalmente, aun cuando, como enseñó Karl Rahner, se nos exige creer que el infierno existe, aunque no podamos estar seguros de que haya alguien en ese infierno, aun así, para ser sincero, simplemente no puedo hacerlo. No puedo creer ni siquiera en la *posibilidad* de un castigo eterno en el infierno. Tendría que forzarme a creer. Y la fe no puede ser forzada.

Digo esto, ante todo, por razones personales, psicológicas. En la escuela (por suerte no mis padres) me inculcaron el «miedo al infierno». Creo que fue alrededor de los siete años cuando, habiendo sido debidamente instruido sobre la diferencia entre un pecado venial (billete de ida y vuelta al purgatorio) y un pecado mortal (billete de ida al infierno), me sobrecogió el temor de que si cometía un pecado mortal y no me confesaba después con propiedad ante un cura, podría ser castigado por toda la eternidad. Para un joven que se tomaba las cosas demasiado en serio, la «eternidad» —por siempre y para siempre, por los siglos de los siglos— era un tiempo pavorosamente largo, especialmente si era para estarse asando en el infierno. Este temor de quedar atrapado en el infierno para siempre creció en mí y me volví tremendamente escrupuloso (temor al pecado, aunque inconsciente) durante todos mis años en el seminario mayor. Tal vez mi aversión actual a la noción del infierno sea una reacción compensatoria exagerada.

Si es así, de todos modos me parece una reacción exagerada saludable, tanto psicológica como teológicamente. Asustar a los niños (¡o a cualquiera!) con el infierno, enseñándoles que Dios puede hacer cosas que sus padres jamás querrían hacer, ni aun en el punto álgido de un enfado —es decir, castigarlos o permitir que sean castigados para siempre jamás—, tal doctrina no parece promover la salud mental, ni sentar las bases de una moral adulta, madura. Y, tal como me enseñó el padre Fringts, un sabio director espiritual en Roma, si una creencia provoca daño psicológico, probablemente sea mala teología.

Y en ese caso, la doctrina del infierno eterno desde luego parece ser mala teología. En pocas palabras, hay una contradicción obvia entre estas dos creencias: «Dios es Amor» y «Dios castiga por toda la eternidad». Si usamos el símbolo del Padre amoroso para lo Divino y nos tomamos ese símbolo en serio, tanto si lo interpretamos como una persona o como una presencia, entonces un infierno eterno no puede tener sentido. Ningún padre impartiría o permitiría que sus hijos —sin importar lo que hayan llegado a hacer— sufrieran un castigo tan atroz (¡fuego!) y que además durase toda la vida (¡eterno!). Si Dios hace esto, entonces, me parece muy claro que no podemos llamarlo ni Padre ni Madre.

¿Estamos siendo egoístas?

Tengo otro malestar, aún más profundo, con el discurso cristiano y las imágenes de la vida después de la muerte. Este estremecimiento en particular resulta, no de lo mucho que hablamos sobre el cielo, sino de una parte particular de ese discurso que —defenderían muchos— constituye la doctrina cristiana clave sobre «las últimas cosas». A lo largo de las últimas décadas, desde que lucho con este tema, muchas veces he dudado si sacar o no el tema en algunas conversaciones con colegas cristianos. Cuanto más he hablado sobre esto, más me ha sorprendido ver a mis contertulianos alzar las cejas, no por asombro, sino por estar de acuerdo. «Sí, yo también me he preguntado sobre eso.»

Hablo de la inmortalidad personal: de cómo o de si vivimos después de la muerte como seres individuales. Me encuentro preguntándome no solo si creo, sino si realmente entiendo el mensaje de Jesús; si *debería* creer que después de la muerte viviré como Paul Knitter y, tal como me han enseñado desde la escuela primaria hasta mi formación en el seminario, esencialmente con la misma alma o personalidad (aunque purificada) y, después del último juicio, con el mismo cuerpo (aunque perfeccionado, ¡volveré a tener pelo!). Para ser sincero, esta visión de un cielo en el que vivo para siempre como individuo, junto con billones de otros individuos, ya no me consuela, sino que más bien me confunde. Me temo que tal visión, tomada literalmente, es otro mal uso de palabras frente al Misterio. Permítanme tratar de explicar el porqué brevemente.

Hace algunos años, me quedé aturdido cuando, en el Departamento de Biología de Xavier University, un amigo agnóstico, burlándose de mí, me dijo: «Nada en el mundo perece completamente. Todas las cosas viven después de la muerte, pero en diferentes formas, a través de un maravilloso proceso de reciclaje. ¿Por qué querrían los humanos conservar su identidad individual y perderse este maravilloso proceso?» No me quito de la cabeza las palabras de mi amigo: «Todo vive en formas diferentes.» Tal vez el misterio de mi vida después de la muerte sea tan inesperado y tan magníficamente diferente que estará más allá de cualquier cosa que yo pueda ahora describir como «mío» o como «yo». Tales preguntas tienen sentido no solo racionalmente, sino también teológicamente si nos tomamos en serio el misterio y la creatividad de lo Divino. «Lo que ni el ojo vio, ni el oído oyó, ni al corazón del hombre llegó, lo que Dios preparó para los que lo aman», nos recuerda san Pablo (1 Corintios 2,9). Eso significa que seremos realmente sorprendidos.

Pero a un nivel más personal, y también más incómodo, la imagen tradicional de un cielo en el cual los individuos reciben sus premios eternos me parece..., bueno, bastante egoísta. O egocéntrica. No hablo a nivel de una moralidad infantil que puede fácilmente promover este tipo de imágenes —portarse bien con el fin de evitar el castigo del infierno o ganarse el premio del cielo. Más bien tengo la persistente preocupación de que las doctrinas sobre el cielo que insisten en que «yo» disfrutaré una vida con Dios, con «mis» seres queridos, no solo dicen demasiado, sino que además son un obstáculo para responder a y entender la felicidad de lo que Jesús realmente quiso decir cuando dijo que tenemos que perdernos para poder encontrarnos. Si realmente nos «perdemos», lo que encontremos no será igual a lo que perdimos. ¿Pero qué encontraremos? ¿Qué seremos?

Creo que el budismo me ha ayudado a atisbar un poco más detenidamente el misterio de la vida después de la muerte y el Misterio más allá de las palabras.

IDA: ESTAR AQUÍ AHORA

Nunca olvidaré la primera vez que llevé un grupo de estudiantes a un centro zen. Fue a principios de la década de 1970. Estaba enseñando en Chicago, en la Catholic Theological Union, así que los estudiantes eran seminaristas, y el centro zen estaba en la calle Halsted. En la conversación con el maestro zen tras media hora de meditación en posición sentada, la primera pregunta fue: «¿Cuál es la visión budista de la vida después de la muerte?» Casi nos caímos de los cojines de meditación cuando el maestro contestó tranquilamente: «No tenemos ninguna.» Con una sonrisa ante nuestro aturdimiento, nos ofreció una explicación que básicamente se reducía a la respuesta que daba Buda a consultas similares: «Tu pregunta no viene al caso.» Lo que preguntábamos nosotros, cristianos, no era importante —o mejor dicho, no era necesario— a la luz de lo que los budistas intentan alcanzar. La energía y las preocupaciones de los budistas no se centran en lo que viene después de la muerte. Ni siquiera en el mañana ni en el momento que lo sigue, sino más bien en *este momento, ahora, aquí mismo*. Se podría decir que los budistas no desean estar en ningún otro lugar, solo en el *ahora-aquí*. Desean vivir sus vidas estando completamente presentes. Esto significa, como veremos en el capítulo sobre la meditación, *atentamente* presentes y receptivos a lo que está sucediendo, tanto alrededor suyo como por dentro, *en este momento*.

Lo que sigue es el ahora

Basándose en la vivencia de Buda, que se vuelve su propia experiencia, los budistas están convencidos de que si ellos pueden estar completamente presentes y receptivos a lo que está sucediendo ahora, lo que sucederá después se arreglará por sí solo. En cierto sentido, «lo que sigue» está contenido en «lo que es ahora». A fin de alcanzar «lo que sigue» necesitamos ser completamente conscientes, o estar plenamente atentos, a «lo que es ahora» y responder a ello tan compasivamente como podamos. Buda nos explica que si hacemos esto, si podemos estar completamente presentes y ser receptivos al «ahora», la diferencia entre «el ahora y lo que sigue» no existirá. Al estar totalmente en el momento presente, no tendremos más preocupaciones sobre el momento siguiente, y eso incluye el momento en que morimos y los momentos que vienen después de la muerte.

Pero si me lo permiten mis amigos budistas y los eruditos del budismo, creo que los budistas pueden decir (y algunos de ellos lo hacen) algo sobre lo que *sigue* después de la muerte. La razón es, pienso, simple. Lo que descubran en esta vida será verdad en lo que sea la otra vida. Lo que experimentan que son ahora, lo continuarán siendo, quizá aún más completamente, después de la muerte: no-seres. En el primer capítulo intenté explicar cómo en la vivencia de la iluminación los budistas despiertan a su propia identidad como *anatta*, como no-seres. Esto no significa que no existan, sino que su verdadera identidad es ir más allá del ser individual y convertirse en parte de, contribuir compasivamente a, la gran realidad del «inter-Ser». La felicidad en esta vida consiste en vivir desinteresadamente. Y los budistas saben que será igual en sea lo que sea que pase después de su vida presente. Por eso, como el maestro zen les dijo a mis estudiantes, no necesitan preocuparse sobre lo que venga después de la muerte.

Igual que en cada momento de su vida los budistas son capaces de superar el sufrimiento y alcanzar la paz soltando y no apegándose egoístamente, ni a ellos mismos ni a nada más, en el momento de la muerte también soltarán y no se apegarán. Y el resultado, saben, será el mismo: habrá paz, habrá más «inter-Ser», habrá más vida. Igual que en cada momento encontraron la paz y superaron el sufrimiento yendo más allá de su ser individual, en la muerte habrá, digamos, el abandono final de sí mismos y su superación. Y será bueno hacerlo así, en la muerte como en la vida. Un dicho zen indica: «Cada día es un buen día.» Esto incluye el día en que morimos.

Renacimiento: ¡ánimo!

Lo expresado en los últimos párrafos ha sido tal vez demasiado ilusorio. Describe más el ideal que lo real. El paso fluido en la muerte de un nivel de desinterés a otro más vasto representa la muerte ideal, la que alcanzan los iluminados, los santos y los místicos. Para el resto de nosotros, las cosas son un poco más complejas. Eso, sospecho, es lo que nos dice la creencia budista en el renacimiento y el karma.

Entender lo que *renacimiento* (los budistas prefieren esa palabra a *reencarnación*) realmente significa es en sí notoria y peligrosamente complejo. La esencia del problema es cómo explicar qué es lo renace si no hay un yo (¡*anatta*!) para renacer. Hay un batiburrillo de teorías, cuya clasificación dejaré para los eruditos. Lo que yo me propongo, y espero que con la humildad y la precaución requeridas, es señalar lo que creo son los frutos espirituales y prácticos de la creencia en el renacimiento, sin importar cómo se han de explicar o lo literalmente que se han de tomar. La noción de renacimiento, que siempre se combina con la realidad del karma, nos dice dos cosas: 1) a través de lo que escogemos hacer, podemos realmente estropear las cosas tanto para nosotros mismos como para los demás, y 2) pero siempre existen la posibilidad y la esperanza de que podamos reparar cualquier embrollo, aunque pueda implicar un largo recorrido de esfuerzos reiterados.

Primero, un resumen expeditivo. Karma es la ley de causa y efecto: lo que haces es lo que obtienes. El renacimiento, reducido a lo básico, nos dice que el karma funciona aun después de la muerte, es decir, lo que una persona hace o es en una vida se transmite, después de la muerte, a otra vida o vidas. Esto significa, ante todo, que aunque los budistas no crean en un infierno eterno, convienen en que si actuamos de manera ignorante y egoísta, podemos crear un lío infernal, tanto para nosotros mismos como para los demás, en la vida que estamos viviendo ahora *y* en las vidas que vendrán después. En otras palabras, cómo usamos nuestra inteligencia y nuestra libertad realmente importa. Siempre hay un desenlace, que podría llamarse el «premio o castigo». Pero no lo impone un Juez todopoderoso al final de tu vida. Simplemente sucede, de acuerdo con la ley natural del karma, tanto en esta vida como en otras vidas futuras. Y tanto si se toma la imagen budista literalmente o se intenta llegar a su «significado más profundo», desde la perspectiva humana, la idea de renacer como una babosa apunta a lo que podría ser una vida infernal.

Eso, podría decirse, es la mala noticia. La buena noticia es que, aun siendo una babosa, las cosas pueden mejorar, aunque se tarde más de una vida. Karma, al contrario de la opinión popular occidental, *no* significa «destino». El karma nunca imparte una sentencia de muerte, ni tampoco una de vida. Aunque no hay manera de escapar de tener que lidiar con lo que nosotros, u otros, hemos hecho en el pasado, *existe la posibilidad* de lidiar con ello. Las buenas obras pueden depurar los efectos de las malas, tanto de las nuestras como de las de los demás. Pero la doctrina budista sobre el renacimiento nos dice, realística aunque nunca fatídicamente, que dadas las opciones que algunas personas han tomado o dadas las opciones que hayan podido haber «heredado» por haber nacido donde nacieron, el proceso de despertar y superar el karma egoísta a través del karma iluminado puede tardar más de una vida.

O más generalmente, en el gran esquema del «inter-Ser» y en la forma como nuestras vidas están entretejidas unas con otras, el significado y el potencial para lo «bueno» de una vida en particular solo se puede resolver *después* de que esa vida en particular haya completado su recorrido, a medida que el gran esquema sigue desplegándose. Lo que dijimos anteriormente sobre el budismo en general se aplica a cada ser humano en particular: ninguna vida, por muy desastrosa que sea, es completamente mala. Se puede sacar algo bueno de ella. Aunque pueda tomarse un tiempo.

Es cierto que mis preocupaciones y mi condicionamiento cristianos se notan en estos comentarios sobre el renacimiento, igual que ocurre en todo mi intento de «ida». Confío en que lo que he entendido no esté completamente fuera de órbita para los budistas, y ahora intentaré volver con lo que creo haber aprendido.

VUELTA: LO QUE NOS ESPERA NOS SORPRENDERÁ

Al tratar de poner en palabras cómo creo que el budismo me ha ayudado a lidiar con el misterio de lo que viene después de la muerte, de verdad quiero ser tan cuidadoso y respetuoso como pueda, no solo porque no quiero acabar haciendo la misma cosa de la que me he quejado: hablar demasiado. También porque si hay algún lugar en este libro donde lo que propongo como una «reinterpretación» de la doctrina pueda estar abierto a la acusación de ser un «rechazo» de la doctrina, es aquí. (¡Estoy seguro de que algunos también lo encontrarán en otros tantos lugares!)

Determinar si lo «nuevo» es «verdad»

Dado que esto es tan importante y toca a mi identidad como teólogo y como cristiano, permítanme, en los siguientes párrafos, resumir cómo intento determinar si una nueva comprensión de la fe es una «reinterpretación» o un «rechazo» de esa fe. El particular «método de teología» que sigo sostiene que, aunque la fidelidad a la Biblia y (para los católicos) a las enseñanzas de la Iglesia es siempre una cuestión de palabras, no es *principalmente* una cuestión de palabras. A lo que hemos sido llamados a serles fiel no es a las palabras en sí, sino a la manera como se supone que esas palabras forman o reforman nuestra vida. Los cristianos creen ciertas cosas con el fin de actuar de cierta forma. El principal propósito de la doctrina no es llenar nuestra cabeza, sino darle forma a nuestra vida. Expresamos nuestras creencias en palabras con el fin de expresar nuestras creencias en acciones. Las palabras tienen la finalidad de promover obras.

Ciertamente, como les recordé a los budistas al final del capítulo anterior, necesitamos palabras; necesitamos entendimiento y significado compartido para poder actuar, y para actuar juntos. De hecho, a menudo *tenemos* que cambiar las palabras si vamos a ser capaces de averiguar cómo traducirlas en acciones cuando nos topamos con las nuevas preguntas, los nuevos problemas, los nuevos descubrimientos, que aparecen a medida que la historia avanza.

Por esto, si una nueva interpretación —es decir, unas nuevas palabras— de una creencia cristiana tradicional hace posible que las personas vivan sus vidas de acuerdo con el espíritu del Evangelio, seguramente será una fiel «reinterpretación» o un nuevo entendimiento válido de esa creencia, sin importar lo diferentes que puedan ser las palabras. En jerga teológica, actuar correctamente (llamado «ortopraxis») es más importante que creer correctamente («ortodoxia»), aunque dependa de ello. O, en jerga contemporánea, es más importante actuar que hablar. Entonces, si el nuevo «discurso» nos permite mantener el ejemplo actuando, probablemente esté bien. Probablemente sea «ortodoxo».

De verdad creo que lo que voy a decir en este apartado de «vuelta» —es decir, cómo el budismo me ha permitido «reinterpretar» mis creencias sobre la vida después de la muerte— me permite a mí y quizá permita a otros cristianos también entender nuestra fe de una forma más significativa y, por tanto, *vivirla* con más determinación.

¡El karma puede ser infernal!

Tal como he confesado con franqueza, no creo en el infierno porque simplemente no puedo. La clavija cuadrada del castigo eterno no encaja en el agujero redondo del amor de Dios. Si el «uso de razón» significa algo en la vida cristiana, entonces tenemos que escoger entre un Dios que administra o permite el dolor eterno y un Dios que ama y nunca abandona ese amor. Estoy convencido, aunque no tengo estadísticas puras y duras para confirmarlo, que a la mayoría de cristianos corrientes, al menos en Estados Unidos y seguramente en Europa (los fundamentalistas son un caso aparte), se les hace un nudo en la garganta cuando oyen hablar sobre «el fuego eterno del infierno». Hace una década, Andrew Greeley reunió estadísticas sobre las creencias de los «católicos tradicionales» y encontró que mientras que un cincuenta y cinco por ciento estaba seguro de que hay un cielo, solo el cuarenta y cinco por ciento aseveraba la existencia del infierno. Juzgando por lo que he escuchado decir a estudiantes de grado y seminaristas, sospecho que el porcentaje de los que dudan del infierno ha crecido en la década pasada.

Es lo que los teólogos llaman «el sentir de los fieles». Es uno de los indicadores primarios para medir lo que realmente cree la comunidad cristiana. Y puede servir como una luz roja intermitente para advertir a los líderes de la Iglesia y a los teólogos que existe una discrepancia entre lo que se enseña oficialmente y lo que realmente creen las personas cristianas. Un ejemplo claro, aunque incómodo, de lo que estoy diciendo en la Iglesia católica actual es la luz roja de la discrepancia entre la enseñanza oficial del Vaticano sobre los métodos anticonceptivos y lo que los católicos creen en sus corazones y practican en sus dormitorios. Sospecho que el fuego del infierno también dispara una alarma de advertencia de que la enseñanza oficial no refleja la creencia común. Lo predicado no va a la par con el ejemplo.

Creo que los pastores de los cristianos corrientes están recibiendo el mensaje. En las liturgias a las que he asistido en las últimas décadas (principalmente las católicas, pero muchas veces también las protestantes), el repertorio del orador ya no incluye esos viejos sermones sobre «el fuego y el azufre» que tanto nuestro pastor anterior en Saint Joseph's como los sacerdotes de la Congregación de la Pasión que predicaban en la misión anual de la parroquia lanzaban a la congregación (y que solía traducirse en largas colas para confesarse el siguiente fin de semana). Hoy día, me parece, los intentos de asustar a la gente con la amenaza del fuego del infierno para que regresen a la iglesia corren el riesgo mayor de ahuyentarlos. (De nuevo tengo que añadir: a no ser que sea una Iglesia fundamentalista. Pero yo escribo este libro para aquellos cristianos que tienen conflictos, que se encuentran atrapados en el terreno neutral entre la certeza de los fundamentalistas, para quienes nada es cierto a menos que esté literalmente en la Biblia, y la certeza de los materialistas seculares, para quienes nada es cierto a menos que puedas medirlo o meterlo en tu cartera.)

Los teólogos también han recibido el mensaje. A continuación presentaré algunas de las formas a través de las cuales intentan darle lo que se podría llamar un «giro teológico» a la interpretación tradicional del infierno.

Más que consignar a la gente al castigo eterno, algunos teólogos sugieren que sería más apropiado hablar de aniquilación eterna. Es más fácil reconciliar el amor de Dios, razonan, con la desaparición permanente de las criaturas de Dios que con su tortura eterna.

Otros sugieren que, puesto que la humanidad se creó para estar con Dios, es razonable creer que aquellos quienes estén finalmente separados de Dios en el infierno sean menos que plenamente humanos; esto significa que puesto que son un tipo de semianiquilados, no sufren tanto.

Otros teólogos católicos, como ya he comentado, defienden una postura más bien legalista y apuntan que los católicos están *obligados* a creer en la existencia del infierno; sin embargo, *no* están obligados a creer que hayan habitantes en ese infierno. El infierno es más una posibilidad amenazante que una realidad cierta. Podría decirse que los lebreles del infierno son más ladradores que mordedores.

Finalmente, unos pocos pensadores cristianos llegan hasta el final y abogan por lo que llaman «universalismo»;

estos sostienen que, al final, todo el mundo será «salvado». Señalan que en los evangelios, mientras que la noción de «infierno» aparece unas quince veces, solo es precedida por el adjetivo «eterno» dos veces y únicamente en el Evangelio de Mateo (Mateo 18,8; 25,41). Esto sugiere que los primeros teólogos de la Iglesia podrían haber construido una doctrina hermética sobre el castigo eterno a partir de unos cuantos adjetivos hiperbólicos que ni siquiera, añaden, podemos estar seguros de que Jesús realmente pronunciase. Por tanto, de acuerdo con esta visión, los grandes pecadores tendrán que pasar por algún tipo de castigo (muy similar a las nociones del purgatorio católico), pero no durará para siempre. A la larga, todo el mundo llega a casa.

Supongo que me encuentro más cómodo con esta última opción, pero me gustaría personalizarla, por así decirlo, con la ayuda de unas tijeras y unos cuantos parches budistas. En este intento, me acompañan colegas muy reputados: Karl Rahner, en uno de sus comentarios más sugerentes, advirtió que quizá el esfuerzo cristiano por encontrar el sentido de algunas enseñanzas tradicionales (sobre temas como el purgatorio) podía hallar una valiosa ayuda en la noción oriental de la reencarnación. Yo intento seguir el consejo de Rahner.

Creo que el significado práctico y subyacente de las enseñanzas budistas del karma y el renacimiento es fundamentalmente el mismo que el significado práctico y subyacente de las enseñanzas cristianas de cielo y de infierno: el núcleo de ambas enseñanzas es que la libre voluntad no es una broma. No se debe tomar a la ligera. Las decisiones que tomamos conllevan consecuencias graves, perdurables. Y la imagen budista del renacer como una babosa u otra forma de vida aparentemente más baja, igual que la imagen cristiana del fuego del infierno, nos informa de que cuando esas opciones son egoístas y dañinas para los demás, sus consecuencias son tan serias que se pueden extender hasta la realidad de lo que viene después de nuestra muerte individual.

Lo que los cristianos llaman «el precio del pecado» o lo que los budistas denominan el «karma malo» normalmente se paga en la vida presente; las consecuencias de dañar egoístamente a los demás no tardan mucho en volver a nosotros. Pero aunque ese no sea el caso, aunque algún tipo de «comunidad cerrada» sea capaz de mantener alejados de nuestra vista los resultados de nuestro egoísmo, el mensaje del «infierno» y del «renacimiento» es que todo aquello que no nos alcance en esta vida lo hará en la próxima. Los resultados de nuestras decisiones libres son tan serios que se extenderán más allá de la sepultura y afectarán, para bien o para mal, a lo que vendrá después.

Por tanto, aunque no nos tomemos el «renacimiento» o el «eterno infierno» literalmente, aunque lo entendamos como un dedo que señala a una luna mayor, el significado o la luna a la cual señala sería algo así: el caos creado por nuestras opciones pecaminosas y egoístas se extiende más allá de nuestra propia vida; de hecho, puede llegar a ser mucho mayor después de nuestra muerte de lo que fue mientras vivíamos. Ese caos viven, tanto para nosotros como para los demás. El «mal que los hombres hacen» durante los pocos años que se pasean por esta tierra puede ser tal que perdure incluso mucho tiempo después de que sus huellas físicas hayan desaparecido. Este, creo, es el mensaje central de la doctrina cristiana del infierno.

Y ese mensaje, aunque no se tome el adjetivo «eterno» literalmente, puede seguir afectando y guiando nuestras vidas como se supone que lo hace la creencia tradicional del infierno. Todavía puede advertirnos sobre la seriedad y durabilidad que tienen los resultados de nuestras opciones libres. Aunque esos resultados no perduren por los siglos de los siglos, pueden tener consecuencias, como nos cuenta la visión budista de los múltiples renacimientos, que duran muchísimo tiempo y producen enredos adicionales que pueden tardar más de una vida en solucionarse. La manera en la que esas consecuencias se pagarán, la manera en la que nos afectarán individual y socialmente, no la podemos saber, pues estas creencias son «dedos» y no la luna en sí. Pero lo que sí sabemos es que nuestro karma malo y egoísta, cuando no se resuelve en nuestra vida, se extiende más allá de esta. Creer en esto, aun sin el adjetivo «eterno», es suficiente, me parece, para fomentar la «acción correcta» en esta vida, que es el criterio de toda «creencia recta».

La esperanza sí puede ser eterna

Entonces la percepción budista del karma y del renacimiento, combinada con la visión cristiana del infierno, no engaña sobre lo que puede ser el resultado realmente catastrófico de nuestras decisiones y acciones egocéntricas. Pero donde la visión budista provoca a los cristianos a llevar a cabo una reinterpretación necesaria de sus creencias tradicionales sobre la vida del más allá es respecto a lo que podríamos llamar el lado positivo del karma; no importa lo terrible o infernal que pueda ser el karma malo de nuestros actos egoístas, pues nunca tendrá la última palabra. Ahí es donde la sospecha de Rahner de que la visión oriental sobre el renacimiento puede ayudarnos a los cristianos da en el blanco. Rahner se dio cuenta de que con el símbolo del purgatorio los teólogos y creyentes cristianos reconocen que a veces lleva más de una vida limpiar cada uno de nuestros actos antes de poder avanzar hacia el misterio de la vida eterna. El propósito del purgatorio, expresado en símbolos budistas, es dar tiempo para «quemar» el karma malo.

Pero los cristianos limitaron el potencial purificador del purgatorio únicamente a lo que los budistas llaman «el karma malo leve» —en términos católicos, los pecados veniales. Estos son de potencia limitada, los ocasionales actos egoístas que se dan en todas nuestras vidas, no se trata del egocentrismo a gran escala del «pecado mortal» que convierte a todo el mundo y a todas las cosas en instrumentos de nuestro propio lucro. De acuerdo con la creencia católica tradicional, los efectos de los pecados veniales o del karma malo se pueden sanar en el purgatorio; en cambio, los pecados mortales son manchas permanentes.

Mi conversación con el budismo me ha ayudado a ver más claramente lo que los teólogos mencionados anteriormente buscaban a tientas: si realmente creemos en nuestros símbolos que llaman Padre a Dios o que nos dicen que lo Divino es Amor, entonces no pueden existir las manchas permanentes. Ningún infierno es permanente o eterno. Tal como Rahner sugiere, los budistas impulsan a los cristianos a dilatar el significado de su símbolo de purgatorio: podemos ser «purificados» no solo de nuestras impurezas, sino también de nuestras manchas. Y, por lo general, esto llevará más de una vida. El proceso continúa. Y continúa porque, en términos budistas, el «karma malo» nunca tiene la última palabra; siempre existe la posibilidad de que proporcione una oportunidad para crear «karma bueno». En lenguaje cristiano, las decisiones humanas, sin importar lo mezquinas o mortíferas que puedan ser para los demás, nunca tendrán la última palabra sobre el Amor Divino. Lo que el poeta llama «el Lebrel del Cielo» nunca se rinde.

Entonces, aunque el *Infierno* de Dante pueda ser exacto en su representación del horror del karma malo de nuestros actos pecaminosos, está equivocado en cuanto al lema que ostenta: «Oh, vosotros los que entráis, abandonad toda esperanza.» Si los cristianos tienen razón en llamar a Dios Amor, si los budistas tienen razón en afirmar la compasión como una cualidad del proceso en curso del «inter-Ser», entonces siempre hay esperanza. Los budistas me han recordado, tal como creo que pueden recordarles a mis colegas cristianos, que aquello en lo que nosotros decimos que creemos realmente puede ser el caso. El amor es más fuerte que el odio. El bien es más fuerte que el mal. El bien que hacemos o podemos hacer sobrevivirá al mal que hayamos hecho, o lo compensará. Pero puede tardar más de lo que llamamos una vida.

Eso es cierto, lo creo firmemente. *Cómo* funciona, no lo sé muy bien. La luna está muy lejos del dedo. El vidrio a través del cual miramos al otro lado siempre está empañado. Nuestros símbolos señalan mucho mejor de lo que describen. Pero si la Vida Divina es real, como creo, si el Espíritu de interconexión continúa actuando, si el proceso del «inter-Ser» sigue adelante, entonces después de mi muerte lo que hice y lo que fui será asumido, para bien o para mal, dentro de esa Vida, ese Espíritu y esa interconexión. Confío en que tanto el bien como el mal que he hecho «afectarán» la manera como el proceso se desarrolla o como toma forma lo que nosotros los cristianos llamamos el Reino de Dios. No sé exactamente cuál será el efecto concreto del mal y del egoísmo de mi vida tras mi muerte, pero, de nuevo, confío en que cualquier karma malo que haya producido, cualquier sufrimiento que haya causado a los demás, de alguna forma —a la larga, despacio, dolorosamente— se convertirá en una oportunidad para, o será absorbido en, una vida o un bien mayores.

En tal visión de cómo lo que somos y lo que hacemos en la vida perdura y afecta después de nuestra vida presente, la distinción nítida entre «quién» y «qué» está destinada a desaparecer. Esto nos devuelve a la pregunta de «quién» o «qué» sigue viviendo.

Lo que encontramos no es lo que perdimos

Las enseñanzas budistas sobre el renacimiento, especialmente como las entienden los budistas contemporáneos, me han ayudado a llegar a lo que creo es una imagen de la inmortalidad más cercana al espíritu del mensaje de Jesús de lo que me han enseñado a lo largo de mi educación cristiana. «Hay algo que renace», nos dice Buda. Pero ese «algo» que renace es muy diferente al «algo» que fui en mi vida. O, tal como se expresa en la liturgia cristiana: «La vida [después de la muerte] será transformada, no arrebatada.» «Transformada» significa que la «forma» de lo que seremos será diferente; habrá continuidad pero también una discontinuidad real. Nosotros los cristianos hemos sabido hablar sobre la «continuidad», pero no hemos sabido aceptar y lidiar con la «discontinuidad». Sospecho que «el quién y el qué» que somos ahora no se reconocerá en «el quién y el qué» que seremos después de la muerte.

Digo esto no solo porque haya aprendido mucho del budismo, sino porque el budismo me ha ayudado a adoptar una mirada distinta y más profunda sobre lo que creo como cristiano. Decimos que la vida eterna es la «vida en Dios». Pero, tal como sugerí en los capítulos I y II, si ofendemos al Misterio de lo Divino limitándolo a los confines de una «persona», si Dios se puede «señalar» con mayor precisión como una presencia personal o como la energía-Espíritu que fundamenta y conecta todas las cosas, entonces, igual que Dios no es literalmente una persona, nuestra vida eterna en Dios no será literalmente como las personas que pensamos que somos aquí en esta vida. Si la identidad más profunda de lo que llamamos Dios no puede y no debe ser captada en la noción de un yo individual, entonces es indudable que nuestra continuación en lo Divino no puede y no debe ser simbolizada como una extensión del yo individual llamado Paul o Cathy. Efectivamente, esta vida, esta identidad nuestra, será *transformada*.

Es de esperar que las vivencias ocasionales (frecuentes para santos, místicos y poetas) de trascender nuestra propia consciencia personal y limitada en momentos espirituales o místicos se intensificarán en lo que sigue después de la muerte, en nuestra vida eterna en Dios. El arrebato poético de T. S. Eliot que cité antes: «Yo me convierto en música», bien puede servir como metáfora para la vida después de la muerte en la cual «yo me convierto en lo Divino». El «yo» no es totalmente aniquilado, pero tampoco existe tal como era. Perdura como algo mucho más y mucho mayor de lo que hemos experimentado que es en esta etapa de nuestra existencia.

Al volver del diálogo con el budismo a mi identidad y tradición cristianas, encontré que muchas de las palabras que había repetido o leído durante mi vida comenzaron a brillar con un nuevo significado, especialmente respecto a cómo nosotros los cristianos podíamos imaginar esa «vida eterna» que llamamos cielo.

La declaración de san Pablo que aparece muchas veces en este libro (especialmente en el próximo capítulo sobre la oración y la meditación) nos da una indicación general sobre lo que podemos esperar que sea nuestra «vida después de la muerte». Pablo les dijo a los gálatas: «Desde que he sido crucificado con Cristo, no soy yo quien vive. Es Cristo quien está viviendo en mí» (mi traducción libre del griego de Gálatas 2,19-20). El ideal cristiano de vida es que cada uno pierda su propia identidad egocéntrica dentro de la actividad más amplia del Espíritu-Cristo resurrecto. Se trata de dar un paso atrás y permitirle a ese Espíritu vivir dentro y como nosotros. Seguramente esta será la realidad, profundamente inimaginable, de la vida después de la muerte. El «yo» que perdura es el Espíritu-Cristo que perdura en todo. (San Pablo no veía diferencia alguna entre «Cristo resucitado» y el «Espíritu».)

El budismo también arroja una nueva luz, y creo que más llena, al tan citado pasaje del Evangelio de Juan: «En verdad, en verdad os digo: si el grano de trigo no cae en tierra y muere, queda él solo; pero si muere, da mucho fruto» (Juan 12,24). En este pasaje, Jesús, anticipando su propia muerte, nos habla a todos nosotros sobre la muerte. La muerte significa que realmente morimos como «granos únicos». La «unicidad» de nuestra identidad no se encuentra más. El «fruto» que sale es muy diferente del pequeño grano único. De nuevo, estamos lidiando con símbolos, con dedos que señalan. Pero parece que señalan a una vida después de la muerte que ya no es una vida vivida como individuos.

Cuando observo el mismo mensaje bajo la luz de mi linterna budista, veo cinco pasajes distintos de los evangelios sinópticos (Mateo, Marcos y Lucas) en los cuales Jesús nos dice que si de verdad queremos «encontrar» o «salvar» nuestra vida, tenemos que «perderla» realmente. En mis lecturas pasadas de estos textos solía darles énfasis al encontrar y al salvar. El budismo me ha dado argumentos para tomar más en serio el *perder*. La palabra griega *apoluein*, 'perder', significa que lo que una vez tuviste, ya no lo tienes. Después de la muerte, tu vida tal como la entiendes ya no es. El «tú» que pensaste que eras no existe más. *Lo que encuentras no es lo que perdiste.* ¡Esa es la «buena noticia» sobre el cielo! (Para quien le interese, los textos son: Mateo 10,39; 16,25; Marcos 8,35; Lucas 9,24; 17,33.)

Preguntar qué es lo que encontraremos es preguntar demasiado. Ese es el misterio de la luna. Pero pienso que podemos decir, simple y profundamente, que la vida después de la muerte ya no será la vida vivida como individuos. Esto es lo que Karl Rahner sugería con mucha cautela (¡porque parecía una herejía!) en la década de 1960, en su pequeño libro sobre el *Sentido teológico de la muerte*. La terminología que usó entonces para hablar de la vida después de la muerte, hoy día parece un tanto *New Age*. Rahner argumentó que en la «próxima vida», debido a que ya no estaríamos limitados por nuestro cuerpo material, tendríamos una existencia «pancósmica» en la cual nuestra toma de consciencia ya no sería individualista. En vez de eso, tendríamos una suerte de consciencia compartida, una reciprocidad más profunda que nos permitiría, por así decirlo, vivir una vida compartida en Dios.

«Qué extraño», pensé en ese entonces. Pero mi conversación con el budismo y con su afirmación central que sostiene que nuestra existencia verdadera en esta vida y en lo que sea que venga después es ser «no-seres» me ha permitido llegar a un entendimiento y a un respeto más profundos de lo que mi brillante, pero sencillo, profesor estaba explorando. «Pancósmico» podría ser un símbolo sugerente (¡un dedo *New Age*!) para señalar lo que encontraremos después de perder nuestra vida.

En junio del 2002, durante un retiro en la abadía de Getsemaní, me dejé llevar por la metáfora floral para tratar de expresar lo que pienso sobre mi propia vida después de la muerte:

> La idea budista de transitoriedad me ha ayudado a indagar en la cuestión de lo que viene después de la muerte. ¿Viviré? Sí y no. La naturaleza de la realidad y de lo Divino es la impermanencia. Eso significa cambio. Lo cual quiere decir —especialmente a la luz de lo que la ciencia parece decirnos sobre la evolución— un cambio real. El propósito de la existencia, de toda existencia, la humana y la de todos los seres vivientes, es ser conductos o encarnaciones del esfuerzo del Espíritu por crear una belleza y una unidad cada vez mayores en este maravilloso drama que es la existencia. La principal manera en la cual aparece esta belleza es a través de las interconexiones de seres cada vez más diversos... Otra palabra para tales interconexiones vivificantes es la compasión —la bondad amorosa, el amor.
>
> La imagen de un jardín apareció en mi lectura ayer. La belleza del jardín está en su diversidad y constante cambio. La belleza toma forma en las diversas clases de flores, y en sus expresiones siempre cambiantes, en su vida y en su muerte. Yo he de ser una flor en este jardín divino. Lo que soy lo convertiré en lo que es y en lo que será. ¿Seré parte del mismo en el futuro? Sí, definitivamente. Pero no como la florecilla que espléndidamente fui, sino más bien como las flores que espléndidamente siguen siendo.
>
> ¿No es esta una parte más profunda, tanto más satisfactoria cuanto más exigente, de la llamada cristiana al amor, a dar de sí, a morir con el fin de que el planeta pueda florecer? Una noción demasiado personalizada de la vida después de la muerte puede

ser egoísta, rayando lo insignificante. Entrego mi yo y en el proceso me descubro. Pero lo que descubro puede ser muy diferente del ser que pensé que era, puede ser tentadoramente diferente.

La oscuridad, mi vieja amiga

Pero he hablado demasiado. No he seguido mi propio consejo —o el de Buda— de no plantear muchas preguntas, o de dar demasiadas respuestas. Supongo que no puedo evitarlo. Soy cristiano y, además, teólogo. Necesito palabras. Sigo haciendo preguntas y explorando posibles respuestas. Todo esto está bien, siempre que recuerde que todas mis palabras son símbolos, que todas mis respuestas son solo dedos que señalan. Al final, después de ofrecer palabras que puedan ser de ayuda para mí y para los demás, después de tratar de señalar a la luna, tengo que cruzar las manos, cerrar la boca y *apreciar el Misterio* de la vida y la muerte.

Al final, lo único que me queda de verdad es la confianza. Cualquiera que sea el valor o la precisión de las palabras y los dedos que he usado para expresar el contenido de mi confianza, al final, acabo confiando. Confío en que después de mi muerte, de nuestra muerte, de la muerte de este planeta, habrá vida. O, en palabras de Juliana de Norwich, todo acabará bien.

Durante un retiro en marzo del 2004, mi esposa Cathy y yo, siguiendo el consejo y el ejemplo de algunos amigos cercanos, nos dedicamos a escribir nuestros deseos para los momentos finales de vida con la familia y los amigos, así como indicaciones para nuestro propio servicio funeral. Comprobé que es un ejercicio que no solo será práctico en el futuro, sino también muy revelador para el presente. Lo que sigue es una entrada de mi diario que escribí como preparación para ese ejercicio. Creo que ofrece una reflexión final adecuada para este capítulo.

«Apreciar el Misterio» es como me gustaría formular el motivo de la misa de mi funeral. Hay que hacer honor al Misterio sin violentarlo; dejando que sea. Decir demasiado es diluirlo. Todo lo que quiero decir es que será una rica oscuridad. También que será algo mucho mayor que yo. Real y más grande que cualquier cosa que pueda imaginar ahora.

Así que será bueno morir. Como dijo el papa Juan XXIII, cualquier día es un buen día para nacer y cualquier día es un buen día para morir. Lo que ha sido el patrón de vida básico, ontológico, también se aplicará a la muerte: durante la vida ha sido bueno inspirar y expirar, tomar y después soltar; de la misma forma será bueno estar plenamente atento y completamente presente durante lo que parece será la última expiración, el último abandono. Durante la vida, nunca pude estar seguro de dónde me llevaría el soltar; como tampoco del último abandono. Igual que durante la vida confié en que «algo está pasando» en mi vida cuando suelto, también pasará algo en ese último minuto. Lo que sea forma parte del hermoso Misterio, o en palabras de Buda, del *Dharma* amoroso.

En la liturgia de mi funeral, quiero que el lenguaje de los textos y de las oraciones y de todos los comentarios que se hagan respete el misterio de la muerte y lo que este conlleva. Quiero morir confiando en ese misterio, confiando en que igual que fue bueno vivir, también será bueno morir, que los valores que quise que alimentaran y dirigieran todas mis decisiones durante la vida, también sean los valores que me guíen hacia la muerte. Por favor, respeten el Misterio. No me quiten las razones que tengo para confiar, para esperar.

Me gustaría que el himno de apertura en la liturgia de mi funeral fuese «Los sonidos del silencio» de Paul Simon.

V

JESÚS EL CRISTO Y GAUTAMA EL BUDA

Si Jesucristo se considera, con razón, el corazón del cristianismo, entonces este capítulo requerirá toda la delicadeza y audacia de una operación de corazón. Digo «operación» no porque haya algún problema con el corazón del cristianismo en sí. El problema, si me permiten extender la analogía un tanto torpemente, se encuentra en las arterias y en las venas doctrinales, que supuestamente conectan a Jesús-el-corazón-del-cristianismo con los miembros que componen el cuerpo de Cristo, llamado Iglesia. Para muchos cristianos, esas arterias y esas venas están obstruidas.

Yo las llamo arterias y venas doctrinales. Una vez más, el problema tiene que ver con lo que nos han enseñado sobre Jesús a nosotros los cristianos, empezando en la escuela primaria o en las clases de catecismo. Sé que no estoy solo cuando confieso que muy a menudo no soy capaz de conectar con esas creencias de una manera que haga partícipe a mi cerebro y estimule mis sentimientos. Este bloqueo no es por lo que Jesús mismo ha dicho —es decir, su visión del Reino de Dios tal como está escrito en los evangelios—, sino por lo que *otros han dicho sobre él*. Con esto, me refiero a la cantidad de títulos que los autores de los libros del Nuevo Testamento y, especialmente, los líderes de la Iglesia y los teólogos de los concilios desde el siglo III hasta el VI, le fueron otorgando a Jesús después de su muerte.

¿Exactamente a qué me refiero, o qué me estoy diciendo a mí mismo y a mis amigos (sobre todo a aquellos de otras religiones), cuando anuncio que Jesús es el Hijo de Dios y el único Hijo de Dios, que bajó de los cielos para hacerse hombre, que su «naturaleza» es tanto divina como humana pero que su «persona» solo es divina, que su sangre nos ha salvado de nuestros pecados y nos ha abierto las puertas del cielo, que físicamente se levantó de la sepultura tres días después de morir, que realmente aparecerá sobre las nubes al final del mundo y que si un hindú o un musulmán conoce a Dios y es «salvado», es en realidad debido a Jesús?

A menudo, cuando compruebo la forma en que estas creencias tan fundamentales para el cristianismo se dicen y predican en las iglesias, me veo volviendo a la privacidad de mi hogar o a la quietud de mi conciencia y preguntándome a mí mismo: ¿realmente me lo creo? Y a lo largo de las décadas he tenido que confesarme a mí mismo con toda honestidad —y a otros amigos cristianos, quienes descubrí que se hacen confesiones similares— que la respuesta es: no. No lo creo porque no puedo creerlo. Admitir esto honestamente es para mí tan doloroso como inevitable. Cuando intento comprender y afirmar esas creencias fundamentales sobre Jesús, en el sentido inmediato o literal con que se suelen pronunciar, tanto por parte del laicado como por parte del clero, encuentro que mis arterias emocionales y mentales se obstruyen.

No tienen sentido. Estas creencias van en contra de gran parte de lo que sé sobre el mundo y sobre su funcionamiento, y de gran parte de lo que creo sobre el funcionamiento del Espíritu de conexión en el mundo y en mi vida. No digo simplemente que esas creencias sean falsas. Digo que, cualquiera que sea su verdad inherente, no funcionan para mí y sé que tampoco para muchos de mis amigos y estudiantes. Funcionaron y, por tanto, fueron verdad para los primeros discípulos de Jesús, en la medida en que «hablaban su mismo lenguaje» y hacían uso del modo de pensar, del conocimiento científico y de los símbolos de su cultura (judía y grecorromana).

Pero no parece que hablen nuestro lenguaje hoy día; chocan con mucho de lo que nuestra experiencia cultural y científica nos dice. No sugiero que siempre tenga que haber una relación armoniosa entre lo que dice la Biblia y lo que nuestra cultura sostiene. De hecho, ¡gran parte de lo que los profetas judíos y Jesús mismo proclamaron era suficientemente contracultural como para que fuesen ejecutados! Pero si hay una desconexión persistente y perturbadora entre lo que puedo y tengo que afirmar como cierto y bueno de acuerdo con mi vivencia presente y «condicionada culturalmente», por un lado, y lo que «la Biblia dice que es cierto», por el otro, algo tiene que ceder. A veces tienen que ceder ambos lados. A veces ese «algo» está más en un lado que en el otro.

Cuando es la Biblia o las creencias tradicionales lo que tiene que ceder, normalmente se tratará de encontrar un nuevo lenguaje para las viejas verdades. Esto suena mucho más simple de lo que realmente es. Dado que existe un vínculo tan estrecho entre el «lenguaje» y la «verdad», cuando cambiamos el lenguaje, la verdad puede parecer y sentirse de manera muy distinta. Es como la relación entre nuestra personalidad y nuestro cuerpo. La persona que soy ahora en un cuerpo de setenta años (con toda su experiencia acumulada) no solo se ve diferente, sino que verdaderamente *es* diferente de la persona que fui con un cuerpo de dieciocho años. Soy la misma persona pero —gracias a Dios— ¡tan diferente!

De nuevo regresamos al tema del capítulo III: el lenguaje. La razón por la cual gran parte de la forma tradicional de hablar acerca de Jesús queda obstruida en las mentes y en los sentimientos de tantos cristianos es porque ese lenguaje se toma —o se entrega— ¡demasiado literalmente! De nuevo olvidamos que todo nuestro discurso, incluido nuestro discurso sobre Jesús como Hijo de Dios y Salvador, es simbólico, son los dedos que señalan a una luna que siempre está más allá. La solución a este dilema es la que los teólogos suelen prescribir en tales situaciones: hay que tomarse este lenguaje en serio o de una forma imaginativa pero no literalmente. El significado de estos símbolos y de las imágenes de Jesús, como el de todos los símbolos, no se encuentra principalmente en cómo la gente los entendió en un primer momento, en el pasado (por muy importante que pueda haber sido), sino en cómo la gente puede entenderlos en el presente.

Pero aquí, una vez más, se halla la dificultad que hemos sentido en capítulos anteriores. ¿Cómo podemos entender este lenguaje tradicional sobre Jesús en nuestros tiempos? ¿Cómo podemos tomarnos en serio estos símbolos sin hacerlo literalmente? O simplemente: si el significado de esas palabras e imágenes no se halla en su sentido literal, entonces, ¿dónde está? ¿Cuál es? ¿Qué es lo que realmente queremos decir cuando proclamamos —desde la terraza a los cuatro vientos para el mundo entero, o desde un rincón de nuestro hogar para nosotros mismos— que Jesús es el Hijo de Dios y el Salvador del mundo? El budismo ha sido una ayuda decisiva para mí en la lucha con estas preguntas.

MIS CONFLICTOS: EL JESÚS EXCLUYENTE

¿Hijo de Dios?

Algunas veces, solo a través de las preguntas de un amigo podemos sentir realmente nuestras propias preguntas. Esto me sucedió la primera vez que enseñé en el Center for Religious and Crosscultural Studies en Yogyakarta (Indonesia). Fue en el 2003; el noventa y cinco por ciento de la clase eran musulmanes. Explicaba por qué creía que, igual que los musulmanes reconocen a Jesús como un profeta genuino, los cristianos podrían hacer lo mismo con Mahoma. Iqbal, uno de mis alumnos más brillantes, me dio a entender con la mirada que captaba lo que estaba diciendo.

«Pero los cristianos también dicen que Jesús es el Hijo de Dios», replicó. «Eso lo hace muy distinto de Mahoma. Nosotros nunca diríamos eso de Mahoma, porque creemos que fue un ser humano real, como nosotros. Además, no entendemos cómo Alá habría podido engendrar un hijo. ¿Cómo es eso posible?»

Tartamudeando un poco, intenté contestar con mi respuesta estándar: «Claro, literalmente, Dios no puede tener un hijo. Muchos cristianos vemos al "Hijo de Dios" como un símbolo.»

Vi de nuevo el entendimiento en su mirada. «Entonces, ¿por qué usarlo? ¿Qué significa eso?»

No voy a entrar en los detalles un tanto frustrantes de lo que fue el resto de la clase. Pero me fui a casa dándome cuenta de que las preguntas de mis estudiantes musulmanes realmente todavía eran mis propias preguntas. Estaba, y aún estoy, sintiendo los efectos de tanta confusión intelectual, y hasta espiritual, que se ha formado alrededor de mi creencia cristiana en Jesús el Hijo de Dios, de Dios mismo.

Si damos por sentado —como todos los cristianos pueden o deben hacer— que Dios, de acuerdo con la doctrina cristiana, es *puro espíritu*, inmaterial, sin cuerpo, entonces, ¿qué queremos decir realmente cuando afirmamos que ese Espíritu Puro puede engendrar un hijo (¡o una hija!), y de hecho que lo hizo en la persona de Jesús de Nazaret? Si insistimos, como hice con mis alumnos musulmanes, que esto no significa que Dios procree, entonces, ¿qué es lo que significa?

Tales preguntas fueron «procreadas» para mí, y después crecieron aún más, desde que pisé por primera vez un aula de teología (de hecho, nunca la he abandonado del todo). Lo que mis profesores jesuitas del Nuevo Testamento en la Pontificia Universidad Gregoriana solo se atrevían a sugerir en el cauteloso ambiente de Roma y del Vaticano fue establecido con un prodigioso análisis textual de los evangelios por mis profesores alemanes en Marburgo: por lo que sabemos, Jesús nunca se llamó a sí mismo Hijo de Dios ni afirmó su divinidad. Eso llegó más tarde, después de su muerte, cuando sus discípulos intentaban hallar palabras para describir la forma en la que Jesús había tocado y transformado sus vidas. Y también aprendí que una de las historias que se repetía constantemente en ese esfuerzo —aquella sobre María impregnada por el Espíritu Santo— solo la contaba uno de los escritores del Evangelio, Lucas. San Pablo, que dictó sus epístolas unos veinte años antes que Lucas, no parece saber nada de esa concepción virginal y divina; de hecho, daba por sentado que Jesús había nacido como el resto de nosotros. El significado detrás de mi creencia en Jesús como el Hijo de

Dios se volvió más turbio para mí pero también más sugestivo. Sentí que era más libre para explorar.

Dios en traje de hombre

Mientras que mis cursos sobre el Nuevo Testamento exploraban los orígenes de la creencia cristiana en la divinidad de Jesús, los cursos de «teología sistemática» intentaban desglosar el significado de esa creencia. Pero los venerables profesores de estos cursos (¡Bernard Lonergan S. J. el más venerable de todos!) lo hacían principalmente trabajando con el lenguaje de los primeros concilios de la Iglesia. En esas reuniones durante los cinco primeros siglos en la historia de la Iglesia, los obispos y los teólogos lucharon por obtener un entendimiento más claro y profundo de cómo Jesús, el hombre, pudo también ser Jesús, el Hijo de Dios. Pero las respuestas que daban en un concilio siempre parecían crear aún más preguntas y desacuerdos en el siguiente. Cada respuesta era un nuevo tronco que alimentaba el fuego de la polémica.

Permítanme simplificar para aclarar: una de las razones por las cuales sus respuestas realmente nunca funcionaron, ni para los académicos ni para los creyentes comunes, fue que intentaban explicar que, en el caso de la divinidad de Jesús, ¡uno más uno es igual a uno! Para ellos, el desafío estaba en exponer, filosófica y coherentemente, cómo Dios-Padre más Dios-Jesús era igual a un solo Dios. O cómo la persona divina en Jesús y la persona humana en Jesús siguen siendo solo una persona. Como se dijo en el Concilio de Calcedonia en el año 451, en Jesús tenemos un verdadero ser/naturaleza divino y un verdadero ser/naturaleza humano pero un solo individuo/persona. A pesar de los esfuerzos de mis venerables profesores, esta declaración dogmática, oficial de cómo entender la divinidad de Jesús todavía se atasca en mis arterias mentales y emocionales.

Karl Rahner, en algo que parecía un comentario insignificante en medio de un análisis sesudo, me ayudó a identificar exactamente dónde se encontraba el problema. Rahner acostumbraba a decir que para la mayoría de los cristianos Jesús era Dios con un traje de hombre. La primera vez que escuché eso, me quedé paralizado. «Eso es completamente cierto, no solo para la "mayoría de los cristianos", sino ¡también para mí!», me dije a mí mismo. En mi imagen mental de Jesús, tal como me enseñaron a imaginármelo, se parece a un hombre, habla y camina como un hombre, pero por dentro, es Dios. (Lo cual, pensándolo bien, se parece un poco a Supermán vestido como Clark Kent.) Dios (o la segunda persona de la Trinidad) bajó del cielo y, cuando María dijo «de acuerdo», se convirtió en la persona interna del recién concebido Jesús. Esto significa que mientras se desplazaba entre Galilea y Judea lo sabía todo, podía prever el futuro, podía hacer milagros y todo aquello que quisiera. Él era Dios entre nosotros. Dios caminando de un lado a otro como un hombre.

Esta visión ampliamente difundida de Jesús no es solo, como dice Rahner, un poco ridícula o desagradable para muchos cristianos, sino también una herejía. Es una herejía porque se supone que los cristianos deben creer que Jesús era «verdaderamente divino y verdaderamente humano» —y un ser humano cuya persona humana ha sido remplazada por una persona divina ya no es una persona humana como el resto de nosotros. Esto es lo que lo hace ridículo y desagradable, porque des-humaniza a Jesús. No le permite ser «verdaderamente humano». Como Rahner sugirió muy delicadamente, convierte a Jesús en una suerte de bicho raro: un ser humano sin un «interior» humano. Y esto coloca a Jesús en una categoría totalmente diferente a la del resto de nosotros; cuando nos dice «Ve y haz tú lo mismo», realmente nos lo podemos tomar en serio. Él era divino, lo sabía todo y podía hacerlo todo, no era capaz de cometer errores. Nosotros solo somos unos torpes humanos.

El único Hijo de Dios

Esa sensación inquietante de que Jesús está «fuera de alcance» y, por tanto, es superior a todos los otros humanos se ve realzada por la tradicional insistencia, no solamente de que Jesús es el Hijo de Dios, sino de que es *absolutamente el único* Hijo de Dios. El «Unigénito», en el lenguaje del credo. ¿Pero no dice también la Biblia que todos nosotros somos hijos e hijas de Dios? La respuesta a esta pregunta tan natural crea, en muchos cristianos, aún más problemas que la interrogación original. Jesús es el Hijo *natural* de Dios; nosotros somos hijos *adoptados* de Dios. Entonces, en la familia que Dios busca tener con la humanidad, ¿todos los hijos menos uno son adoptados? Supongo que los expertos dirían que en este punto la analogía se rompe.

Se rompe aún más cuando comparamos a Jesús, no con todos los demás seres humanos en general, sino con las figuras centrales y los fundadores de otras religiones en particular. Decir que solamente Jesús es el Hijo de Dios significa no solo que es diferente a los demás líderes o maestros religiosos, sino también que está en una liga aparte. Es una diferencia que marca una superioridad que nadie más puede exigir. Si Mahoma es el profeta de Dios, Jesús es el Hijo de Dios. Si Buda es el iluminado, Jesús es divino. Si Confucio es un eminente hombre sabio, Jesús es la fuente misma de toda sabiduría. Esto significa que, a pesar de todas las cosas maravillosas que todas estas figuras religiosas podrían haber enseñado a sus discípulos, si esos discípulos musulmanes, budistas o confucianos quisiesen realmente abrazar la verdad genuina y completa de Dios, tendrían que trasladar su principal fidelidad a Jesús y su religión. Su religión original tendría que ser remplazada por el cristianismo (según los cristianos fundamentalistas) o absorbida dentro de este (según los cristianos de tendencia mayoritaria). El lenguaje del «uno y único» que se aplica a Jesús se extiende a la Iglesia cristiana: «Hijo único» conduce a una «única religión auténtica». Todas las demás, como nos dijo el cardenal Ratzinger, después papa Benedicto XVI, son «gravemente deficientes».

Por respeto a mi propia fe, así como a mis hermanas y hermanos cristianos, siento el deseo de proceder con extrema precaución en este punto. Por un lado, la afirmación de que Jesús es el único Hijo de Dios ha seguido teniendo un lugar central en el credo cristiano a través de los siglos; y simplemente erradicarla y tirarla a la basura sería colapsar la estructura entera. Por otro lado, suprimir el «único» de manera que todas las demás figuras religiosas fueran como versiones diferentes del mismo modelo, sería cometer una injusticia no solo con Jesús, sino también con Mahoma, Buda y Confucio. Existen *diferencias reales* entre las religiones. Negar o diluir esas diferencias es distorsionar las religiones.

Sin embargo, si mi creencia en Jesús como el único Hijo de Dios requiere que explícita o implícitamente denigre o subordine otras figuras religiosas y otras religiones, entonces tal creencia se convierte en un coágulo en el libre flujo del sistema circulatorio de mi fe, que me da la vida. Lo siento. Simplemente es así. Y sé que en esto no estoy solo.

Jesús, salvador de toda la humanidad

Este tipo de coágulos aumentan cuando llegamos a otra creencia central cristiana: «Jesús salva.» Como único Hijo de Dios, Jesús es el único Salvador. Aquí, de nuevo, estamos ante uno de los pilares centrales de la fe cristiana. Pero para mí y para muchos de los cristianos a quienes enseño o con quienes voy a misa, se ha vuelto uno de los mayores obstáculos al tratar de conectar nuestra fe con nuestra vida diaria. Cuando nos encontramos preguntándonos cosas como: «¿De qué nos salvan exactamente?» o «¿Cómo salva Jesús?», las respuestas tradicionales parecen contradecir nuestra experiencia vital o nuestro sentido común.

Somos salvados del pecado. Es la respuesta estándar. Y ese pecado se suele explicar como una situación que nos afecta tanto a nosotros mismos como a Dios. Hubo un error «original» que cambió de tal forma la condición humana que todos tenemos una o tal vez dos faltas en contra, incluso antes de entrar en la zona de juego. Debido tanto a presiones internas como externas, nos inclinamos hacia el egoísmo, y eso significa hacia lo pecaminoso. Más adelante, debido a esa pecaminosidad —tanto originariamente dada como individualmente obtenida— nos desconectamos de Dios. De acuerdo con la enseñanza estándar cristiana hay una brecha entre la humanidad y Dios. El amor de Dios está vivo, pero si no se cierra la brecha, ni nos puede alcanzar ni lo podemos alcanzar nosotros para entrar en el cielo. El pecado original se traduce en un desastre original y permanente.

Puede que esté pintando esta imagen del pecado en tonos demasiado fuertes. Pero pienso que es difícil para cualquier pastor o consejero negar que el hincapié que pone el cristianismo en el pecado, en la caída o en la separación de Dios pesa fuertemente y a menudo perjudicialmente en el sentido de identidad de muchos cristianos. Sí, el egoísmo es una infección recurrente; sí, frecuentemente herimos a las personas que amamos; sí, parece realmente imposible encaminarnos de forma correcta. Pero definirnos a nosotros mismos por estas debilidades y equivocaciones, vernos a nosotros mismos como «pecadores» antes de que podamos ser «amantes» o «hijos de Dios», parece tan inexacto como absolutamente dañino. Como algunos teólogos han comentado, si estamos convencidos de que el punto de partida de nuestras vidas individuales o del proyecto humano en general está marcado por el «pecado original» en lugar de por una «bendición original», va ser muy difícil seguir adelante.

Si nuestro problema es una condición de alejamiento pecaminoso de Dios, entonces el papel de Jesús como Salvador parece ser esencialmente el de un reparador. No quiero ser irrespetuoso, pero de verdad me parece así. Hay una brecha entre Dios y la humanidad. La doctrina del pecado original nos indica que Dios no la creó, sino que fueron nuestros ancestros, Adán y Eva, que se equivocaron desde el principio y rompieron su relación con Dios; todos nosotros estamos atrapados desde entonces en este lío y en este alejamiento de Dios. Jesús viene para solventar el problema y salvar esa distancia. Hasta que él llega, el lío es irreparable y la distancia, insuperable. A medida que envejezco, siento con cada vez más dolor que esa imagen no refleja la realidad de lo que los seres humanos somos o de lo que sentimos que somos. Es como si primero tuviésemos que convencernos a nosotros mismos de que estamos completamente perdidos antes de que nos puedan venir a salvar.

Mi malestar aumenta cuando intento entender, tanto para mí mismo como para mis estudiantes, la forma en la que la doctrina cristiana explica *cómo* Jesús arregla las cosas, cómo nos salva. Desde los primeros años de la incipiente comunidad de seguidores de Jesús, los esfuerzos por explicar cómo Jesús salva se han centrado en su muerte por crucifixión. Jesús se ha asociado con la sangre derramada de los sacrificios animales en el templo judío (y en los rituales grecorromanos) y se ha visto como el Cordero de Dios, sacrificado en beneficio nuestro, de una vez por todas, para redimir nuestros pecados. La suya fue una muerte sacrificial. Con el paso del tiempo, esta interpretación se desarrolló hasta convertirse en la llamada «teoría de satisfacción». Su muerte es, ciertamente, una expresión del amor de Dios por nosotros, pero quizá más fundamentalmente también es el *precio necesario* que ha de pagarse para expiar la ofensa infinita que nuestros pecados habían levantado contra Dios. Puede que Dios nos ame, pero él fue ofendido —algunos textos hasta dicen que sintió «cólera»— por nuestra desobediencia (Romanos 2,8; Hebreos 4,3). Tenía que pagarse un precio. Tenía que haber una compensación.

Puede que la imagen de un Padre divino ofendido, incluso encolerizado, que entonces «amorosamente» ordena la muerte de su propio Hijo, o la imagen de nuestros pecados teniendo que ser lavados por la sangre de Jesús, fuera significativa en el contexto cultural de la primera comunidad cristiana. Y por lo que veo y escucho en la radio y en la televisión los domingos por la mañana, puede que todavía lo sea para muchos cristianos evangélicos. Pero para mí, si este es realmente el divino Misterio que llamamos Dios, es un misterio que me causa repulsa más de lo que me abraza. Cuando escuché por primera vez que algunas teólogas feministas consideran que este Dios es como un padre abusivo, pensé que iban demasiado lejos. Pero cuanto más lo pienso, menos seguro estoy. Los eruditos del Nuevo Testamento nos dicen que las primeras comunidades cristianas idearon muchas maneras adicionales junto a la de este símbolo de Jesús como víctima sacrificial para intentar entender la manera en la que Jesús salva (muchas «soteriologías» distintas, como se llaman). Entre estas maneras diversas, ha de haber una mejor.

Salvador único

Si nos tomamos literalmente esta idea de Jesús como aquel que repara la desconexión entre Dios y la humanidad, entonces está claro no solo que Jesús hizo el trabajo, sino que él es el único que lo hizo. Si el problema es que se tenía que reparar algo, una vez hecha la reparación ya no hace falta hacerla de nuevo, ya no se puede volver a hacer. Y por esto, aunque el Concilio Vaticano II dio el paso revolucionario de reconocer el valor espiritual de las demás religiones y aunque en los años posteriores el papa Juan Pablo II y los teólogos de tendencia mayoritaria afirmaron que las demás religiones son también «formas de salvación» por las cuales las personas pueden experimentar el Misterio Divino de manera genuina, la enseñanza oficial de la Iglesia católica y de la mayoría de las Iglesias cristianas sigue siendo que si existe alguna «salvación» en las otras religiones, tiene que llevar el sello de: «fabricado en la cristiandad».

Si Jesús es el «precio» que se ha pagado para satisfacer la justicia divina, él es *el único* canal por el cual la gracia salvadora de Dios se vierte de nuevo en la historia de la humanidad. Este canal, por supuesto, se extiende a lo largo de la historia a través de la Iglesia de Jesús. Así que si hay alguna presencia divina y transformadora de Dios en las otras religiones, es porque se ha filtrado, por así decirlo, de Jesús y de la Iglesia. Y además, su propósito es el de filtrarse de nuevo a la comunidad cristiana, donde realmente puede reconocerse por lo que es: la acción salvadora de Dios provocada por Jesús. Tal como lo declara el mismo Concilio Vaticano II, toda la verdad y el valor de las demás religiones están allí como una *praeparatio evangelica*, como una forma de preparar a las personas para que abracen el Evangelio y se conviertan en cristianos.

Es por esto que la visión «revolucionaria» y positiva sobre las demás religiones proclamada por el Vaticano II se llama *inclusivismo*. Desde luego, se aleja del exclusivismo que prevaleció durante la mayor parte de la historia del cristianismo y que no reconocía valor alguno en las demás religiones. Pero aunque esta nueva visión no excluye a las otras religiones del amor de Dios, sí que tiene la intención de incluirlas, a la larga, en la Iglesia católica, considerada la única religión verdadera porque tiene el único Salvador verdadero.

Mientras proseguía mis estudios teológicos en Alemania a finales de la década de 1960, yo estaba de acuerdo con esta imagen de Jesús como el embudo a través del cual toda la acción salvífica de Dios fluye hacia el mundo y hacia las demás religiones, y después las atrae de nuevo a la Iglesia. Después de todo, para mí, esto representaba una ruptura liberadora de mi previo exclusivismo cristiano. Incluso escribí mi disertación doctoral en la Universidad de Marburgo en defensa del inclusivismo del Vaticano II y como crítica de la postura protestante frente a otras religiones. Pero a medida que pasaban los años y yo iba estudiando otras tradiciones y, sobre todo, entablando amistad con personas de otras religiones, esta defensa se derrumbó y mi crítica salió como tiro por la culata.

Mi amigo Rahim, un musulmán paquistaní, es un ejemplo de lo que quiero decir. Era estudiante de posgrado en química en la Universidad de Münster y un musulmán muy devoto. Nos hicimos amigos cuando yo estaba en Münster para empezar mi investigación doctoral con el padre Rahner. Siempre sonriente, incapaz de pronunciar una palabra mala de algo o de alguien, fiel a su familia en casa y dotado con un sentido del humor irónico, era un miembro bienvenido en nuestro círculo de amigos y compañeros de estudio. Aunque no hablaba demasiado sobre su fe, rezaba cinco veces al día y siempre pedía zumo de manzana cuando lo invitábamos a nuestras rondas de cerveza. Poco a poco y de forma incómoda, me fui dando cuenta de que según mi teología, aunque Rahim claramente era una «buena persona» y era apto para entrar en cielo, sería mejor —es decir, estaría más cerca de Dios y sería un ser humano más feliz— si aceptase a Jesús y se uniese a nuestra Iglesia. Eso es lo que yo debía querer para él. Pero yo no podía esperar eso para él, porque no lo creía. Dado lo que yo veía en Rahim, comencé a sospechar que «la voluntad de Dios» no querría que fuese nada más que el devoto, amoroso y feliz musulmán que ya era.

Cuantos más amigos de otras religiones hice y cuanto más estudiaba otras tradiciones religiosas, más sentía, casi siempre dolorosamente, que mi comprensión de Jesús el Salvador necesitaba renovación y expansión.

Resucitado de entre los muertos

Como si no tuviera suficientes conflictos en relación con muchas de las imágenes de Jesús en el catecismo, había uno más. Durante muchos años, iba cociéndose poco a poco en mi inconsciente; solo cuando entré en los cuarenta, pude formularlo en palabras. La resurrección de Jesús. La piedra angular de la fe cristiana.

¿Qué fue lo que realmente sucedió? ¿Salió Jesús, literal y físicamente, de su tumba, caminó entre sus seguidores durante cuarenta días y después desapareció entre las nubes? Todo esto es una escena propia de un cuento de hadas. Si, como me iba dando cuenta, todo nuestro discurso sobre lo Divino es simbólico, si el Nuevo Testamento, como toda la literatura religiosa, está lleno de símbolos y de relatos simbólicos que, aunque a veces se basen en eventos históricos, no se han de tomar literalmente, ¿es posible que la resurrección en sí sea un símbolo o un mito cuya verdad real se halla, no en el hecho histórico, sino en su sentido inspirador?

Parte de mi conflicto tiene que ver con la forma como los cristianos usan la resurrección para demostrar la verdad y la superioridad del cristianismo sobre todas las demás religiones. «¡Nadie más ha regresado después de la muerte!» Pero esto mismo parece contradecir de lleno la advertencia de Jesús de que la fe no debería basarse en milagros portentosos. De hecho, Jesús generalmente rehusaba aparecer ante quienes pedían milagros (Marcos 8,12; Mateo 16,4). Y en la parábola de Tomás el incrédulo, que se negaba a creer hasta que pudiera ver y tocar el cuerpo resucitado de Jesús, ¿qué es lo que dijo Jesús ante la insistencia de Tomás de ver un milagro en directo? «Porque me has visto has creído; dichosos los que creerán sin haber visto» (Juan 20,29). Todo esto parece insinuar que la resurrección no es un tema de ver y tocar.

Mi escrupulosidad respecto a la resurrección de Jesús fue tanto profundizada como, por así decirlo, bendecida cuando, durante unos cursos de grado en Xavier University exploré con mis estudiantes lo que los eruditos del Nuevo Testamento estaban diciendo sobre los primeros relatos de la resurrección de Jesús. Los expertos dejaban claro que en los últimos capítulos de los evangelios (¡aunque los primeros manuscritos del Evangelio de Marcos ni siquiera incluían la resurrección!) el uso de símbolos y de estrategias narrativas es aún más pródigo que en otras partes de estos. Y hay discrepancias entre las distintas versiones. En algunas Jesús aparece en Galilea; en otras, en Jerusalén. Algunas indican que permaneció en la tierra durante una semana, mientras que Lucas expresa claramente que fueron cuarenta días. Ni siquiera hay acuerdo sobre quién fue el primer testigo de su resurrección, Pedro o María Magdalena. Algunos hacen hincapié en que tenía el mismo cuerpo físico que antes de la muerte; otros le dan un cuerpo capaz de desaparecer a voluntad, atravesar paredes y no ser tan siquiera reconocido por los discípulos que lo habían tratado durante largo tiempo.

Además, la primerísima crónica de la resurrección en la primera carta de Pablo a los Corintios ni siquiera menciona una tumba vacía e insiste en que el cuerpo con el que Jesús ascendió ¡no era «físico», sino «espiritual»! (1 Corintios 15). Pero el descubrimiento más impresionante de los historiadores de la primera generación de cristianos es que en alguna de las primeras comunidades de seguidores de Jesús en Palestina ni siquiera se hablaba de la resurrección. Su fe se centraba en Jesús siendo exaltado con Dios después de la muerte y en su venir en gloria para llevar las cosas a un final triunfante.

Así, la cuestión que tanto ha perturbado mi fe cristiana en cuanto a la resurrección de Jesús durante las últimas décadas ha sido: ¿podrían la realidad pasada y el significado y la fuerza actuales de la «resurrección» ser algo mucho mayor de lo que se nos ha enseñado acerca de Jesús saliendo de la tumba y hablando con sus seguidores? ¿Podría la resurrección ser un símbolo de algo muy distinto y más profundo que el milagro de una persona muerta que vuelve a la vida? ¿Podría la resurrección ser un dedo señalando a la luna que es mucho más que un dedo?

En mi lucha por contestar tales preguntas, en mi intento de revisar y revivificar mi creencia en Jesús el Resucitado, Hijo de Dios y Salvador, el budismo me ha otorgado, por así decirlo, un par de gafas diferentes a través de las cuales he podido ver y sentir cosas que no había visto ni sentido antes respecto a mi herencia cristiana.

IDA: BUDA EL ILUMINADO Y EL ILUMINADOR

Las diferencias entre Jesús de Nazaret y Siddhartha Gautama son quizá mucho mayores que las diferencias de sobra conocidas entre las manzanas y las naranjas. Vivieron en períodos históricos muy diferentes (Gautama unos cuatrocientos o quinientos años antes que Jesús) y en un contexto cultural muy diferente (Jesús, en un momento en el que Israel estaba ocupado por un poder extranjero; Gautama, en un momento en el que la India experimentaba un desarrollo económico y político). Jesús y Gautama eran tan diferentes como un israelí y un esrilanqués actuales. Por esto algunos dirían que, como las manzanas y las naranjas, no deberían compararse.

Pero voy a hacerlo de todas formas, sobre todo porque he descubierto que son precisamente las fuertes diferencias entre Jesús y Gautama las que han formado para mí las líneas de comunicación y de comparación entre ellos. Para los budistas, las nociones o los símbolos tales como «Hijo de Dios», «Salvador» o «resurrección» no concuerdan mucho con su propia experiencia de quién fue Gautama y de cómo afectó sus vidas. Sin embargo, para mí, cristiano, precisamente lo que los budistas dicen sobre Buda concuerda con mis propias preguntas y me ha dado una nueva luz, muy reveladora, de mis creencias heredadas sobre Jesús. (Los budistas dirán si esto funciona también para ellos.)

Lo que sigue en esta sección es una revisión muy selectiva y comparativa de la «budología», lo que los budistas creen sobre Buda. La tensión reside en la creencia religiosa, no en el hecho histórico. Las fuentes budistas de la vida de Gautama el Buda, igual que las fuentes del Nuevo Testamento sobre la vida de Jesús el Cristo, nos dicen lo que las primeras comunidades creían sobre su fundador, no precisamente lo que sucedió en la vida de ese fundador. Son textos religiosos, no libros históricos.

Siddhartha Gautama: el buscador

Mientras que sabemos muy poco sobre lo que se ha llamado «la vida oculta» de Jesús, las fuentes budistas nos cuentan bastante sobre los primeros años de Siddhartha (el nombre propio de Buda). Las diferencias entre los dos son inmediatamente evidentes e incluso superan, como hemos visto, las que hay entre manzanas y naranjas. Si Jesús hubiera nacido al mismo tiempo y en el mismo lugar que Siddhartha (alrededor del año 563 a. C. en lo que es el actual Nepal), habrían crecido en barrios muy diferentes de la ciudad. El padre de Siddhartha era un rey o un señor de la tribu de los sakyas. Al contrario de Jesús, hijo de un carpintero, Siddhartha tuvo una vida muy privilegiada, hasta podríamos decir mimada. Se casó (en matrimonio concertado) con la hermosa Yasodhara, quien le dio un hijo, Rahula. Pero cuando llegó la hora de que ambos, Jesús y Siddhartha, dejaran el hogar y entraran en el mundo (los dos más o menos a la edad de treinta años), quizá la diferencia más notable entre ellos fue que mientras que Jesús, de acuerdo con los relatos que tenemos, sabía bien quién era y lo que quería, Siddhartha era un buscador desorientado.

Una de las pocas noticias que tenemos de la vida desconocida de Jesús lo muestra en el Templo, en Jerusalén, dando respuestas que aturdieron a los maestros oficiales del judaísmo. A medida que fue madurando, Buda tenía más preguntas que respuestas. Un sabio le había advertido al padre de Buda de que su hijo podría convertirse o bien en un líder espiritual, o bien en un guerrero poderoso; el padre optó por intentar sofocar todo cuestionamiento espiritual de su hijo y alimentar al guerrero, manteniéndolo en su casa y dándole todo lo que quisiera. Pero como dice la leyenda, Siddhartha, que era un poco rebelde, se aventuró solo al pueblo cercano de Kapilavastu y encontró «los cuatro símbolos»: un enfermo, un decrépito, un cadáver y un monje errante. Las preguntas que crecían en su interior encontraron una dirección: ¿cómo lidiar con el sufrimiento inevitable de la existencia humana encarnado en la enfermedad, la vejez y la muerte? ¿Es posible que las respuestas se hallen en la búsqueda religiosa?

Entonces, a la edad de veintinueve años, sabiendo que su esposa y su hijo estarían bien cuidados (aunque ninguno de los relatos nos presenta el punto de vista de Yasodhara), Siddhartha abandonó su vida de lujos y poder, se rapó la cabeza y la barba, vistió una túnica de monje y comenzó su búsqueda. Pasó los siguientes seis años aprendiendo y poniendo a prueba los mapas de los caminos espirituales vigentes en ese momento. Primero estudió con dos maestros que lo llevaron a la teoría y la práctica del yoga. Resultado: útil pero no suficiente. Después, con cinco monjes ascetas, siguió vigorosamente las prácticas de ayuno y total negación de sí mismo, hasta el punto, como nos cuentan, que cuando se tocaba el estómago podía sentir las vértebras. Resultado: ¡se estaba consumiendo!

Ahí fue cuando Siddhartha encontró a una joven llamada Sujata, quien al verlo demacrado y exhausto respondió con humanidad y con sentido común y le ofreció un tazón de arroz con leche. A Siddhartha le llego claro el mensaje de la joven: ¡Todo lo que estás haciendo para alcanzar lo que sea que estás buscando, no está funcionando! Tras tomarse el delicioso arroz con leche y haberse dado un buen baño, en ese momento Siddhartha se dio cuenta de que si iba a continuar con su búsqueda, tendría que hacerlo de acuerdo con lo que llamó «el camino medio». Evitar los extremos del «mucho» y del «muy poco», de la autocomplacencia y la automortificación.

Emprendido el camino medio, Siddhartha sintió que un descubrimiento era inminente. Así que se sentó solo bajo el desde entonces llamado árbol de Bodhi (el árbol de la sabiduría) con las piernas cruzadas y, siguiendo las pautas básicas de la meditación yóguica que había aprendido, esperó a que algo sucediera.

Y así fue. Cuando el sol de la mañana llegó sobre el horizonte oriental, Siddhartha Gautama se había convertido en el Buda, el iluminado, el despierto, aquel cuyos ojos han sido abiertos. Vio, no solo con su mente, sino con su ser completo, exactamente como funcionaban el mundo y la existencia humana, como todo estaba en un proceso constante de movimiento interconectado, como el sufrimiento surge cuando los humanos codiciosamente intentan romper las interconexiones y aferrarse a las cosas para sí mismos, como el sufrimiento puede ser detenido soltando no solo el egoísmo sino el ser mismo en compasión con todos los seres sensibles y, finalmente, como todos los seres humanos pueden realizar tal despertar, especialmente por medio de la práctica regular de la meditación. (Todo esto es un breve resumen de su primer sermón sobre las cuatro nobles verdades.)

Felizmente abrumado por la dicha de su despertar, Buda continuó sentado bajo el árbol de Bodhi, según cuentan, durante cuarenta y nueve días. Cuando estaba a punto de volver a entrar en el mundo y empezar la tarea de compartir con los demás lo que había descubierto, tuvo un encuentro asombrosamente similar a lo que Jesús experimentó inmediatamente antes de comenzar su ministerio público. Buda fue tentado por «Mara», el diabólico Señor de la Muerte, quien trató de persuadirlo de que nadie entendería la profundidad de su vivencia y de que, por tanto, no debía perder el tiempo. Mejor abandonar el mundo y dejarse llevar por la felicidad completa del nirvana. Los argumentos de Mara sacudieron a Buda y lo dejaron aturdido, pero no pudieron superar la gran compasión que sentía por todos los seres sensibles. Buda rechazó a Mara y resolvió empezar su misión de compartir las buenas noticias sobre el *Dharma*, la verdad inspiradora de lo que había visto y en lo que se había convertido bajo el árbol de Bodhi. El iluminado y el despierto se convirtieron en iluminador y despertador. Siguió su misión de predicar y de formar la *sangha*, o comunidad de seguidores, durante unos cuarenta y cinco años.

Este *Dharma* y el despertar que inspira han sido predicados y practicados por los seguidores de Buda durante dos milenios y medio.

Gautama Buda: el iluminado

Debido a lo que Siddhartha hizo, tanto para sí mismo como para los demás, era inevitable que la gente se preguntase *quién* era. Se desarrolló lo que podríamos llamar una «budología», un esfuerzo por entender quién o qué tenía que haber sido este individuo, con el fin de explicar el efecto que tuvo sobre tanta gente. Parecido a lo que los cristianos han intentado con la «cristología», se ha observado el trabajo de este hombre y se ha tratado de llegar a conclusiones sobre su persona. Tal como ocurrió con Jesús, se empezaron a amontonar los títulos alrededor de Siddhartha. Entre los primeros títulos que se les otorgaron tanto a Siddhartha como a Jesús, uno en particular ha perdurado: igual que Jesús de Nazaret se convirtió en Jesús el Cristo, el Ungido o el Mesías, Siddhartha Gautama de los sakya fue reconocido como Gautama el Buda, el iluminado.

Si damos un paso hacia atrás para obtener una visión general del terreno histórico del budismo, vemos dos corrientes de interpretación claramente muy diferentes de «la persona» de Siddhartha. Ambas proceden de una fuente común —la afirmación de él como Buda, el iluminado— y luego se separan. La primera de esas corrientes fluye hacia las tierras de quienes podría llamarse los budistas theravada: Sri Lanka, Tailandia, Birmania, Laos, Vietnam y Camboya. La otra corriente, que empezó a tomar forma unos doscientos años después de la muerte de Buda, se desplaza por los países que son predominantemente mahayana: China, Corea, Japón y, para algunos, también Tíbet. La pregunta que retomaremos tras explorar ambas corrientes es si fluyen en direcciones totalmente opuestas o si pueden cruzarse y, por tanto, enriquecerse mutuamente.

(Unas cuantas referencias adicionales, entre paréntesis más que a pie de página: estas dos grandes tradiciones del budismo se pueden comparar toscamente con las dos grandes formas del cristianismo. Los theravadines, igual que los católicos romanos, se jactan de ser la primera forma del budismo y, por tanto, la más fiel, y tienden a ser más clericales o monásticos. Los mahayanitas, como los protestantes, afirman haber llevado a cabo reformas necesarias, gracias a las cuales el budismo se hizo más amable y fácil para los laicos. Algunos observadores extienden la comparación un poco más y destacan las similitudes entre el cristianismo ortodoxo y el budismo tibetano, ambos repletos de «olores y campanas», rituales e imágenes.

Buda el maestro

Para los budistas theravadines, Buda es fundamentalmente un maestro. O quizá sería más preciso decir *el* maestro. Esta primera tradición del budismo pone gran énfasis en la humanidad de Buda. Igual que nosotros, él estaba cargado de limitaciones, inseguridades y falibilidades. Condicionado por aquello que los budistas creían que eran las consecuencias kármicas de sus vidas anteriores, no tuvo ninguna revelación singular, no fue guiado por ninguna luz ni ningún poder divinamente infundidos en su paso por la vida. Igual que todos nosotros, tuvo que labrarse su propio camino. Evidentemente, se aprovechó de la orientación y la sabiduría de su tradición hindú, y se abrió a la posibilidad de aprender lo máximo que pudo de los demás, quienquiera que fueran, ya fuesen sus sabios maestros de yoga o la pragmática joven Sujata. Pero en el fondo era sumamente humano. El despertar no sería un regalo, sino una ganancia.

En esto radica el significado, el poder de atracción —el significado salvífico, dirían los cristianos— que Buda ha ejercido sobre millones de personas durante cientos de años: a pesar de haber sido humano, *consiguió* el despertar. Lo hizo. Alcanzó su meta. Uno de sus primeros títulos fue el de *Tathagata*, 'el que llegó'. El suyo fue un largo y arduo viaje hacia la verdad del despertar; de hecho, las primeras tradiciones nos cuentan que el camino de Buda hacia el momento transformador bajo el árbol de Bodhi se remonta a múltiples vidas. Pero *llegó*. Y esto constituye su poder de atracción: muestra, encarna lo que todos nosotros podemos conseguir. Lo que él hizo, nosotros lo podemos hacer; solo tenemos que despertar a ello. Y eso es lo que Buda nos ayuda a hacer al ser nuestro maestro. Pero un maestro muy especial, incluso necesario. Da sus lecciones no solo hablando, sino también, y especialmente, siendo. Lo que él enseña, eso es. Y lo que él es, nosotros somos, o podemos ser.

Pero solo nos daremos cuenta de esto y lo alcanzaremos por medio de nuestro propio esfuerzo. Según los theravadines, Buda no lo hará por nosotros porque no puede. Cuando cayó en su lecho de muerte, habiendo comido cerdo contaminado que un herrero le ofreció humildemente, les dijo a sus discípulos: «Sed vuestras propias lámparas. Sed refugios de vosotros mismos. Aferraos a la verdad como una lámpara y un refugio.» Si vas a lograr lo que yo logré, deja claro Buda, tú, igual que yo, tendrás que hacerlo por ti mismo. Y, sin embargo, también deja claro que unos no pueden hacerlo por sí mismos, porque el «refugio» al que tienen que recurrir es tanto ellos mismos como la verdad que Buda les había enseñado. Necesitamos un maestro. Pero un buen maestro, como Buda deja claro, no hace el trabajo que los estudiantes tienen que hacer por sí mismos, sino que hace ese trabajo posible.

Así, para los theravadines Buda es solo humano, es solo un maestro. Pero un ser humano extraordinario, incluso arquetípico. Y un maestro extraordinario, incluso necesario.

¿Buda el salvador?

Para los budistas mahayana, Buda también es un maestro, pero es mucho más que eso. Debido a lo que entendieron que Buda fue durante sus años en la tierra, pero sobre todo debido a lo que experimentaron que Buda fue en sus propias vidas, los mahayanitas, de forma creativa y variada, reconocieron cualidades en Buda que eran más que humanas. Le otorgaron una suerte de estatus glorificado según el cual podían identificar las múltiples formas en que él continuaba siendo una presencia transformadora en sus vidas. (Algunos mahayanitas hicieron tanto hincapié en los aspectos glorificados o trascendentes de Buda que al final terminaron haciendo con Gautama lo mismo que los primeros cristianos hicieron con Jesús: distorsionaron su humanidad.)

Como cristiano, a medida que he estudiado esas formas y las he constatado en las vidas de mis amigos budistas, tengo que confesar que Buda se parece mucho a lo que llamo un salvador. Su mensaje y su vida fueron muy diferentes a los de Jesús, pero al final transformó la vida de sus seguidores. Ser transformado de manera que uno adquiere paz para sí mismo y comparte esa paz con otros es ser salvado.

Que el papel de Buda no fue solo el de enseñar, sino el de realmente entrar en las vidas humanas y ofrecer ayuda para el difícil trabajo de alcanzar el despertar se ve muy claramente en la imagen y el ideal centrales mahayana del *bodhisattva*. Hemos hablado de esa imagen en el capítulo II. El ideal dominante de muchos theravadines es el *arhat*, el monje o practicante que trabaja diligentemente cada día en su despertar, con la constancia y la fuerza, tal como dicen los textos, de un rinoceronte que se ha abierto camino a través de la densa selva de la ignorancia. Para los mahayanitas, la meta es convertirse, como Buda, en un *bodhisattva*, en aquel que, habiendo vislumbrado el oasis del despertar (recuerden la parábola del capítulo II, de los cuatro hombres perdidos en el desierto), corre de nuevo hacia el desierto para guiar a los demás hacia ese descubrimiento. Esto es lo que Buda hace. Demuestra que uno no puede experimentar la transformación personal del nirvana sin dedicarse automáticamente, con todas sus fuerzas, a hacer que los demás también puedan ser transformados. Buda el iluminado supremo es también el compasivo supremo.

Lo incontenible que es la compasión del *bodhisattva* y lo versátil que es al responder a las necesidades humanas se capta maravillosamente en una descripción bien conocida del siglo VIII sobre «el camino del *bodhisattva*»:

> Soy el protector de los desprotegidos y el guía de la caravana de viajeros. Me he convertido en el barco, la calzada y el puente para aquellos que aspiran a llegar a la otra orilla. Puedo ser la luz para los necesitados de luz. Puedo ser el lecho para los necesitados de descanso. Puedo ser un servidor para los necesitados de servicio, para todos los seres encarnados.

En la literatura mahayana, la diferencia entre un buda, un ser completamente despierto, y un *bodhisattva*, un ser que pospone el despertar con el fin de salvar a los demás, se difumina y se confunde con dos salidas para la misma abrumadora experiencia: lo que uno ve, se tiene que compartir; lo que uno recibe, se tiene que dar; la paz en el corazón llama al servicio a los demás. Sencillamente, ser un buda *es* ser un *bodhisattva*.

Muchos budas

A medida que el budismo mahayana se expandió por Asia y adoptó una miríada de formas culturales, el papel salvador de Buda se multiplicó en un exuberante reparto de budas y *bodhisattvas*. Los budistas mahayana reconocen, podemos decir, que no pudo haber solo un Buda. Tenía que haber muchos, con el fin de satisfacer las diferentes necesidades de los seres humanos, a medida que se esforzaban por seguir el camino del iluminado. En tanto que los miembros de este creciente coro de budas y *bodhisattvas* eran claramente distintos del cantante principal, Gautama, todos ellos, cada uno con su voz particular, se unieron en el mismo canto para llamar y ayudar a todos los seres sensibles a alcanzar el despertar. Entonces, aunque solo hubo un Gautama, hubo muchos budas y *bodhisattvas*.

Entre las voces más conocidas de este coro se halla uno de los *bodhisattvas* más populares, *Avalokiteshvara*, el gran compasivo, quien desde su origen masculino en la India se convirtió en la figura femenina Kuan-yin ('la que escucha los lamentos del mundo') en China y Kannon en Japón. También está Manjushri, el *bodhisattva* de la sabiduría, quien escinde la confusión; Tara, la popular *bodhisattva* femenina que adopta diferentes colores según las necesidades de sus devotos; Jizo, el *bodhisattva* que libera del infierno a seres vivientes y protege a viajeros y niños; y el Buda Maitreya, quien todavía ha de venir para salvar a la humanidad cuando tenga que encarar peligros futuros.

Pero después de Gautama, el Buda más ampliamente conocido y en quien más profundamente se confía a lo largo de Asia oriental y sobre todo en el Japón actual es el

Buda Amida. Se trata del Buda que se comprometió a venir para ayudar a todas aquellas personas corrientes a quienes les parece que la lista de «prácticas obligatorias» para alcanzar el despertar son demasiadas para sus ocupadas vidas de incesante trabajo. De una forma muy parecida a san Pablo y a Lutero, Amida aseguró a sus seguidores que «las buenas obras» no eran del todo necesarias: lo único que tenían que hacer era cantar su nombre con confianza, o sencillamente encomendarse a su compasión, y él los llevaría a un lugar después de la muerte (a la llamada Tierra Pura) donde el despertar estaba asegurado. Claramente, Buda Amida cumple todos los requisitos de un salvador.

Para los cristianos occidentales, estos budas y *bodhisattvas*, junto con el elenco multitudinario de figuras adicionales, seguramente parecerán una incontrolable profusión de la imaginación religiosa. Pero para los budistas mahayana, que quizá se encuentren más cómodos en el mundo de los mitos y los símbolos, esas figuras son tan reales como fantasiosas. Todas representan una manera muy distinta, y muy real, en la que los devotos y practicantes budistas viven la ayuda a lo largo del camino al despertar. Y especialmente, como los budistas tibetanos nos recuerdan, todos los *bodhisattvas* y Budas, en su realidad externa, son reflejos y maneras de identificar realidades dentro de nosotros mismos. Recuerden lo que dijimos en el capítulo II sobre el «auto-poder» y el «otro poder»: para los budistas, estos dos poderes son realmente dos caras de la misma moneda, dos formas diferentes de la misma realidad. Cualquier ayuda externa que un devoto pueda recibir de un buda o un *bodhisattva* siempre descubre y se funde con lo que uno ya posee en uno mismo.

Esta comprensión del papel «salvador» de Buda como alguien que nos muestra quiénes somos realmente, más que convertirnos en algo diferente, es especialmente claro en otra forma de budismo mahayana popular y ampliamente expandido: el zen. Aunque las salas de meditación budistas zen están llenas de estatuas de Buda rodeadas del humo del incienso, los budistas zen no hablan de Buda como un salvador. En cambio, sí que hablan mucho sobre la *naturaleza de Buda*. Es lo que Gautama, bajo el árbol de Bodhi, descubrió dentro de sí mismo. Es lo que se encuentra oculto u olvidado dentro de todos nosotros. La naturaleza de Buda es uno de aquellos dedos que señalan a la luna y que nunca pueden ser claramente fotografiados. Señala a nuestra verdadera identidad como no-seres, como participantes siempre cambiantes en el «inter-Ser» del universo. El papel de Buda era el de descubrir esa naturaleza, encarnarla, mostrar que es real en todos nosotros y entonces enseñarles a las personas los pasos prácticos a través de los cuales pueden descubrirla por sí mismos, *dentro* de sí mismos. De nuevo, esto es muy parecido a lo que puede decirse de un «salvador».

Los tres cuerpos de Buda

Para los cristianos, una de las doctrinas más interesantes y atractivas del budismo mahayana se halla en el simbolismo de «los tres cuerpos» de Buda. Esta enseñanza se desarrolló, podemos decir, cuando los mahayanitas trataron de explicarse cómo Gautama alcanzó y después continuó su papel de ayudar a los demás en el despertar. Aunque la doctrina de los tres cuerpos (llamada *Trikaya*) adoptó formas y funciones distintas dentro de la historia mahayana, su intención subyacente era la de comprender lo que los cristianos llamarían «la persona y la obra» de Gautama Buda, quién debió de haber sido y cómo afectó y sigue afectando a la vida de las personas.

Se dice que Gautama tuvo, o adquirió, tres cuerpos o *kaya* diferentes pero del todo complementarios. Aquí, la palabra *cuerpo* intenta señalar y expresar las diferentes formas en las cuales Gautama el Buda (u otro buda cualquiera) actúa o está presente. En términos históricos, tuvo un cuerpo físico (*Nirmanakaya*) en el que estaba presente o en el que «aparecía» entre sus contemporáneos. Pero para llegar a lo más significante de Gautama, lo que alcanzó y en lo que se convirtió, los mahayanitas reconocen su «cuerpo de la esencia» (*Dharmakaya*). La palabra *Dharma*, como vimos en capítulos anteriores, apunta hacia la realidad mayor que Buda descubrió y en la que se convirtió bajo el árbol de Bodhi, la meta de todos los budistas: el despertar, también llamado nirvana, Vacío o «inter-Ser». Gautama se convirtió en uno con esta última realidad del *Dharma*. Por esto, un texto antiguo que se cita muy a menudo lo muestra diciéndole a uno de sus discípulos algo que resuena en lo que Jesús les decía a sus propios seguidores: «Quien me ve a mí, ve el *Dharma*.» (Para Jesús, la última palabra de esa frase era *Padre* [Juan 14,9].) Encontrar a Buda era encontrar y ser absorbido por la realidad y el poder del *Dharma*.

Esa habilidad de encarnar y comunicar el *Dharma* continuó, para los mahayanitas, aun después de la muerte de Buda. Y pasaron a hablar de su «cuerpo de la felicidad» (*Sambhogakaya*), el cuerpo que permite que sus seguidores, por así decirlo, todavía puedan «disfrutar» de él, el cuerpo, podríamos decir, por el cual Buda todavía estaba verdadera y efectivamente presente entre ellos. Los restos o las reliquias del cuerpo físico del Buda todavía se podían encontrar en las estupas o inmensos relicarios cubiertos de tierra que pronto marcaron el paisaje por el cual él había andado en vida; pero sus seguidores llegaron a estar convencidos de que todavía estaba muy presente y activo entre ellos en lo que llamaron su cuerpo de la felicidad. Era diferente de su cuerpo de carne y hueso, una especie de cuerpo espiritual gracias al cual, aun después de la muerte, Buda todavía permanecía entre ellos.

¿Maestro o salvador?

Entonces, ¿cuál de los dos es? ¿Es el papel de Buda fundamentalmente el de un maestro o el de un salvador? ¿Quién está más cerca del Buda real, los theravadines o los mahayanitas? Para mí, tales preguntas tienen el mismo sentido provocador que el dilema que en el pasado opuso a católicos y protestantes: ¿logramos la salvación por la gracia o por las buenas obras? ¿Es obra de Dios o de nosotros? Muchas batallas teológicas (e incluso físicas) se han librado por esta cuestión. Sin embargo, durante las últimas tres o cuatro décadas, a través del diálogo más que de la violencia de la batalla, los teólogos protestantes y católicos han llegado a reconocer que preguntar si la *salvación* es un asunto de la gracia o de las buenas obras es como preguntar si una moneda se identifica por la cara o por la cruz.

Pasa lo mismo con el tema de si Buda es fundamentalmente maestro o salvador. Entender cómo salva es darse cuenta de cómo enseña. Comprender cómo enseña es darse cuenta de cómo puede transformarnos y salvarnos. Por tanto, llamar a Buda *solamente* un maestro es correr el riesgo de imaginarlo de pie ante una clase de estudiantes, impartiendo un conocimiento que ellos debidamente escriben y memorizan. La clase de «conocimiento» que Buda ofreció no fue impartido, sino inculcado o imbuido. No se quedaba en la cabeza, sino que hacía vibrar y daba fuerza al ser entero. Buda no enseñó solo hablando, sino siendo. Y uno «captaba» lo que enseñaba no únicamente comprendiéndolo con la mente, sino «captándolo» con todo el ser.

Además, decir que Buda fue solo un salvador es incurrir en el peligro de olvidar *cómo* salva. Para los budistas, la salvación o el despertar nunca es una transacción enteramente externa, algo que ocurre fuera de la persona. El «otro poder» o la ayuda que un Buda o un *bodhisattva* pueda proporcionar, por necesario que pueda ser, en algún momento siempre implica o se convierte en «auto-poder». Incluso para los devotos de Buda Amida, después de llegar a la Tierra Pura solamente confiando en Amida, la experiencia del despertar completo tendrá que convertirse en algo propio. La conclusión, entonces, parece ser que no hay una contradicción entre el Buda maestro y el Buda salvador. Buda es un salvador potente porque es un buen maestro.

Esta comprensión general de quién fue Buda y de cómo salva (su persona y su obra) me ha sido inmensamente útil para resolver mis conflictos sobre lo que significa para nosotros los cristianos llamar a Jesús Hijo de Dios y Salvador, como ahora intentaré demostrar.

VUELTA: JESÚS —EL CAMINO ABIERTO A OTROS CAMINOS

Divinidad y despertar

Si admitimos que el título de *Hijo de Dios* era una de las *muchas* formas diferentes en las que los primeros seguidores de Jesús trataron de articular quién había sido ese hombre para ellos, y si también reconocemos que *Hijo de Dios* no es una declaración de un hecho literal (como la procreación de los dioses griegos) sino un dedo simbólico señalando a una luna que siempre está más allá de nuestra vista, si intentamos continuar la tarea duradera que Jesús mismo nos dio cuando preguntó provocativamente: «¿Quién dices que soy?», ¿podríamos entonces entender que *Hijo de Dios* significa algo así como 'el despierto'? Estoy cada vez más convencido de que podemos hacerlo. Y he descubierto en las aulas que esta es una forma mucho más atractiva y desafiante de entender la divinidad de Jesús que el discurso sobre Dios descendiendo del cielo para producir un ser que tiene «dos naturalezas en una persona».

Pero cuando sugiero 'despierto' como traducción de *divino*, ruego que se entienda que no estoy simplemente equiparándolos, como si insinuase que Jesús vivió la misma experiencia que Buda bajo el árbol de Bodhi. Tal como trataré de dejar claro, existen unas diferencias muy reales y definitivas entre estos dos hombres y lo que experimentaron. Sin embargo, lo que sí estoy sugiriendo es que la divinidad de Jesús no era algo que «descendiera» y aterrizara sobre él; sino que fue algo en lo que él se *convirtió*. Y aquello en lo que se convirtió era algo interior que él realizó, de lo que se dio cuenta y a lo que respondió. Jesús se convirtió en la Divinidad. Él «se despertó» a ello, de forma muy parecida a como Gautama se despertó al despertar. Y sospecho que gran parte de ese despertar y de esa búsqueda tuvo lugar durante lo que llamamos su «vida oculta». Después de todo, los evangelios dicen explícitamente que durante esos primeros años «*crecía en sabiduría y gracia*» (Lucas 2,40). Y eso sugiere que Jesús dejó su hogar para estudiar bajo un maestro, quien resultó ser su extravagante primo Juan, que vivía en el desierto.

En mi intento de entender la divinidad de Jesús a través de las gafas del despertar de Buda, no estoy amputando una creencia tradicional cristiana ni reemplazándola con un trasplante budista. Sino que la noción del despertar se ha convertido para mí en una linterna con la cual he descubierto y recuperado símbolos y enseñanzas que estaban abandonados en los estantes olvidados de la tradición cristiana o que simplemente muchos de nosotros no notamos ni apreciamos.

Una de las imágenes más significativas de Jesús, y tengo que añadir, más antiguas, que Buda me ha ayudado a recuperar se halla en lo que los teólogos llaman la Cristología del «Espíritu» o de la «Sabiduría». Aquí se consideraba y se sostenía que Jesús era la encarnación de la Sabiduría de Dios y, por tanto, el Maestro supremo —en hebreo, la *hokma* de Dios, que fue traducido al griego como *sophia* (ambas palabras, por cierto, ¡femeninas!). Y la razón por la que estaba lleno de la Sabiduría de Dios era porque estaba lleno del *Espíritu* de Dios. Se trataba de una manera de hablar de Dios que formaba parte del vocabulario teológico judío del momento.

Y de ahí que los evangelios estén llenos de referencias a cómo Jesús fue guiado por el Espíritu, colmado por el

Espíritu, empoderado por el Espíritu. Tales imágenes de Jesús lleno del Espíritu precedieron el símbolo posterior, usado por Juan, de Jesús como encarnación del «Verbo» o *Logos* de Dios. Según esta cristología temprana, Jesús era divino por ser tan receptivo al Espíritu divino, porque se dio cuenta de que este Espíritu habitaba en él y estaba completamente en sintonía con ello y, por tanto, era una perfecta expresión de ello. Su espíritu y el Espíritu divino, aunque diferentes, eran indistinguibles. Conocer a Jesús era conocer y sentir al Espíritu de Dios.

Esto es principalmente lo que los cristianos intentaban decir cuando más tarde llamaron a Jesús Hijo de Dios. No lo llamaron Hijo de Dios porque les dijesen que lo hicieran, sino que usaron esta forma para referirse a él por lo que habían sentido y habían visto en él, por lo que les sucedía en su presencia. Estar con Jesús era, de alguna manera, estar con Dios, sentir la presencia de lo Divino. Era un ser humano tan pleno y tan en sintonía con lo que llamaban el Espíritu de Dios que se dieron cuenta de que conocerlo a él era conocer a Dios. Tan imbuido estaba del Espíritu de Dios, tanto se había identificado a sí mismo con el propósito de Dios que es natural que le aplicasen un símbolo o una imagen fácilmente accesible tanto en su propio patrimonio judío como en el de la cultura griega que pronto penetrarían: él era el Hijo de Dios por excelencia.

Entender la divinidad de Jesús como el resultado de su despertar a la presencia y a la acción del Espíritu dentro de su propio espíritu es convertilo en un ser humano muy especial, pero también significa mantenerlo como un ser humano muy real. Sigue siendo uno de nosotros, aunque «llegó» mucho más lejos que la mayoría de nosotros. Al «volver» a lo que me habían enseñado sobre Jesús, después de ir a las enseñanzas budistas sobre Gautama, comprendí la increíble resonancia entre la divinidad de Jesús-como-despertar y la «cristología trascendente» de mi profesor Karl Rahner. Rahner insistía en que cuando los cristianos dicen que Jesús es divino, no lo están convirtiendo en una suerte de «anomalía» maravillosa, en algún tipo de Supermán divino que desciende de Krypton para salvarnos.

Más bien, cuando decimos que Jesús es divino, decía Rahner, significa que realizó el *completo potencial de la naturaleza humana*; Jesús logró aquello a lo que todos nosotros aspiramos, seamos conscientes de ello o no. Todos estamos imbuidos de esta apertura a lo Infinito; todos somos «seres finitos capaces de lo Infinito». Los budistas dirían que todos estamos dotados y, por tanto, llamados a realizar nuestra naturaleza búdica, o en términos cristianos, nuestra naturaleza divina. Rahner nos recuerda que decir que Jesús era verdaderamente divino es otra forma de decir que era completamente humano.

A partir de esta comprensión de la divinidad de Jesús, su exhortación a todos nosotros de: «Ve y haz tú lo mismo» se convierte en una tarea poderosamente desafiante pero no imposible. No nos podemos excusar colocando a Jesús en una liga completamente diferente. Lo que Jesús fue, es lo que estamos llamados a ser. Lo que él alcanzó es a lo que estamos llamados a aspirar. Y podemos sentir y responder a esa llamada, aunque no podamos imaginar que algún día alcanzaremos lo que Jesús logró o que «llegaremos» hasta donde él (o Buda) llegó. Jesús ya ha cruzado la meta, mientras que nosotros, según parece, todavía estamos luchando por marcar el primer gol. Pero aunque sea inimaginable, sigue siendo posible. Aunque no podamos imaginarnos finalmente llegando a la meta y realizando nuestra divinidad tan plenamente como lo hizo Jesús, de todos modos mañana podemos llegar un poco más cerca de ello de lo que estamos hoy. Sabemos, o confiamos en, que el esfuerzo vale la pena. Tal confianza está fundada en lo que vemos, y continuamos sintiendo, en ese Jesús que se convirtió en Cristo.

«Salvación» = «Despertar»

Si mi ida al budismo me permite entender la divinidad de Jesús como algo a lo que él despertó y en lo que se convirtió a través de un proceso de despertar, también me ha llevado a entender lo que nosotros los cristianos llamamos *salvación* como nuestro propio despertar, nuestro propio descubrimiento de nuestra naturaleza divina como «criaturas de Dios». Y esto, a su vez, me ha llevado a entender que la razón por la que nosotros los cristianos llamamos a Jesús *Salvador* es debido a que lo hemos vivido como un *Maestro* muy poderoso, o en términos más cristianos, como *Revelador*. Entender la salvación como el despertar y al Salvador como el Revelador es, una vez más, re-descubrir y profundizar nuestra propia tradición cristiana.

En referencia a la salvación, para mí, el budismo se ha convertido en otro recordatorio inspirador de que cuando nosotros los cristianos hablamos de «ser salvados», no hablamos simplemente de «alcanzar el cielo». Sí, tenemos esperanzas firmes de que la vida continúe después de la muerte (tal como vimos en el capítulo IV). Pero esa vida comienza ya en esta vida. En esta vida, la salvación no es solo un «anticipo de lo que vendrá», sino que todo empieza ya. Y el budismo me ha ayudado a ver y a sentir en mi propio yo que la salvación cristiana, como el despertar budista, es una cuestión de despertar a nuestra propia unidad con Dios o a la unicidad con el Espíritu. Lograr la salvación es darnos cuenta de que somos criaturas de Dios; como criaturas divinas podemos sentir la misma vida y energía de Dios —lo que significa amor y compasión— fluyendo por nuestro ser. Sentir de verdad lo que Rahner llamó «nuestra inmediatez con Dios» es sentir la paz y la fundamentación que nos permiten lidiar con lo que sea que tengamos que lidiar; y esto es, además, sentir un interés espontáneo y duradero en la compasión por todas las otras criaturas de Dios (entre las cuales, como nos recuerda Buda, se hallan todos los seres sintientes).

La salvación, por lo tanto, no es un compromiso que tenga lugar fuera de nosotros, sino que más bien es una consciencia inspiradora que estalla en nuestro interior y luego prevalece en nuestro ser entero. Básicamente, se trata de realizar lo que en los primeros capítulos llamamos la relación no-dual que ya existe entre el Espíritu de conexión y nuestro propio ser.

Cuando los budistas intentan describir cómo se desarrolla esta experiencia en nuestra vida diaria, hablan, según hemos visto, de ser un no-ser. Para los cristianos, ser iluminado o salvado está descrito en la intensa y misteriosa locución que aparece a lo largo de las cartas de san Pablo: «estar en Cristo» (*en Christo einei*). *Ser salvado es estar en Cristo*. El significado de esta frase no se puede expresar perfectamente en palabras. Pero creo que algunas de las palabras más útiles para intentarlo se hallan en un pasaje de la carta de Pablo a los Gálatas al que me refiero numerosas veces en estas páginas.

Es un texto que para mí adquirió no solo un significado más profundo, sino —me atrevo a decir— incluso un nuevo significado cuando lo leí con mis gafas budistas: «no vivo yo, sino que es Cristo quien vive en mí» (Gálatas 2,20).

En una entrada de mi diario de octubre del 2003 titulada «No-Ser/*en Christo einei*» quise comparar estos modos de hablar, el budista y el cristiano:

> Aquí hay complementariedad. Se podría decir que el budismo describe nuestro verdadero ser de un *modo negativo* —llamémoslo, quizá, la vía negativa. El cristianismo toma un camino más positivo, la *vía unitiva*.
>
> Según el budismo, nuestro ser verdadero está más allá de nuestra identidad individual. No somos nuestra naturaleza. El budismo no explica con detalle lo que somos. En cambio, sí que alude a una forma de ser que está totalmente libre del ser, de preocupación por uno mismo, de egoísmo —una forma de ser en la cual sencillamente nos abrimos por completo a una perspectiva mayor y asumimos nuestro lugar dentro de ella.
>
> Para el cristianismo, ese lugar se describe como la forma de vida y de ser encarnada en Jesús de Nazaret. Ir más allá del yo es vivir como Cristo, con su plena confianza en el Poder que anima la totalidad, y especialmente con su preocupación central por la justicia y por los marginados.

En septiembre del 2004, durante una conferencia en Padang, Indonesia, junto con mi buen amigo y mentor indio, Sebastian Painadath S. J. me dejé llevar por el entusiasmo:

> Sentí con poderosa claridad que yo soy Cristo, que Cristo vive en mí, que mi vida no es otra cosa que darle a Cristo la oportunidad de continuar su Espíritu y su forma de vida en mí y como yo. Eso es la existencia. Si habrá inmortalidad individual, si habrá un mundo que sea uno con el Reino de Dios, si algún

día seremos capaces de resolver nuestros conflictos sin violencia, todo esto realmente no importa. Solo hay que dejar que el amor, la compasión y la preocupación por la justicia que Jesucristo era, vivan en mí.

«No vivo»: creo que lo que Pablo quiso decir con eso es que si puedo sentir al Cristo viviente viviendo en mí, entonces no estaré preocupado por «mí»… Como dijo ayer Sebastian durante nuestro largo paseo, deja que Cristo sea un sujeto en mí.

Pero la forma de hablar de Pablo sobre «ser en Cristo» añade algo o aclara lo que solo está implícito en el discurso budista sobre el despertar. La comprensión de la salvación como revelación de nuestro ser en Cristo o de nuestra naturaleza búdica no es solo una maravillosa revelación de lo que somos; también puede ser una patada en el trasero, una acción correctiva, transformadora, respecto a lo que pensamos que éramos. Este ingrediente alborotador está contenido en la noción cristiana de gracia. Me lo recordó un grupo de ministros protestantes con quienes hablé en abril del 2004. De mi diario:

> Una amiga luterana me explicó cómo había abandonado al Jesús pluralista, desde abajo [el Jesús humano, uno de los muchos salvadores], asustada, aquí en Estados Unidos, cuando atestiguó la facilidad con la que los cristianos se dejan llevar por el estilo de vida americano. «Tenemos que preservar la paradoja, la tensión entre lo humano y lo divino», dijo. «No podemos explicar cómo se juntan de manera tan sencilla, clara o satisfactoria. Si no, perdemos el poder de Dios.»
>
> He dicho muchas veces que ser completamente humano es ser completamente divino. Pero al volverse completamente divino, lo humano cambiado se eleva, entra en contacto con lo que es más de lo que pensaba que era… Estar preparado para el «más». Estar preparado para la gracia.

«Salvador» = «Revelador»

Entender la salvación como el despertar es entender a Jesús Salvador como Jesús Revelador. Me di cuenta de esto claramente cuando entendí que la manera distinta que tienen los budistas theravada y mahayana de hablar de Buda —como maestro y como salvador— en realidad expresa lo mismo. Buda salva precisamente por la forma en la que enseña. Jesús transforma nuestras vidas a través de lo que sus palabras y sus hechos nos *dan a conocer*.

La objeción frecuente para tal imagen de Jesús Salvador/Maestro es que menosprecia su papel como Salvador, haciendo de él «únicamente» un maestro o «únicamente» un modelo. Ante mis amigos budistas sugerí amablemente que tal objeción quizá subestima lo que significa llamar a Jesús o a Buda un maestro. En la predicación del Evangelio que hace Jesús, así como en la proclamación del *Dharma* que hace Buda, no solo estaban enseñando una verdad que involucraba a la mente y la llenaba; era una verdad que, al pasar por la mente, se convertía en una energía que daba plenitud, que reorganizaba y animaba la vida entera de sus discípulos, es decir, su forma de ser y vivir en este mundo. Y este poder de sus enseñanzas tenía que ver, ante todo, con el contenido de lo que ellos enseñaban, es decir, con la forma en la que «lo que decían» dilucidaba lo que «realmente es». Cuando alguien nos permite entender y sentir la forma como las cosas son realmente y la forma como las cosas funcionan realmente, vivimos el poder de la verdad; vivimos la forma en la que «la verdad nos libera».

Pero la gente sintió ese poder de la verdad en Jesús no solo por lo que él dijo, sino también por la forma como lo encarnó en su propia vida. Jesús fue una clase de poderoso Maestro «salvador» porque *era* lo que enseñaba. Él lo materializó, lo vivió y lo encarnó. El título de un libro del lama Surya Das captura lo que estoy tratando de decir: *Buda is what Buda does* (*Buda es lo que Buda hace*). De manera similar, Jesús es aquello que Jesús hace. O Jesús es lo que enseña. Esta es la razón por la cual sus enseñanzas son tan poderosas. Por eso, lo que él enseña nos transforma y nos salva.

Los filósofos dirían que Jesús fue un símbolo poderoso de lo que estaba comunicando. Los teólogos cristianos (especialmente los católicos) usarían un término diferente para decir la misma cosa: para ellos Jesús fue el *sacramento* perfecto, o el *sacramento* original, de la verdad y de la presencia de Dios.

Y cuando decimos que Jesús salva siendo un símbolo o un sacramento, estamos diciendo mucho más de lo que él simplemente nos provee con una imagen. Los símbolos y los sacramentos no solo nos dan una imagen de la verdad: *son* la verdad y la entregan de una forma mucho más poderosa, más transformadora de lo que las meras palabras o las meras ideas jamás pudieran hacer. Como los teólogos medievales sostuvieron: *symbolisando causant*; al simbolizar, los sacramentos son causas de la gracia o el poder transformador de Dios. Por eso, como afirmé antes, si realmente supiéramos lo que decimos cuando llamamos a Jesús Revelador, Maestro o Símbolo, jamás estaríamos tentados de decir que es «únicamente» un Maestro o «únicamente» un Símbolo. El Símbolo, el Maestro, suministra lo real.

Tal comprensión de Jesús–Salvador como Jesús Revelador/Maestro no es nueva. Desempolva y pule una de las soteriologías más tempranas del Nuevo Testamento, es decir, uno de los primerísimos intentos de la comunidad de seguidores de Jesús de entender y proclamar cómo Jesús había salvado y transformado sus vidas. Hubo muchos intentos de ese tipo, cada uno orientado a la mentalidad y a la cultura de las diferentes comunidades. Como señalé en la primera parte de este capítulo, una de estas soteriologías o formas de expresar cómo Jesús salva se volvió dominante en la historia de la Iglesia posterior —aquella que concebía a Jesús, y especialmente su muerte, como sacrificio, como acto de expiación de un Dios ofendido por el pecado de la humanidad. Esta es la figura de Jesús como una clase de mecánico o reparador que «repara» el problema entre Dios y la humanidad y cierra la brecha causada por el pecado.

Pero hubo también otras formas por las que las comunidades del Nuevo Testamento buscaban expresar el poder y el misterio de lo que Jesús había hecho. Se encuentran especialmente en los escritos atribuidos a Juan. Allí Jesús aparece principalmente como «Verbo» de Dios, o como la misma Sabiduría de Dios, que enseña y encarna la verdad de Dios de tal forma que, incluso, «os hará libres» (Juan 8,32). En esta manera de entender cómo Jesús salva, la tensión no reside en arreglar lo que está quebrado y que de otra forma no se puede reparar, sino en revelar lo que es verdadero, tan profunda e increíblemente verdadero que o bien se nos escapa o bien tememos creerlo. Creo que se puede decir que los primeros seguidores de Jesús lo veían de la misma forma que los primeros discípulos de Buda veían a este; los discípulos sabían que sin ese Maestro realmente nunca podrían captar o confiar en la verdad que Jesús y Buda estaban dando a conocer y encarnando. Sin Buda no se podían imaginar alcanzar la iluminación. Sin Jesús no se podían imaginar lograr la salvación. Tales maestros son salvadores.

En una entrada de mi diario de marzo del 2000, intentaba expresar más personalmente lo que significa experimentar a Jesús como un Maestro-convertido-en-símbolo:

> De una manera que trasciende el pensamiento discursivo o cualquier búsqueda de pruebas contundente, para mí, Jesús el Cristo encarna la realidad del Espíritu/Divino en mi vida. Él es el sacramento, el símbolo, el mito que hace de la Realidad algo claro, presente y apasionante. En mi mente, como ser que nada en la corriente de nuestro mundo moderno, soy zarandeado por las preguntas de si hay realmente algo más, de si realmente merece la pena luchar por el amor y la justicia, de si hay algo más allá del portal de la muerte. Las respuestas a estos interrogantes son siempre inconclusas. Por tanto, confío. Por tanto, dejo fluir. Por tanto, creo. Es por Jesús, por su historia, por su vida y su muerte, y especialmente por la forma en la que está presente en la comunidad y en mi vida a través de la Resurrección, que sé por la fe lo que no puedo conocer por la razón.
>
> En pocas palabras, por la forma como vivió y vive en personas como [el arzobispo] Romero, [Jon] Sobrino, el dalái-lama y [el papa] Juan XXIII, sé que este tipo de vida vale la pena porque se fundamenta en aquello que es verdad y real. No soy yo, sino Cristo que vive en mí; esa declaración toma más vida y significado del que nunca pude imaginar. *Vivat et regnet in me Christus vivens*. [Viva y reine en mí el Cristo viviente.]

La singularidad de Cristo y la singularidad de Buda

Entender el papel salvador de Jesús, con la ayuda del budismo, como Maestro más que como un reparador me ha permitido lidiar con uno de los coágulos más preocupantes en el sistema circulatorio de la fe cristiana: cómo evitar el lenguaje de «único», «mejor», «definitivo», «ningún otro» sobre Jesús en el Nuevo Testamento y en la tradición.

Tal como intentaba decir en la primera parte de este capítulo, parece que para nosotros los cristianos afirmar lo que creemos sobre Jesús implique a menudo negarlo sobre cualquier otro. Como si para afirmar algo sobre Jesús tuviéramos que negar lo mismo sobre los otros. Al afirmar que Jesús es *Salvador* o *Hijo de Dios*, parece que tengamos que añadir inmediatamente «y no hay otro». Dicho de una forma más directa e incómoda, parece como si nosotros los cristianos tuviéramos que declarar que «mi Salvador es mayor o más fuerte que el tuyo». Esto lleva a: «mi Iglesia/religión es mayor que tu Iglesia/religión» (¡que es precisamente lo que los arquitectos de la basílica de San Pedro en Roma intentaron demostrar al marcar claramente los puntos en el pasillo principal donde cabrían todas las demás iglesias del mundo!). Declaraciones del tipo «el mío es más grande que el tuyo» pueden ser importantes para algunos patriarcas o adolescentes. Pero para muchos cristianos actuales van claramente en contra de lo que Jesús representó.

Es aquí donde una recuperación de la perspectiva presente en el Nuevo Testamento que vio la divinidad de Jesús en términos de su total sensibilidad y transparencia al Espíritu de Dios, así como las tradiciones que ven su papel de Salvador como revelador más que como reparador, puede suponer una diferencia liberadora en la forma en que nosotros los cristianos entendemos la singularidad de Jesús. Nos permite seguir afirmando y proclamando quién era y es Jesús para nosotros y para el mundo sin tener que negarles funciones similares a otras figuras o fundadores religiosos. Nos permite continuar diciendo que Jesús es «verdaderamente» divino y «verdaderamente» Salvador sin tener que insistir en que lo es «únicamente».

Esta es la diferencia entre «reparador» y «revelador». Si la salvación es esencialmente un asunto de reparar un problema, o pagar un precio, entonces una vez que el problema se ha reparado o el precio se ha pagado, ya no se necesita y no se puede volver a hacer. En este contexto tienen sentido «un solo reparador» y «solo una vez». Pero si la salvación es un tema de revelar o incorporar la verdad más profunda y ya existente de nosotros mismos y del mundo —en el vocabulario cristiano, que nosotros ya somos criaturas de lo Divino y que estamos llamados a despertar y vivir en nuestra unidad con el Espíritu—, entonces es en efecto posible que haya otros maestros y otros reveladores que hayan visto y enseñado otros aspectos del Misterio de lo que somos. De hecho, dada la diversidad de las culturas humanas y del movimiento de la historia, será probable, tal vez incluso necesario, que haya muchos maestros, reveladores, salvadores, cada uno en diferentes contextos culturales o históricos, cada uno dando a conocer diferentes y mayores profundidades de lo que los cristianos llaman lo Divino y los budistas, el despertar.

Entender la divinidad de Jesús en el sentido del despertar y sentir su habilidad para salvar, así como su habilidad para revelar, no significa que no hablaremos más de la singularidad de Jesús. Los cristianos seguirán diciendo y sintiendo lo que las personas de manera natural dicen y sienten sobre sus parejas o amantes: «No hay otro/otra como él/ella.» La razón por la cual las personas son o siguen siendo cristianas es (o debería ser) la experiencia de que nadie las ha tocado como lo ha hecho Jesús, de que nadie les ha hablado como él, de que nadie les ha permitido descubrir quiénes son realmente como ha hecho él. Ciertamente, nosotros los cristianos reconoceremos que hay otras figuras en otras tradiciones religiosas que han transformado y llenado la vida de otras personas de forma similar. Y quizá tendremos una relación amistosa con esas otras figuras religiosas como Buda, Krishna o Lao Tsé y aprenderemos mucho de ellos. Pero si eres cristiano, la relación con Jesús es diferente, especial, única; hay una vivencia de cercanía o intimidad con Jesús que, sencillamente de forma natural, está reservada para Jesús —quizá sea análoga a la intimidad sexual que sienten esposos o amantes.

Pero también tengo que añadir que lo que hace a Jesús único para mí no es simplemente algo solo «para mí», algo que solo yo o mis compañeros cristianos podamos apreciar. Hay una cualidad universal en ello. Quiero que los demás vean lo que yo veo en él; quiero que Jesús cambie sus vidas tal como lo ha hecho en la mía (quizá no tan profunda o ampliamente, pero aun así, un cambio real). Aquí la analogía con el matrimonio de nuevo me ayuda a expresar lo que intento decir: quiero que otras personas aprecien y valoren la bondad y la belleza de mi esposa, aunque sé que están comprometidos, igual que yo, con sus propias parejas. Creo que conocer y comprender a Jesús puede agregar algo, tal vez algo muy importante, a su relación principal. Cada uno de nosotros tiene su relación central, única. Pero eso no nos impide valorar y aprender de otras relaciones.

Entendida de esta manera, la singularidad de Jesús se convierte en una energía que no excluye a los demás; de hecho, incluye a los demás y está abierta a ellos. De nuevo, igual que en un matrimonio o en una relación de compromiso profundo, cuanto más feliz, más satisfecho, más seguro esté de mi relación con mi compañera, más libre seré, más me permitiré sentir, apreciar y ser enriquecido por otros amigos. Filosóficamente, podríamos decir que la singularidad de Jesús, lejos de ser exclusiva, es una singularidad complementaria o relacional. Por su propia naturaleza es capaz y necesita relacionarse con los demás, implicarlos, aprender de ellos, desafiarlos. En los últimos años, me he dado realmente cuenta de que ser «discípulo de Cristo» me ha permitido, hasta puedo decir me ha «llamado a», convertirme en amigo de Buda. Este es el significado de la declaración profunda y esperanzadora de mi buen amigo John B. Cobb Jr.: «Jesús es el Camino que está abierto a otros Caminos.»

De todos modos, ¿qué hacemos con todo el lenguaje de «uno y único» que tanto abunda en nuestra Biblia y nuestras liturgias? Permítanme ofrecer una sugerencia. Tal lenguaje, como apuntan los eruditos del Nuevo Testamento, es un lenguaje «confesional»; es la manera de hablar de las primeras comunidades de seguidores de Jesús, que lo aplicaban con el fin de poner palabras a lo que sintieron acerca de ese hombre que tanto había afectado sus vidas. O, en términos más ordinarios, era un «lenguaje de amor». Y como todo lenguaje de amor, hace uso espontáneo y abundante de superlativos y exclusiones: «Eres la persona más bella de este mundo» «Eres el único para mí». Pero —y aquí está mi razonamiento— tal lenguaje es ideal en situaciones de intimidad, no en la presencia de otras personas que tienen su propia pareja o amante.

Ahora bien, las «situaciones de intimidad» de las comunidades cristianas son sus liturgias o sus servicios, donde comparten su compromiso y cantan su fe. Estoy sugiriendo que nuestro tradicional lenguaje de amor que habla de Jesús como «el uno y el único» se reserve «solo para consumo interno», para usar *dentro de* las comunidades cristianas o en la propia oración personal. No debería usarse en nuestras relaciones con los demás. Se trata de la forma en la que los cristianos hablamos entre nosotros mismos para compartir nuestra fe y nuestro compromiso con Jesús y con el Evangelio; no es el modo de hablar con los demás, pues eso podría menospreciar su fe y sus compromisos. Esto corresponde a la propuesta original del ese lenguaje confesional del uno-y-único sobre Jesús en el Nuevo Testamento: estaba destinado a exaltar a Jesús, no a menoscabar a los demás.

¿Exactamente qué es lo que hace único a Jesús?

En mi esfuerzo por entender la singularidad de Jesús de una forma relacional más que exclusiva he tenido que recordar algo que, a mi modo de ver, Jesús revela mucho más claramente que Buda. Algo que, se podría decir, es más propio y más característico de Jesús que de Buda. Me refiero a la importancia de la historia o de los pormenores de la historia. Tal como mencionamos en el capítulo III, para los cristianos la historia —con todo lo que implica— importa, y sospecho que es más importante para ellos que para los budistas. Esto tiene que ver con la centralidad de la encarnación en la creencia y en la experiencia cristianas. Aunque tradicionalmente los cristianos han limitado la encarnación a Jesús, se toman su significado muy en serio. Lo Divino se identifica y está completamente unido a lo humano, a lo que el Evangelio de Juan llama *carne*: es decir, a lo histórico.

Por tanto, si extendemos la «encarnación» más allá de Jesús de Nazaret y reconocemos que Buda, Mahoma y otros pueden ser «encarnaciones» de la Realidad Fundamental o de la Verdad Fundamental, entonces, como estas encarnaciones tienen lugar en contextos históricos muy distintos, las verdades que revelan serán también muy diferentes la una de la otra. O, en la imaginería budista, si decimos que Jesús y Buda son dedos diferentes que señalan a la luna, no podemos simplemente decir que señalan a la misma cosa. Están señalando zonas realmente diferentes de la luna; o tal vez sea mejor decir que señalan a diferentes lunas, las dos en órbita alrededor de un Misterio que está más allá de ambas.

En otras palabras, al decir que Jesús y Buda son manifestaciones únicas del Misterio Sagrado o del Espíritu, estamos diciendo que aunque el Misterio sea «uno», Jesús y Buda siguen siendo realmente diferentes. O quizá sea más exacto reconocer que hay diferencias reales dentro de ese Misterio. Solo preservando las diferencias y permitiendo después que ellas hablen entre ellas podremos preservar y entender mejor el Misterio.

Comencé a ser consciente de esto en una entrada en mi diario de julio de 1998:

> Creo en la historia, en lo que sucede en el curso de los eventos humano-divinos. Lo que sucedió en el «acontecimiento Cristo» no fue solo otra manifestación del Misterio; fue una revelación histórica, particular, que nunca será repetida del Misterio —no todo lo que es el Misterio, pero algo tremendamente importante acerca de ese Misterio que no se puede encontrar en esa misma forma, con ese mismo poder o en esa misma historia en ningún otro lugar. Algo sucedió en él que afectó la forma como el mundo puede ahora funcionar y llegar a ser consciente de sí.
>
> Y lo mismo puede decirse de Buda, Mahoma o Moisés. Todos ellos son revelaciones particulares, irrepetibles, únicas del Misterio.

Pero si nosotros los cristianos insistimos en la importancia de la historia, ¿qué es lo que más importa en la historia de Jesús? De nuevo, estamos planteando la cuestión: ¿qué hace a Jesús único? Cuando planteamos esta pregunta *no* planteamos —quiero recordarme a mí mismo y a mis compañeros cristianos— qué hace a Jesús *mejor* que las otras figuras religiosas de la historia de la humanidad. Más bien preguntamos qué hay que es tan característico en la predicación y en el ser de Jesús que, si lo suprimimos, ya no tendríamos a Jesús. ¿Qué lo hace ser quien era, o es?

Esta pregunta no puede tener una respuesta «de una vez por todas». Se plantea el núcleo de la identidad de Jesús. Y el núcleo de la identidad de cualquiera se desarrolla y se adapta en la medida en que esa persona se va formando a través de los contextos y las demandas cambiantes de la vida. Dado que Jesús, como afirman los cristianos, sigue viviendo en ellos, el núcleo de su identidad se expresará de forma diversa en las distintas circunstancias históricas o culturales. Así que tenemos que responder y volver a responder continuamente la pregunta de Jesús: «¿Quién decís que soy yo?»

Para mí (como para muchos de mis estudiantes), una de las formas más claras, convincentes y desafiantes de comprender y proclamar la singularidad de Jesús en el mundo presente ha venido de mi querido amigo Aloysius Pieris S. J., un erudito y misionero de Sri Lanka. En su manera poética de expresarlo: «Jesús es el pacto de defensa de Dios con los pobres.» Igual que otros líderes y fundadores religiosos, Jesús vivió a Dios o lo Fundamental como el poder del amor. Pero aquello que había de característico en la vivencia de Jesús es que ese Dios que ama a todo el mundo tiene un amor particular, quizá hasta «preferencial», o más apremiante, por todas aquellas personas que la sociedad ha pisoteado, echado a un lado, abandonado o explotado. Jesús encarnó este amor preferencial, apremiante, por los pobres, los hambrientos y los desechados hasta tal punto que murió como uno de ellos, es decir, igual que hubiera ocurrido si cualquiera de ellos se hubiese despertado y hablado en contra del poder dominante. El Dios encarnado en Jesús sufre no solo por las víctimas del mundo; este Dios sufre *como* ellos y *con* ellos.

Esto —creo que puedo decirlo— es la contribución característica o singular que los cristianos pueden hacer en el diálogo con las demás religiones. Así es como yo mismo lo escribí en la entrada del 1 de junio del 2003 en mi diario:

> El cristianismo es una religión que recuerda a sus seguidores y a todas las demás religiones que conocer a Dios es preocuparse por las víctimas de nuestro mundo y por lo que hacemos para reconciliar a víctimas y victimarios.

O, tal como vi claro después de un viaje a El Salvador en el 2004, los cristianos afirman que las víctimas —quienes no pueden alimentar o proveer de medicinas a sus hijos— pueden incluso tener prioridad sobre Dios:

> El sufrimiento de otros nos tiene que llamar, reclamar, con una prioridad que se sitúa incluso por encima de la prioridad divina. Si no respondemos al sufrimiento de los demás y pensamos que estamos respondiendo a la realidad de lo Divino, lo más probable es que sigamos un camino equivocado. Lo Divino, por lo menos tal como se ha dado a conocer en Jesús, nos llama precisamente en y a través del sufrimiento de los demás. Aquí es donde lo Divino se vuelve real para nosotros. Si no experimentamos las reclamaciones que nos hacen quienes sufren, no estamos viviendo la realidad —o, por lo menos, no la realidad completa— de lo Divino.

> Entonces, mientras que lo que dicen los salvadoreños es cierto —«primero Dios»—, también es cierto decir «primero las víctimas»... Dios es lo Último pero los Otros Sufrientes son lo Inmediato.

Pieris me ha comentado que cuando habla con sus amigos budistas, hindúes y musulmanes sobre la unicidad de Jesús de esta forma —como el pacto de defensa de Dios con los pobres—, lo escuchan como una «buena nueva»: no como algo que los menosprecia, sino como algo que los enriquece.

La resurrección: el Espíritu-Cristo vivo y coleando

Antes, en la primera parte de este capítulo, concluí mis persistentes problemas acerca de la resurrección de Jesús con esta pregunta: «¿Podría la resurrección ser un dedo apuntando a la luna que es mucho más que un dedo?» El budismo me ha permitido contestar a esa pregunta con un rotundo y comprometido: «¡Sí!» Esto ha añadido fuerza y claridad a los otros «síes» que ya había encontrado en el Nuevo Testamento y en el trabajo de académicos cristianos.

En particular, la enseñanza de los «tres cuerpos de Buda», sobre todo lo que los budistas afirman acerca del cuerpo de la felicidad a través del cual Buda sigue siendo una presencia y un poder en sus vidas, me ha ayudado, creo, para comprender y sentir más profundamente el misterio de la resurrección. Me ha permitido desglosar y aplicar lo que Pablo quizá quiso decir al insistir en que cuando los cristianos hablan de la resurrección, aluden a un cuerpo espiritual (*soma pneumatikon*) en lugar de a un cuerpo físico. Y sospecho que por esto para Pablo «Cristo resucitado» y «el Espíritu de Cristo» son prácticamente sinónimos: ¡porque el cuerpo resucitado de Jesús era un cuerpo Espíritual! Fue a través del Espíritu como los primeros cristianos pudieron «gozar» (como dirían los budistas) de Jesús tras su muerte, es decir, como pudieron continuar sintiendo su presencia y su poder. Tal como lo postuló con total claridad un experto en el Nuevo Testamento (Luke Timothy Johnson): «El Espíritu Santo es la forma como la resurrección de Jesús se hace presente en el mundo: "Porque el Señor es el Espíritu"» (2 Corintios 3,17).

Sé que hay cristianos que se sentirán incómodos desde el banco de la iglesia —o desde el púlpito— ante una tal comprensión de la resurrección basada en el Espíritu. Para ellos parece algo así como una espiritualización del Cristo resucitado que pierde toda referencia al cuerpo físico; o aparenta ser un cambio subjetivo que reduce el «hecho» de la resurrección a un «sentimiento» en el corazón de sus seguidores. Estoy de acuerdo: «desmaterializar» o «sobre-personalizar» lo que los cristianos creen acerca de la resurrección de Jesús es perder el contacto con la afirmación característica del cristianismo de que lo Divino se vuelve real en la carne y en la sangre de la historia.

Pero este tipo de preocupaciones, si bien son comprensibles, no dejan de ser erróneas. Cuando Pablo nos cuenta que el Señor resucitado es el Espíritu, y cuando decimos que Cristo resucitado es el Cristo-Espíritu, de ninguna manera estamos diciendo que el Espíritu-Cristo ahora está desencarnado. Al contrario, ese Espíritu-Cristo resucitado ahora es real *en nuestros cuerpos*. Tal como Pablo declara, *nosotros* somos ahora el Cuerpo de Cristo (1 Corintios 12,27). Aunque Pablo no habla de la tumba vacía, aunque no nos cuenta exactamente lo que pasó con el cuerpo físico de Jesús, es muy claro e insistente en que el Jesús-convertido-en-Cristo ya no está limitado por su propio cuerpo físico. Vive en las vidas de carne y hueso, en las decisiones y acciones diarias de aquellos que lo han experimentado y han escogido seguirlo.

Además, cuando los discípulos de Jesús experimentaron al Espíritu-Cristo resucitado, estaban viviendo algo *real*, algo que no se podía reducir a «solo un sentimiento». La convicción de que estaba vivo para ellos y en ellos no era el resultado de una autosugestión subjetiva, de una alucinación o de una terquedad del estilo «vamos a creer pase lo que pase». La fe en la resurrección de Jesús les fue dada a los discípulos por alguna otra cosa, por algo más que la fuerza de voluntad o de las emociones. Los discípulos *se encontraron* con ese Espíritu-Cristo; sintieron su presencia y su poder en sus encuentros y en sus vidas individuales. Esos encuentros, como sugieren algunos teólogos, tuvieron lugar, en su mayor parte y esencialmente de la misma forma en la que continúan teniendo lugar en hoy día: cuando los discípulos hicieron lo que Jesús les dijo que hicieran y se reunieron para volver a narrar su historia y partir el pan. Había una «presencia real» —una presencia real, tangiblemente espiritual en sus vidas físicas— de Jesús entre ellos.

A partir de este tipo de comprensión basada en tales experiencias de Cristo resucitado como el Cristo-Espíritu en el cuerpo y en los cuerpos de la comunidad cristiana, preguntas como: «¿Fue retirada la piedra?», «¿Estaba vacía la tumba?», «¿Las apariciones pascuales se pueden tomar literalmente?» se vuelven secundarias. Sea lo que sea que *realmente* sucediera, lo más importante es que el Espíritu-Cristo está *realmente* vivo y coleando, y que sigue «haciendo lo que hace» en las vidas y en los cuerpos de sus seguidores. Entendí esto con una claridad tranquilizadora un Domingo de Pascua del 2004:

Celebrar la Pascua es creer, sentir y afirmar que Cristo está vivo en mí y como yo. Todas las discusiones acerca de la tumba vacía, acerca de la naturaleza de las apariciones, acerca de la clase de cuerpo que él tenía, pueden tener su importancia. Pero lo central, lo decisivamente importante es si yo realmente creo que él como el Espíritu-Cristo de verdad resucitó y vive en mí. Si no está vivo en mí, es decir, en nuestra comunidad, entonces qué importa si se levantó de la tumba o si tenía un cuerpo físico.

Pero al sugerir que el cuerpo resucitado de Cristo se parece al cuerpo de la felicidad de Buda, no podemos olvidar que son, por así decirlo, dos cuerpos *diferentes*. Así como la doctrina de los tres cuerpos del budismo mayahana deja claro que el cuerpo de la felicidad de Buda se relaciona con su cuerpo físico, así también el Espíritu-Cristo resucitado puede ser entendido y experimentado solo en referencia al Jesús histórico. Creo que este es el objetivo de todas las narraciones elaboradas (y a veces contradictorias) de las apariciones pascuales en los evangelios. Los primeros seguidores de Jesús quisieron dejar claro, para ellos mismos y para aquellos que los seguirían, que ese Espíritu-Cristo resucitado es el mismo Espíritu-Jesús que caminó por las montañas de Galilea y por las calles de Jerusalén. De nuevo volvemos a una de las características que definen al cristianismo (que heredó del judaísmo): cualquier cosa que sea universal y asequible a todas las personas y a todas las religiones tiene que estar anclada en las particularidades concretas de la historia. Esto es lo que hace que el Espíritu único y universal sea un Espíritu verdaderamente diferente en las distintas religiones.

Por tanto, el Espíritu-Cristo resucitado, debido a que es y sigue siendo el Espíritu del Jesús particular, histórico, es a la vez similar y realmente diferente del universal cuerpo de

VI

ORACIÓN Y MEDITACIÓN

En este capítulo vamos a hablar de la práctica. Se trata, básicamente, de un término budista. A menudo he oído a mis amigos budistas hablar sobre sus «prácticas» o preguntarse entre ellos: «¿Cuál es tu práctica?» Se refieren a algo que se encuentra en todas las tradiciones religiosas del mundo.

Una definición imprecisa de *práctica* sería todas las cosas que la gente hace para mantener, nutrir y dar crecimiento a su vida espiritual. La *práctica* podría incluir todo lo que se lleva a cabo con la idea de mantener la propia espiritualidad en buena forma. Aunque una persona no tiene que ser religiosa —es decir, ser miembro de una tradición religiosa o de una comunidad— para ser espiritual, en este capítulo hablaré de aquellas personas que sí forman parte de una tradición o de una comunidad, es decir, de budistas y cristianos. Voy a examinar sus prácticas, todas las cosas que realizan para garantizar que su religión se mantenga espiritual.

Así, la práctica abarca todas las cosas que la tradición religiosa recomienda con el fin de que uno pueda mantenerse en contacto con el núcleo de las experiencias o vivencias que dieron nacimiento a la tradición en sí y que se han transmitido a través de los siglos para mantenerla viva. La práctica es lo que uno lleva a cabo para asegurar que el corazón de la religión sea también el propio corazón; garantiza que uno se sienta personalmente conectado con aquello que inauguró su tradición religiosa y que la mantiene viva. En concreto, la práctica son todas las cosas que un budista y un cristiano hacen para mantenerse conectados a la experiencia de Gautama o de Jesús y para asegurar que la energía de esa vivencia crezca, se adapte, se aplique y se sostenga en todo momento difícil de la vida.

En esencia, la práctica espiritual debería ser el alimento diario necesario para mantener nuestra salud y nuestro bienestar espirituales. En nuestra vida espiritual, si no comemos adecuadamente, vamos a enfermar.

Naturalmente, las prácticas budistas y cristianas incluyen muchas cosas diferentes para personas y momentos históricos distintos. Pero pienso que muchos expertos estarían de acuerdo en que si queremos señalar los ingredientes principales de la práctica budista, lo mejor es empezar con los tres últimos elementos del Sendero Óctuple: el esfuerzo correcto, el pensamiento correcto y la concentración correcta, es decir, aquello que constituye lo que podemos llamar la meditación correcta. En cuanto a la práctica cristiana, el lugar central lo ocupa la oración, ya sea en la forma litúrgica o en la personal.

De ahí el título de este capítulo: oración y meditación. O, las *palabras,* que son esenciales para quienes rezan; y el *silencio* en el que tiene lugar la meditación. En lo que sigue, espero averiguar para mí mismo y describir para los demás el porqué y el cómo la meditación budista me ha ayudado a lidiar con algunos de los conflictos que he experimentado con la oración cristiana.

MIS CONFLICTOS: ¿QUÉ ESTOY HACIENDO CUANDO REZO?

Antes de enumerar todos mis problemas con la oración, ofrezco aquí un pequeño recordatorio aleccionador. Al hablar de la práctica y de la oración sé que estoy lidiando con temas que son muy personales —creo que aún más que los de capítulos anteriores. Las dificultades que expuse en referencia a «Dios», a «la vida del más allá» o a «Cristo» eran principalmente conceptuales (si bien no exclusivamente), hasta filosóficas: cómo imaginar a Dios, cómo entender la vida después de la muerte, cómo explicar la divinidad o el papel salvador de Jesús. Pero al tratar con la oración, no exploramos «lo que tiene sentido», sino «lo que funciona». Aunque ambas cosas estén íntimamente conectadas (lo que tiene sentido debería funcionar; lo que funciona debería estar basado en el sentido común), son diferentes. Entre las personas honestas, de mente abierta, no es imposible alcanzar un consenso general sobre lo que tiene sentido; pero hay mucho más espacio para la diversidad sobre «lo que funciona». Yo creo que lo que tiene sentido para mí debería tener sentido para ti. No estoy seguro de poder decir lo mismo sobre «lo que a mí me funciona».

Así, al describir mis problemas personales con la oración, no quiero insinuar que necesariamente sean o deban ser problemas para el resto de los cristianos. En lo que sigue, solo quiero exponer tan honesta y claramente como pueda lo que en la práctica cristiana no funciona muy bien para mí. E invito a los demás a preguntarse si ellos sienten alguna dificultad similar. Si es así, creo que el resto de este capítulo les será de gran ayuda. Si no, espero que de todos modos les resulte interesante.

Una conversación difícil

La oración cristiana, en su mayor parte, ha sido comprendida y practicada como una conversación con Dios. Es la parte de nuestra relación con Dios en la cual no solo conectamos con lo Divino, sino que también nos comunicamos con él. Durante la oración, yo me encuentro aquí, en una iglesia o en medio de la naturaleza; Dios existe ahí, en el cielo o en mi corazón. Y nos comunicamos. La comunicación tiene lugar, normalmente, por medio de palabras, pero también puede establecerse a través de gestos, del ritual o de los cánticos. Nosotros hablamos, Dios escucha, y luego esperamos que responda de una manera u otra. Aunque la oración es claramente distinta de otras formas humanas de conversación (uno de los participantes es divino), en esencia sigue siendo una interacción en la cual ambas partes se comunican.

Y ahí están mis problemas. Sé que la oración-como-conversación cristiana puede ser una experiencia muy profunda y satisfactoria para muchas personas. Pero a medida que he ido envejeciendo, sobre todo desde que entré en la madurez, mis oraciones-conversaciones se han vuelto cada vez más tensas. Tanto en la oración litúrgica, cuando intento unirme a la comunidad desde el banco de la iglesia, como en mi oración personal, cuando me siento en silencio en mi cuarto, no fluyen las palabras dirigidas a Dios. No tengo ningún problema intelectual del que sea consciente. Simplemente no puedo hacerlo. Cuando trato de hablar con Dios, me faltan las palabras o siento que las que uso carecen de emoción, que son forzadas o simplemente inapropiadas.

Cuando era un estudiante devoto en St. Joseph's Grammar School (fui monaguillo, y para eso tenías que ser muy piadoso) y a lo largo de mis años en la escuela secundaria y después en el seminario (durante los cuales pasaba una media de tres horas al día en la iglesia) podía hablar con Dios de la misma forma que lo hacía con mi madre (mi padre era bastante menos conversador). Pero ahora no puedo. Tal vez sea por la madurez psicológica por la cual nos damos cuenta de que nuestros padres no pueden desempeñar el papel de Dios, o bien por la madurez espiritual por la que nos damos cuenta de que Dios es mucho más que un padre.

Recibir y dar

Gran parte de la oración cristiana sigue un modelo parental demasiado humano. Recibimos de nuestros padres lo que necesitamos. Y a medida que crecemos, les damos lo que necesitan. La mayor parte de la oración-como-conversación con Dios tiene que ver o bien con pedir algo para nosotros mismos, o bien con darle algo a Dios; es decir, o bien le pedimos algo a Dios, o bien lo alabamos; o bien pronunciamos palabras, o bien le ofrecemos culto.

Me pregunto qué porcentaje de oraciones cristianas podríamos clasificar bajo el título de «petitorias». Hacemos muchas oraciones de ese tipo, pues tenemos muchas necesidades. Se las damos a conocer a Dios con la expectativa de que haga algo al respecto. En esencia, le estamos pidiendo que intervenga y mejore las cosas. Para mí, uno de los problemas principales con esta noción de un Dios que interviene para ayudarnos es que a menudo acaba discriminando en contra de otros. El buen tiempo para nuestro pícnic del domingo significa mal tiempo para los campos resecos del agricultor.

Si Dios cura el cáncer de mi hermana, ¿por qué no hace lo mismo con todas las hermanas de los demás, especialmente si ellos también rezan por sus hermanas con tanta devoción como yo lo hago por la mía?

Además, cuando le pido a Dios que intervenga para arreglar algo, salvar una situación o incluso para ayudarme, me molesta pensar que le estoy pidiendo que haga cosas de las cuales él no es responsable o de las que soy yo quien es realmente responsable. ¿Es verdad que Dios cambia el clima? ¿Me ayudaría Dios en un examen, sobre todo si me he pasado todo el semestre holgazaneando? Estas peticiones tipo «mejora esto» o «cambia aquello» son como las que yo les hacía a mis padres cuando era niño, como es de esperar. Pero ahora ya no las hago. Estas interpelaciones a los padres son, por lo general, inadecuadas para los adultos. Creo que esto también debería ser así en nuestra relación con lo Divino.

Nos referimos a nuestras liturgias o servicios como una «veneración». Nos reunimos para adorar y rezar a Dios. Es la razón principal de nuestras reuniones. Pero me pregunto: ¿realmente necesita Dios nuestra adoración?, ¿por qué tenemos que pasar tanto tiempo alabándolo y arrodillándonos ante él?, ¿realmente necesita Dios que le digan una y otra vez lo maravilloso que es? (Muchas mujeres podrían responder: «Si Dios de verdad es masculino, pues ¡sí!»)

A menudo, la respuesta a estas preguntas es que no lo hacemos por Dios, sino por nosotros mismos. Dios no necesita ser adorado, pero nosotros necesitamos adorarlo. Me sigo preguntando: ¿por qué? Si Dios realmente no lo necesita, ¿por qué tenemos que hacerlo? Aunque la adoración sea necesaria como recordatorio de nuestras diferencias con Dios, sigo teniendo que preguntar: ¿por qué tenemos que hacerlo con tanta frecuencia?, ¿por qué tenemos que recordar constantemente que Dios es diferente a nosotros, mayor que nosotros, que nos trasciende? Tal insistencia en la diferencia crea distancia. Una gran diferencia genera una gran distancia.

Esta caracterización del Dios de las oraciones cristianas como «distante» me proporciona un trampolín para pasar de la descripción del problema a su diagnóstico.

Diagnóstico: demasiada adoración y demasiada palabrería

Los enredos con los que topo cuando intento rezar de la forma como me enseñaron son realmente el resultado práctico de los problemas que tengo con las formas tradicionales de hablar sobre Dios que he subrayado en los primeros capítulos de este libro. El «discurso sobre Dios» (*God-talk*) (término que los teólogos usamos a menudo durante la década de los setenta) se encuentra en la raíz de mis problemas con la oración: si tengo problemas serios con la forma como hablo *de* Dios, está claro que los voy a tener al tratar de hablarle *a* Dios.

Voy a recurrir a esos primeros capítulos para que me ayuden a diagnosticar las razones por las que me encuentro tantas veces tan inquieto cuando intento rezar con mis colegas cristianos, ya sea en un ambiente litúrgico o entre amigos. Creo que hay dos causas primarias de mi ansiedad. La oración cristiana suele ser demasiado adoradora y, por tanto, dualista. Y además es demasiado locuaz.

Dualista

Estando gran parte de la oración cristiana ocupada con alabanzas y peticiones, o con la adoración y el ruego, es evidente que el diagnóstico de mis problemas con la teología cristiana y con las imágenes de Dios (especialmente en los capítulos I y II) tiene mucho que ver con mis problemas con la práctica cristiana de la oración: el Dios que adorar y a quien se le pide sigue siendo el Otro trascendente, y Superpersona. El Dios al que estoy llamado «a orar» sigue siendo «el otro» que está fuera de mí o se opone a mí, y que entonces tiene que entrar o intervenir en mi vida y en la vida del mundo. Este Dios es una persona, es un «tú» con quien tengo una relación en la que me comunico y hablo.

Si tales imágenes de Dios no caben en mi pensamiento o en mis sentimientos acerca de lo Divino, si, en cambio (tal como describí en los primeros capítulos), la imagen o el símbolo de lo Divino que he resaltado con la ayuda del budismo es la del Espíritu inherente, de conexión —no una Persona, sino una energía personal—, que vive, actúa y tiene su ser no solo *en* nosotros, sino también *como* cada uno de nosotros, si ese Espíritu no es simplemente un «otro» opuesto a mí, sino una vitalidad creadora y de apoyo que es una con mi vitalidad, o en las palabras de Pablo, si es verdad que «ya no vivo yo, sino que es Cristo quien vive en mí» —si mi relación con lo Divino es de verdad *no-dual*, si el Espíritu-Cristo y yo no somos dos (pero tampoco uno)—, entonces voy a necesitar prácticas espirituales o formas de oración que me permitan expresar y sentir esa relación unitiva, no-dualista a fondo. Y ahí está el problema. Me parece que no puedo encontrar tales prácticas en lo que me han enseñado sobre la oración en mi vida y en mi formación cristianas. Gran parte de mi práctica cristiana me relaciona con un Dios que está ahí fuera. Dualismo.

Locuaz

Muy a menudo en la liturgia cristiana me encuentro sin aliento y sofocado por tantas palabras. La oración cristiana, sobre todo en la liturgia, es sumamente prolija. Este sentimiento de sofoco entre tantas palabras viene de lo que he intentado describir en el capítulo III —la creciente conciencia entre los cristianos de que Dios es Misterio y de que tiene que ser así—: que la parte desconocida de Dios es mucho más grande que la conocida que expresamos en nuestras oraciones y oficios. Nuestras palabras no parecen respetar ese Misterio, no solo en su cantidad, sino también en su calidad.

Usamos muchas palabras, pero es la forma como las usamos lo que me parece inapropiado, hasta irrespetuoso, con el Misterio que es lo Divino. Las usamos con tanta facilidad que parece que las estuviéramos usando literalmente. Suena y parece como si lo Divino literal y realmente sea «un Padre Todopoderoso que concede nuestras peticiones», o que Jesús literalmente «vendrá sobre las nubes al final de los tiempos», o que tengamos que implorar a Dios «para aceptar nuestro sacrificio».

Tal vez mi reacción a este problema de la palabra literal sea exagerada. La solución para tal problema es recordar, tanto a mí mismo como a mi comunidad litúrgica, que todas nuestras palabras son símbolos y que debemos tomarlas con mucha precaución. De acuerdo. Pero con esto no llego a lo que pienso que es mi profundo problema en relación con la posición de las palabras en la práctica cristiana. Las palabras no siempre son solo inadecuadas para expresar el Misterio divino, sino que también pueden ser verdaderos *impedimentos* para vivir ese Misterio divino. Por tanto, no es solo que debamos tomarlas simbólicamente; algunas veces debemos dejarlas de lado. Dejar de usarlas.

De lo que me dado cuenta —y tal vez aquí me esté adelantando a mí mismo y tendría que agradecérselo a Buda— es de que la realidad y el Misterio del Espíritu de conexión, precisamente porque es Misterio, tiene que comunicarse o que sentirse por medio de otras formas más que a través de las palabras. Quizá, incluso las experiencias más profundas de ese Misterio solo puedan tener lugar sin palabras. Si mi uso de palabras se convierte en una suma de palabras, tal vez esté perdiendo otro modo, incluso más profundo, de sentir o de despertar a la realidad de la presencia misteriosa.

Me refiero a la necesidad del *silencio*. Si lo Divino es ciertamente un Misterio que está más allá de toda comprensión humana, más allá de toda idea y palabra humanas, entonces cualquier práctica espiritual tiene que hacer sitio —mucho sitio— para «la práctica del silencio». Y esto falta en mi práctica cristiana. Esto es evidente en el constante rumor de palabras, cánticos y música en la liturgia cristiana. En la misa católica la única ocasión en que nadie habla es en los momentos de reflexión después de la comunión, y si el sacerdote tiene prisa, ¡no duran mucho tiempo! En mis liturgias cristianas, me he dado cuenta de que añoro silencio.

Además, en mi propia práctica personal de oración he llegado a sentir la necesidad del silencio. Aquí también tengo que decir que no he recibido mucha ayuda de mi educación ni formación cristianas para aprender cómo hacer uso del silencio.

VI ORACIÓN Y MEDITACIÓN

¿Qué ha sucedido con la contemplación y la meditación cristianas?

¿Pero no estaré olvidando o descuidando algo? ¿Qué pasa con la rica tradición a lo largo de la historia cristiana de contemplación y meditación? ¿Qué ha ocurrido con los métodos de meditación y uso del silencio que encontramos en los grandes místicos cristianos: Teresa de Ávila, Juan de la Cruz, Maestro Eckhart, Juliana de Norwich, Ignacio de Loyola? Son los maestros de la oración unitiva, los arquitectos y los guías de los corredores silenciosos de los castillos místicos. Entonces, en mi búsqueda de una dieta de oración cristiana que sea más no-dualista y que esté llena de silencio, ¿me estoy quejando de hambre cuando resulta que hay suficiente comida en mi propia despensa espiritual?

Sin duda hay abundantes provisiones místicas en la despensa cristiana. Trataré de identificarlas y presentaré algunas de ellas en la última sección de este capítulo. Por el momento, ofrezco dos observaciones, una positiva y fácil de enunciar, y la otra negativa y más difícil de precisar. Primero, hay un creciente reconocimiento en las Iglesias cristianas de América del Norte y de Europa (las que conozco mejor), tanto las católicas como las protestantes, de que las provisiones místicas de la despensa cristiana de espiritualidad no han estado fácilmente disponibles para los «fieles corrientes» a este lado del púlpito, quizá porque no estaban disponibles (o no eran de interés) para los pastores en el propio púlpito. Durante los últimos treinta años, esta aridez mística o contemplativa ha sido reconocida y abordada.

Uno de los primeros estudiantes que conocí en Xavier University en el año 1975 nos puede servir como ejemplo de lo que sucede en muchos sitios de Estados Unidos. Paul Peterhans, que trabaja desde Seattle con el padre Thomas Keating O. C. S. O., ha organizado un programa llamado «Contemplative Outreach» (Participación Contemplativa) que recurre a prácticas como la «oración centrante» para convencer a personas laicas de que pueden ser contemplativas aunque trabajen a jornada completa y tengan además que cuidar de los hijos. Tales esfuerzos a favor de una «renovación mística» de la práctica cristiana pueden ayudar a abordar los problemas con la oración que yo mismo y varios de mis colegas cristianos encaramos.

Ahora viene mi segunda observación, que es un tanto más inasible. No estoy seguro de si las fuentes del misticismo cristiano son capaces, por sí mismas, de lidiar adecuadamente con los irritantes dolores del dualismo crónico y de la dependencia de las palabras que sufrimos tantos cristianos. Para intentar explicar lo que quiero decir, permítanme hacer unas breves y selectivas reflexiones sobre mi propia formación espiritual.

Tal como apunté anteriormente, he tenido mucha. Mis años en el seminario y en la vida religiosa me han proporcionado una educación prolongada y explícita, no solo en la oración cristiana, sino también en la meditación. Mi formación espiritual en la Sociedad del Verbo Divino estaba inspirada en la espiritualidad probada, profunda y práctica de la Compañía de Jesús. Esto significa que tuve dos años de noviciado, que es una suerte de campo de entrenamiento espiritual donde, en esa época, un maestro de novicios al estilo de un sargento alemán nos entrenaba cuidadosamente para luego examinarnos con rigor en las diferentes prácticas de la vida espiritual. Durante esos años de noviciado, hicimos dos veces un retiro de treinta días de silencio en el que dedicábamos toda nuestra energía a la exploración meditativa de los ejercicios espirituales de san Ignacio. Durante mis veintitrés años en la Sociedad del Verbo Divino, practicamos un retiro anual de ocho días, además de varios días sueltos cada mes reservados para recogimiento silencioso.

Asimismo, todas las mañanas desde las 5:15 hasta las 6:00 practicábamos meditación formal y personal (como preparación para la misa que venía después). La meditación tenía lugar en la capilla; podías arrodillarte o sentarte —si estabas muy cansado, se aconsejaba ponerse de pie. (Me quedé maravillado —e incluso puedo decir que envidiaba— con dos de mis compañeros que perfeccionaron la habilidad de dormir de pie.) Durante el día nos animaban a «practicar la presencia de Dios»; para ayudarnos, cada quince minutos sonaba una campana y todos nos reuníamos en una corta «oración de cuarto de hora». Todas estas prácticas estaban ideadas para mantenernos en contacto y, por tanto, receptivos a lo que se llamaba «la morada divina».

Esta rigurosa rutina cambió un poco después del Concilio Vaticano II (el cual relajó y amplió la visión de la Iglesia católica en general). Pero una ronda diaria de meditación en silencio y de oración litúrgica, junto con asesoramiento y lecturas espirituales continuos, siguieron siendo ingredientes esenciales de mis prácticas cristianas. Y básicamente todo fue bueno. Estoy seguro de que hoy soy mejor persona por haber tenido esta formación y por haberme mantenido fiel a esta práctica. Pero a medida que pasaron los años, cuando todavía era sacerdote y especialmente después de que dejé el ministerio y traté de continuar con mis prácticas espirituales mientras enseñaba en Xavier University, los métodos de meditación en los que había sido formado no me estaban funcionando como deberían o como yo necesitaba que funcionasen. El problema principal, puedo decir ahora, era que mi sentido de Dios estaba cambiando y convirtiéndose en algo más no-dualista y, en cambio, las prácticas espirituales que había aprendido no se podían ajustar a ello.

Ahora bien, cuando miro hacia atrás hoy en día, creo que sé el porqué. Los métodos de meditación y de contemplación que aprendí, aunque insistían en el silencio, llenaban ese silencio de multitud de palabras sin pronunciar y de imágenes. El silencio no era realmente silencioso. Para describir el problema técnicamente, diría que los métodos de meditación que aprendí eran en esencia *discursivos*. Aunque literalmente «manteníamos la boca cerrada», seguíamos trabajando con ideas, imágenes, conceptos, es decir, con palabras no pronunciadas. Por poner un ejemplo, durante nuestras meditaciones generalmente nos pedían que primero nos imaginásemos una *compositio loci*, una escena determinada, específica, de la vida de Jesús, y que nos imagináramos a nosotros mismos en ella, en relación con él. Nos instruían para que despertáramos nuestro «afecto», nuestros sentimientos hacia Jesús o hacia Dios Padre. De ese modo, tratábamos de entrar en y sentir la realidad de una relación personal con el Dios personal. Y al final de cada meditación, expresábamos en voz alta nuestras conclusiones, nuestras resoluciones y nuestras peticiones.

Algunos expertos en espiritualidad cristiana podrían decir: esto es meditación, no contemplación. Sigue siendo un trabajo preparatorio que conduce a la verdadera práctica. La meditación sigue buscando desde fuera la experiencia unitiva de Dios. La contemplación mira desde dentro hacia afuera —desde el interior de la propia unidad con lo Divino, para lo cual no hay palabras adecuadas. Sí, comprendo que el objetivo de la práctica cristiana es tal contemplación y su sentimiento de unidad con Dios. Pero cuando miro hacia atrás, veo que mi frustración era que todo el trabajo preparatorio de meditación nunca produjo el fruto de la contemplación. Por supuesto, parte de la razón se debía a mi energía decaída de esas primeras horas de la mañana. (Tal vez la verdadera contemplación no sea posible sin café —o ¡té verde!) Pero realmente creo que mi falta de éxito en la contemplación también tenía que ver con la dificultad intrínseca que nosotros los cristianos tenemos en dejar atrás la tierra firme de las palabras y volar en el espacio sin fundamentación que es la verdadera contemplación.

Afirmo que esas dificultades son intrínsecas porque siempre que un aspirante a contemplativo actúe, consciente o inconscientemente, con una imagen o un símbolo de Dios como un «ser» o una entidad que existe o pueda existir por sí mismo como un «otro ahí fuera», una entidad que tenga su ser más allá o independientemente de nuestro propio ser y, finalmente, una entidad que —entiendo— es un «tú» que está fuera y se dirige a mi «yo», me temo que será muy difícil, si no imposible, ir verdaderamente más allá de las imágenes y de las palabras. La comprensión de Dios como el Alguien Trascendente que creó la música de alguna manera se interpone a que podamos realmente soltar toda la palabra para poder ser la música.

Un pozo profundo con cubos agujereados

Es necesario repetir la primera advertencia que me hice: se trata de mis dificultades, no las de todos los cristianos. Tal vez mis problemas con la contemplación surgen porque no soy un contemplativo. Esa preocupación fue, de alguna forma, mitigada por una observación que me hizo un amigo con mucha más experiencia que yo en la contemplación cristiana comprometida. El padre Michael Holleran, que pasó veintitantos años en un monasterio cartujo y que ahora es párroco en Nueva York, me comentó en junio del 2007 en un correo electrónico: «En mi larga experiencia en nuestra tradición cristiana, he encontrado que estamos en lo más alto en cuanto a inspiración, pero bajo mínimos en cuanto a técnica; muy desarrollados en ideales y contenido, pero cortos en método.»

Esto confirma mi propia experiencia en la práctica cristiana. Pero también me da esperanza. La tradición cristiana y su espiritualidad son un pozo que contiene aguas de una profunda experiencia mística, no-dualista, del Espíritu de interconexión y del Cristo que vive y actúa en la comunidad de creyentes. Los místicos cristianos atestiguan las profundidades de ese pozo. Pero para muchos de nosotros (aun para algunos contemplativos como Michael), los cubos que tenemos a nuestra disposición para sacar esas aguas están agujereados. O por lo menos, eso parece. Para mí, no están funcionando tan bien como debieron.

Así, en tanto que el pozo se mantiene igual, los cubos se pueden reparar; tal vez podamos remplazar algunos de ellos por unos nuevos, remodelados. El budismo me ha ayudado a hacer precisamente eso, o por lo menos a empezar a hacerlo.

Los cristianos deberíamos echar un vistazo a algunos métodos místicos budistas, pues podríamos hacer un buen uso de ellos para reparar o remodelar los nuestros propios. Para mí, el budismo ha sido una rica ayuda, incluso indispensable, en la renovación y en la expansión del repertorio de mi práctica cristiana. Eso es lo que espero explicar en la tercera parte de este capítulo.

Pero primero tenemos que mirar con mayor detenimiento cómo proceden con sus prácticas los budistas.

IDA: EL PODER DEL SILENCIO

No es una exageración, creo, decir que el budismo nació como parte de una búsqueda de una práctica espiritual que realmente funcionara. Gautama, como muchos de nosotros hoy en día, fue un practicante frustrado. Frustrado con las formas de ritual público y de oraciones que estaban a su disposición en la tradición hindú, y por eso decidió salir en búsqueda de una práctica religiosa que pudiera proporcionarle aquello que lo satisficiera —una práctica que le permitiera lidiar con el sufrimiento de la vida y que promoviese una vida vivida en sintonía con la forma como las cosas realmente funcionan.

Durante esta búsqueda, Gautama formó parte de un movimiento de reforma que reconocía la deficiencia, o incluso impropiedad, de muchas de las prácticas hindúes que en ese entonces se practicaban en lo que se ha llamado el brahmanismo. Se creía que para que el universo funcionara adecuadamente los humanos tenían que llevar a cabo ciertos rituales, normalmente ritos de sacrificio. Esos cánticos, oraciones y sacrificios ceremoniales tenían que hacerse de una manera muy precisa, siguiendo una fórmula muy concreta; solo los sacerdotes conocían las acciones y las palabras adecuadas. Así que Dios o los dioses requerían sacrificios; el sacrificio requería sacerdotes (brahmanes); y los sacerdotes requerían un precio. (A los católicos mayores que recuerden los estipendios de 5 dólares por misa, esto les sonará tristemente familiar.) Para Buda y tantos otros, esto era tan insultante para la inteligencia como para la cartera.

Así, como vimos, Gautama abandonó su palacio y a su familia (ambos bien cuidados) y comenzó su búsqueda de una práctica perfecta, o por lo menos efectiva, una práctica que no tuviera precio y que de verdad ayudara a lidiar con el sufrimiento de la vida. Durante seis años, estudió y siguió las recomendaciones de reconocidos maestros de la práctica. Eran expertos en el control de la mente y en la meditación. Buda aprendió mucho. Pero lo que aprendió no pasó su prueba pragmática de permitirle lidiar con el sufrimiento ni de averiguar quién era realmente. Finalmente, se plantó solo bajo lo que después fue llamado el árbol de Bodhi. Y ahí fue donde todo aconteció.

Meditación correcta

Como sabemos, Buda descubrió la iluminación o el despertar bajo el árbol de Bodhi. Pero también descubrió una práctica —un modo de despertar— que funcionaba. Así, mientras que la gran contribución de Buda a la humanidad ha sido darnos la seguridad de que todos podemos despertar y ver las cosas tal como son, quizá su mayor logro fue el de instruir a la gente, con gran detalle, acerca de lo que tienen que hacer con el fin de encontrar lo que él mismo encontró. Buda no solo anunció una meta, sino que proporcionó un mapa. No solo hizo una promesa absurda (¡tú también puedes ser un Buda!), sino que ofreció los medios para poner a prueba esa promesa. Siguiendo la metáfora presentada más arriba, Buda descubrió un nuevo pozo y proporcionó los cubos.

Está todo ahí, en lo que vino a denominarse el Sendero Óctuple de Buda. Los tres componentes principales de ese camino están impecablemente definidos y proporcionan una secuencia nítida de componentes entrelazados:

Confianza Tómate en serio el mensaje de Buda; pruébalo para ver si te gusta (Visión correcta e Intención correcta).
Moral La práctica de Buda no te llevará a ningún lugar si hieres a los demás innecesariamente (Discurso correcto, Acción correcta, Medios de subsistencia correctos).
Disciplina mental Tienes que trabajar con la mente, en silencio (Esfuerzo correcto, Consciencia correcta, Concentración correcta).

El centro espiritual —o corazón de la práctica espiritual— del Sendero Óctuple está encarnado en esas tres directrices. Traducidas de forma práctica y algo libremente, nos llaman a esforzarnos para ser verdadera y completamente conscientes de lo que está pasando en nosotros y a nuestro alrededor ahora mismo y en este mismo lugar (atención plena), y para estar tranquilos y permitir que suceda lo que tenga que ser (concentración). En realidad, lo que Buda recomendaba —sobre la base de su propia experiencia, y sobre su propia visión y énfasis personales y prácticos— era su propia versión de la tradición hindú del yoga —métodos de eficacia comprobada para trabajar con el cuerpo a fin de trabajar con la mente para profundizar en la consciencia de uno mismo y del mundo.

A lo que suman esas tres directrices es a lo que los budistas durante siglos, así como nosotros hoy día, llaman *meditación*. Este término engloba una variedad de significados —desde los gurús desnudos y arrugados en la cima de las montañas, hasta los californianos desnudos y bronceados junto a sus piscinas; desde los viejos tiempos hasta la *New Age*. Ahora bien, como veremos en un momento, aun entre los budistas no existe una forma ortodoxa de meditación. Pero sí que hay muchas maneras que no son ortodoxas, especialmente entre los que centran su contemplación en las recompensas financieras del negocio de la meditación.

Entonces, permítanme ser audaz y aventurar una descripción de la meditación que pienso recibirá la aprobación de la mayoría de maestros budistas: formal y ampliamente, la meditación es una práctica intensamente personal e individual (aunque se suela llevar a cabo bajo la guía de un maestro y a menudo en compañía de otros) por la que buscamos movernos (o ser movidos) más allá de las palabras, de los conceptos y de nuestras formas habituales de pensamiento con el fin de captar (o ser captado por) la realidad como realmente es. Las prácticas meditativas suelen forzar posturas corporales que nos mantienen alerta y nos permiten respirar con naturalidad. Y se suelen realizar en silencio, tanto físico como mental. (Algunas veces ese silencio se busca a través de palabras o sonidos, como cánticos rítmicos.) El resultado comprobado es que cuanto más podamos suprimir el filtro del pensamiento y de la identificación de la realidad con nuestros pensamientos y sentimientos, más podremos ver las cosas más allá de nuestros pensamientos y que estos no nos permiten ver. O, como les digo a mis estudiantes universitarios de una forma poco apropiada: «¡Callen y quizá así puedan despertar!»

Ahora bien, los maestros budistas pueden ser muy duros en su insistencia en que si la práctica budista va a funcionar, si el camino budista te va a llevar a algún lugar, vas a tener que comprometerte a practicar alguna forma de meditación de manera consistente, regular y coherente, lo cual suele significar que, además, es a diario. Si san Pablo nos dijo: «Orad en toda ocasión» (Efesios 6,18), Buda diría: «Medita siempre». Quizá esta sea una de las amonestaciones más agudas, pero también más ricas, que los budistas amablemente nos ofrecen a los cristianos: para que cualquier práctica espiritual realmente dé sus frutos potenciales, para que cualquier espiritualidad vaya hasta la profundidad a la que puede llegar, alguna forma de meditación regular —o alguna práctica en la cual silenciemos nuestra forma habitual de pensar y de hablar— es, literalmente, condición *sine qua non*. Sin ella, no sucede nada realmente.

Por tanto, aunque, como ya señalé, para los budistas no existe «una y única» forma de meditar, permítanme ahora intentar describir algunas formas de meditación que he probado, y cómo podrían ayudarnos a calmarnos y despertar.

Diferentes formas de practicar el silencio

A pesar de la variedad de prácticas meditativas budistas, que en ocasiones es desconcertante, se puede decir con seguridad que todas ellas tienen una intención: ayudarnos a darnos cuenta de que somos lo que Buda dijo que éramos, *anatta* o no-seres, o como uno de mis estudiantes budistas recientemente me urgió a calificarlo: «seres sin ser». Todas las prácticas budistas, como Buda mismo, buscan transformar al ser humano de un ser egoísta en un ser «sin ser» o, dicho de una forma más filosófica, de un ser egocéntrico en uno centrado en los demás. Despertar a la verdadera naturaleza, a la propia identidad de ser «sin ser», es entender —y vivir de acuerdo con ello— que la identidad o el bienestar de cada uno no es propiamente de uno mismo, sino que se comparte con toda la realidad. Mi propio yo, mi felicidad, es real, verdadera y misteriosamente también tu ser y tu felicidad. Realmente conocer y vivir esa verdad es estar despierto.

Ahora bien, creo que según las enseñanzas budistas hay dos formas significativamente diferentes, aunque en el fondo complementarias, de llegar a esa comprensión del propio ser altruista. Uno puede mirar *dentro* de uno mismo y darse cuenta de que no hay nada que reclamar como propio. Cuanto más se mira hacia adentro, más descubrimos que no hay ninguna cosa ni nada substancial que ver. Lo que uno encuentra, en cambio, es una cosa que no es «una cosa»; por tanto, no se puede describir. Se trata de una ausencia de fundamento y una ausencia de «inter-Ser» que sostiene y constituye la propia existencia. Esto es lo que los budistas llaman *prajna*: la sabiduría de ver las cosas de la manera como realmente son.

O, en lugar de mirar hacia dentro, podemos mirar *más allá* de nosotros mismos hacia todas las otras «cosas» que componen el universo, y cuando presenciamos el sufrimiento que marca su existencia, sentimos también el *clamor* que producen en uno mismo o la *responsabilidad* que uno vive por ellas en su sufrimiento. Al mirar más allá de nosotros mismos, al detectar la forma como los otros suscitan nuestro cuidado y nuestra preocupación, de nuevo sentimos el «inter-Ser» que vibra en nosotros y que nos constituye. Debido a la forma en que todos los «yoes» reivindican a mi «yo», siento que de alguna manera muy real aunque misteriosa, ellos forman parte de mi «yo» y yo formo parte de ellos. Por eso me intereso por sus «yoes» tanto como me intereso por el mío propio. Esto es lo que los budistas llaman el amanecer de *karuna*: la compasión por todos los seres sintientes que revela nuestro ser «sin ser».

Entonces, correspondiendo con esas dos manifestaciones de nuestra naturaleza como seres «sin ser», hay dos tipos de meditación budista diferentes, pero que se refuerzan mutuamente: los que promueven *prajna* o sabiduría y los que promueven *karuna* o compasión. En las dos formas de meditación sentimos y nos damos cuenta existencial y vivencialmente de que nuestro ser verdadero es formar parte de una imagen de interconexión mucho mayor, y ser parte de esa gran imagen significa sentir compasión por todos los seres sensibles.

Permítanme ahora esquematizar cómo la unión de las formas comúnmente reconocidas de meditación budista se puede ordenar de acuerdo a estas dos categorías generales.

Silencio lleno de sabiduría

Meditación *vipassana*

Los budistas theravada dirían que esta es quizá la forma más antigua de meditación budista y, por tanto, la más cercana a la práctica del propio Gautama. Literalmente significa 'visión clara', es decir, ver con exactitud, ver lo que realmente está ahí, no lo que crees, sientes o te han dicho que hay ahí. Por eso, en la actualidad, muchas veces se llama «meditación de la percepción»; es el tipo de meditación que puede proporcionar nuevos descubrimientos acerca del mundo y que permite nuevas formas de vivir en el mundo.

El principal objetivo de la meditación *vipassana* es su método esencial: ser totalmente consciente, estar totalmente presente y en sintonía con lo que sea que estés mirando. La intención es permitir que lo que sea que estés mirando se revele a ti antes de que puedas imponer sobre ello tus ideas o preferencias preconcebidas o socialmente determinadas. Para dejar que esto suceda, el meditador es llamado a no hacer absolutamente nada más que observar. Solo ha de seguir mirando, observando. Sean cuales sean los pensamientos que empiecen a formarse en la cabeza, hay que apartarlos suavemente, como se haría con una mosca, y retomar la observación.

Un lugar factible para empezar es con el propio cuerpo, y por eso los practicantes de *vipassana* a menudo comienzan con una especie de «escaneo corporal», revisando minuciosamente, con total consciencia y observación detenida, cada una de las partes del cuerpo; intentando sentir y estar presentes desde la punta de la cabeza, pasando por las pestañas y los dedos de la mano hasta llegar a la punta de los pies. Si no se siente nada en una parte del cuerpo en particular, hay que ser conscientes de eso mismo. Otra opción es prestar atención a la respiración, sentir el movimiento del aire al pasar por la nariz, al entrar en los pulmones y al salir por las fosas nasales. Simplemente sentirlo; ser presente en ello; permitir que sea presente dentro de ti.

Por medio de esta atención concentrada y disciplinada de lo que está sucediendo, especialmente dentro del propio cuerpo, crece la consciencia de cómo funcionan las cosas y de la forma en la que uno mismo forma parte de ese funcionamiento. Uno comienza a darse cuenta de que la «realidad» es mayor que nuestra mente y sus conceptos, y de que nuestros pensamientos no la pueden controlar. Es mejor dejar que nuestros pensamientos y sentimientos sigan su camino, e incluso que nos entreguemos al fluir de la realidad. Al hacer esto, nuestra conciencia puede volverse más profunda y acabar en relajamiento, paz y libertad. Crecemos dentro del entendimiento —o mejor dicho, el entendimiento crece dentro de nosotros— de que todas las cosas están cambiando y nosotros estamos cambiando con ellas, y que nuestra identidad real es dejar que el cambio suceda y movernos con él.

Zen

Diríamos que «zen» (o «chan» en China) es lo que le sucedió al budismo cuando llegó a la China alrededor del siglo VI y se adaptó a, además de adoptarse de, la cultura y la espiritualidad chinas, especialmente al taoísmo. La forma particular de meditación que se desarrolló en China y que después se desplazó hacia Corea y Japón, donde hundió sus raíces aún más profundamente en la cultura japonesa, se ha llamado *Shikantaza*, 'simplemente sentarse'. Y esto es prácticamente todo lo que deberíamos decir sobre la meditación zen. Uno es llamado a no hacer nada más que a permanecer sentado. No hay que permitir que nada te ocupe ni te preocupe, solo has de sentarte. Mientras que otras formas de meditación pueden ser muy pesadas en cuanto a instrucciones, la forma zen es, en definitiva, la que tiene menos preceptos.

Su intención principal es ir más allá del pensamiento. Para el zen, los pensamientos son el problema fundamental. ¿Por qué? Porque hay otra forma de conocer y entender la realidad del mundo y de uno mismo aparte del pensar. Esa otra forma actúa sin, o más allá de, los pensamientos. De hecho, el pensamiento se interpone en su camino. El propósito de la meditación zen, por tanto, es despejar el terreno para que ese otro modo de percibir sin pensar pueda aparecer.

La meditación zen es un proceso constante de agarrar y soltar: notar qué está pasando, notar los pensamientos y los sentimientos, y después dejarlos ir. Lo mismo se aplica a la respiración. Para el zen, observar la respiración no es una finalidad en sí. Sino que el estar atento a o contar las respiraciones es una herramienta que se usa para desapegarse del pensamiento. Cuando los pensamientos y los sentimientos se abren paso y atraviesan la puerta delantera de nuestra consciencia, volvemos a observar la respiración como una forma de ignorarlos y permitirles salir por la puerta de atrás. Contar la respiración es la herramienta ideal para descontar los pensamientos. Pero al final lo que el meditador zen pretende es dejar esa herramienta de mirar y contar las respiraciones; lo que quiere es «simplemente sentarse» sin pensar ni sobre el sentarse ni sobre el respirar.

Pero debemos proceder con cautela. Tal como advirtió el famoso maestro zen Eihei Dogen, la meditación zen no ayuda a «no pensar», sino «al no-pensamiento». En la meditación zen no se trata de lograr que la mente quede completamente en blanco, pues sería una mente inerte, sin dirección. «El no-pensamiento» significa que cuando lleguen pensamientos y sentimientos, que es seguro que pasará, no nos aferremos a ellos, no insistamos en ellos, no nos sintamos determinados por ellos. Cuanto más tratemos de no controlar o no dominar la vida con el pensamiento, más nos sentiremos, por decirlo así, abrazados o sostenidos por la vida. Crece la consciencia de que no es tanto que estemos viviendo la vida como que la vida está viviendo en nosotros. Dejamos ir con el fin de dejar vivir. O, en un lenguaje zen más tradicional, gradualmente (o de repente) nos volvemos conscientes de aquello que está más allá de todo pensamiento y comprensión: la Realidad siempre cambiante y siempre creativa del Vacío o el «inter-Ser». Somos eso. Y eso es nosotros.

Y cuanto más conscientes seamos de esa presencia abrazadora del «inter-Ser» o *sunyata* mientras estemos sentados sobre el cojín de meditación, más conscientes seremos de ello durante el curso del resto del día, dondequiera que vayamos, lo que sea que hagamos (lavar platos, cortar el césped, sentarnos en el baño).

Visualización vajrayana

Vajrayana, como señalé anteriormente, es la tradición budista a la cual, al igual que el cristianismo católico u ortodoxo, le encantan los olores y las campanas, la vista (mandalas o *tangka*) y los sonidos (mantras). Y así ofrece una forma de meditación en la que lo audiovisual juega un papel central. Pero a diferencia de su contraparte cristiana, la finalidad de las imágenes y de los sonidos es *prajna*, no la oración —es decir, una experiencia de unidad en la cual se han superado las diferencias entre oración y orado.

La meditación basada en la visualización puede tomar muchas formas en la práctica vajrayana (también se encuentra en algunas prácticas budistas de la Tierra Pura). Una forma estándar incluye los siguientes elementos. El meditador/practicante selecciona su *yi-dam*: un ser santo en particular, un Buda o *bodhisattva*, que el practicante siente que encarna sus propias necesidades o aspiraciones. Entonces, en la primera etapa de la meditación, llamada Generación, se intenta generar o crear en la mente una imagen de la Deidad lo más gráfica, detallada y cautivadora como sea posible (un *yi-dam*, por así decirlo, en la gran pantalla, en tecnicolor). Esto se puede llevar a cabo absorbiendo con la vista una imagen de la Deidad, a menudo localizada en una intrincada pintura llamada mandala. También es de gran ayuda repetir mantras (sonidos o dichos particulares asociados a la deidad). Todo esto se hace con el fin de producir una imagen gráfica del ser santo que llena y deleita la mente del practicante sin importar si este tiene los ojos abiertos o cerrados.

En la siguiente etapa, llamada Culminación, la Deidad y el meditador se funden. Todas las energías y cualidades particulares del *yi-dam* —coraje, paz, sabiduría, creatividad, ecuanimidad, compasión— se entienden como propias. Todos los detalles particulares de la imagen de esa deidad se sienten como residiendo en la propia imagen de uno. La imagen de «allá afuera», con todas sus energías y virtudes, se convierte ahora en la imagen de uno mismo «aquí dentro». Son diferentes, pero también son una.

La fase final recomendada de esta práctica de visualización es abandonar todo esto y dejar que se disuelva en el Vacío para evitar todo apego. (¡Los mandalas de arena, tras horas de meticulosa y meditativa tarea, son eliminados con un barrido de escoba!) Así, cuando el practicante elimina o barre de su mente la imagen visualizada, da pie a tener una experiencia directa, no conceptual, de lo que la tradición *dzogchen* llama «la gran perfección natural»: la paz y el sosiego de las cosas tal como son.

Las imágenes en este tipo de meditaciones de visualización son vehículos poderosos, incluso necesarios, pero que al final solo son un medio para alcanzar un fin, es decir, dedos que nos muestran la luna.

Al final, entonces, hay *prajna*: la sabiduría de darse cuenta de que la propia existencia no es propia de uno, sino que acontece dentro de la existencia e interconexión de todas las cosas. Lo que uno visualiza es lo que uno ya es.

Silencio lleno de compasión

Lo que hemos llamado las formas «llenas de sabiduría» de la meditación budista son las que se le ocurren a la mayoría de las personas (si es que se le ocurren algunas) cuando se habla de budismo. Las prácticas de meditación «llenas de compasión» son menos conocidas y se pueden describir más sencilla y concisamente, quizá porque son más fáciles de aplicar y van directas al grano. El «grano» es, por supuesto, descubrir que nuestro auténtico ser es un no-ser.

Meditación *metta*

El propósito de esta práctica meditativa es despertar y destapar *metta* en todo el sistema de ver y de sentir propio, de tal manera que cada vez que se *ve* a alguien o algo, se siente *metta*. *Metta* se suele traducir como «bondad amorosa» y designa un amor que es tanto cálido como frío. Es frío en la medida en que es incondicional y libre: mana tan pronto como se abre el grifo y fluye sin tener que pagar factura alguna. Pero es caliente porque viene del corazón, contiene todo el fuego del corazón, y abraza al amado tal como es, ya sea bella o bestia. El budismo cree sinceramente que cada uno de los corazones humanos es una reserva de este *metta*, de esta bondad amorosa. La meditación *metta* es un medio de apertura de esa reserva y asegura que sus aguas fluyan libremente.

La meditación *metta* se desdobla en etapas, cada una con la intención de ensanchar los canales a través de los cuales fluye el agua de la bondad amorosa. Sentado sobre un cojín o en una silla, con la espalda recta, relajado y respirando profunda y naturalmente, se empieza enviando pensamientos o sentimientos de bondad amorosa hacia uno mismo. Una fórmula estándar para hacer esto es formularlo como un deseo: «Deseo estar bien y ser feliz. Deseo estar libre de dificultades y de problemas.» Después de un rato de intentar sentir que ese amor realmente fluye de uno, que realmente se está recibiendo, se pasa a hacer lo mismo por alguien a quien se ama o que se siente próximo: la pareja, un compañero, los hijos, los amigos. «Deseo que Moira esté bien y sea feliz...» Cuando las aguas fluyen libremente, se amplía el canal, y en la siguiente etapa esto se dirige hacia personas que a uno le son indiferentes: las caras que se ven en el metro, el portero a quien se saluda por mañana. La próxima etapa puede requerir que se aumente la presión del agua y se dirija hacia aquellas personas que, siendo sincero, uno desea que no formasen parte de su vida o de este mundo: un jefe autoritario, un político egoísta, el conductor antipático que ha invadido tu carril por la mañana. Con un poco de esfuerzo adicional, se puede llegar a sentir que de verdad se les envía bondad amorosa e incluso tal vez se llega hasta abrazarlos, con el deseo ferviente de que sean felices, de que estén bien y de que no sufran.

Algunos maestros de meditación *metta* sugieren que si lo que queremos es colocar a la persona más difícil de amar al final del proceso, algunos de nosotros no deberíamos empezar, sino acabar con nosotros mismos. Comoquiera que organicemos esas etapas, una de las primerísimas descripciones de la práctica *metta* (el capítulo 9 del *Visuddhimagga*) añade dos más. En el quinto movimiento, juntamos los cuatro recipientes de nuestro amor —nosotros mismos, los amados, los extraños, los enemigos— alrededor de una mesa y los abrazamos, colectivamente, con el calor de nuestro amor y de los buenos deseos. Y entonces, en la sexta etapa que siempre permanece abierta, permitimos que nuestra bondad amorosa fluya libre y gradualmente hacia el universo entero, para afectar a todos los seres sensibles, a todas las montañas y los valles, a todas las plantas y los planetas.

Meditación *tonglen*

Se practica en las escuelas de budismo tibetano; este tipo de meditación busca obtener los beneficios espirituales del significado básico de la palabra tibetana *tonglen*: recibir y dar. Igual que la práctica *metta*, *tonglen* se extiende fuera del ser propio hacia los demás, pero mientras que la meditación *metta* es una suerte de amor universal, *tonglen* tiene una misión de rescate: busca a quienes tienen una necesidad especial. Comienza donde Gautama empezó: con el sufrimiento. Su proceso básico es encontrar a alguien que esté sufriendo (esa es la parte fácil), visualizar que tomamos ese sufrimiento en nuestro interior, y después entregamos a quienes sufren nuestra propia paz y felicidad. Así, mientras se está sentado en silencio, se inhala el sufrimiento particular de quien sea que se desea ayudar. Está claro que puede ser alguien a quien se ama pero, igual que en la práctica *metta*, también puede ser el sufrimiento de alguien que no nos cae bien, solo que aquí no solo se envían buenos deseos a esa persona, sino que se intenta capturar su sufrimiento. Y entonces, en la exhalación, se visualiza la cordialidad, resistencia, confianza, lo que sea necesario a fin de que la persona haga frente a su dolor y lo pueda eliminar.

La práctica *tonglen* se basa en la convicción budista de que el sufrimiento nos puede proporcionar un modo de conectarnos o de recordarnos que estamos conectados; más aún, el sufrimiento de los demás puede ser el medio de destapar la compasión y el amor (*metta*) naturales que tenemos por los demás, pero que en muchos de nosotros se encuentra taponado. Así, el sufrimiento se convierte en un medio de sobreponerse al sufrimiento. Al provocar nuestra bondad amorosa natural, nos conduce a sentir esa conexión y así ayudar tanto a los demás como a nosotros mismos.

Pema Chödrön, una muy aclamada maestra de *tonglen*, amplía cómo puede funcionar este proceso. Esta meditación se puede hacer al revés, pues funciona igual de bien tanto del derecho como del revés. En aquellos momentos en los que uno mismo es el sufriente —cuando uno se siente atrapado por el férreo control de la ira, la desesperación, el miedo o la venganza— *tonglen* a la inversa comienza con el propio dolor, y entonces, inmediatamente y antes de dejarse atrapar por ese dolor, nos pide que lo conectemos con todos aquellos miles, quizá millones, de personas en todo el mundo que también padecen el mismo tipo de sufrimiento. Sencillamente, nos recordamos a nosotros mismos que nuestro dolor particular nos da derecho a formar parte del club universal de los sufridores. Y enviamos cálidos deseos de bienestar, paciencia, amor y fuerza a todos ellos, incluyéndonos a nosotros mismos como uno más.

Y aquí, como dice mi esposa, es donde empieza la magia del *tonglen*: al conectar con otros, al colocar nuestro propio sufrimiento junto al de los demás, al desearles el bien a los demás como una forma de desear el bien para uno mismo, maravillosamente uno se siente capaz de lidiar con el propio sufrimiento. No es solo que «la miseria ama la compañía», sino que la compañía es, de hecho, un remedio para la miseria.

Y no obstante, dada la forma budista de entender el mundo y el funcionamiento de las cosas, realmente no hay un gran misterio en cómo las meditaciones *tonglen* y *metta* pueden inculcarnos paz y fuerza. Esa es precisamente la forma en que tiene que funcionar la «meditación silenciosa llena de compasión». Al conectarnos con los demás a fin de desearles el bien o de asumir su sufrimiento, simplemente estamos haciendo lo que nos pide nuestra verdadera naturaleza como «no-seres»: en la meditación *metta* hacemos que el bienestar de los demás sea tan importante como el propio, y en la práctica del *tonglen* lo que hacemos es precisamente colocar la felicidad de los demás por delante de la propia. Y al hacer eso, descubrimos nuestra propia felicidad, la habilidad de amar y de tenernos en cuenta a nosotros mismos. Realmente no hay diferencia entre nuestro bienestar y el de los demás. Entender esto es darnos cuenta del «inter-Ser» que nos contiene a todos. Tal entendimiento es el despertar / la iluminación.

El papel clave de la atención plena (mindfulness)

En todas estas recetas distintas de meditación budista, hay un ingrediente determinado que es necesario para proporcionar la levadura sin la cual ninguna masa sube. Está implícito o se ha mencionado de pasada en las descripciones previas. Debo explicarlo con más claridad, pues se trata de un ingrediente que no se encuentra fácilmente en la mayoría de las despensas cristianas, o, si se encuentra, se emplea con demasiada moderación.

Me refiero a la *atención plena*. Sobre todo en las formas de meditación «llenas de sabiduría», el silencio y la posición sentada se dan en una atmósfera de atención plena. La atención plena prepara el escenario, y después se convierte en el escenario mismo de la práctica de meditación. De hecho, según el maestro de meditación Thich Nhat Hanh, si estamos realmente atentos, estamos realmente meditando: «Meditar significa ser consciente de lo que está pasando... de lo que está pasando en tu cuerpo, en tus sentimientos, en tu mente y en los objetos de tu mente, los cuales son el mundo.» Lo que afirma es muy profundo, y además puede ser muy difícil para un cristiano occidental como yo.

La conciencia que Thich Nhat Hanh dice que constituye la atención plena incluye mucho más, y hace muchas más demandas de lo que pude imaginar en un primer momento cuando comencé los estudios y mi novata práctica de meditación budista a principios de la década de los ochenta. No es solo un tema de darse cuenta de lo que está sucediendo; ese es únicamente el primer paso. Dos pasos adicionales tienen que seguir: uno tiene que *aceptar* completamente lo que está sucediendo y al mismo tiempo *no aferrarse* a lo que está sucediendo.

Pema Chödrön me ha ayudado a sintonizar con lo que son las demandas y la promesa de la práctica de la atención plena. En su *The wisdom of no escape* (*La sabiduría de la no-evasión*) establece tres pasos progresivos que nos pueden permitir tanto estar plenamente atentos como actuar con plena atención:

Precisión Realmente haz frente a lo que está pasando en ti o a tu alrededor, no lo ignores ni huyas de ello. Sé preciso, sé honesto y hazle frente en todos sus detalles, sean bellos o feos. Si te sientes temeroso, enojado, deprimido, feliz, satisfecho, envidioso, si alguien acaba de decirte algo desagradable o si acabas de ver en la televisión el horror de alguna catástrofe natural o de la violencia humana, reconócelo, no lo niegues, déjalo ser en la forma y el sentimiento que sea.

Ternura Esto es dar un paso más que el encarar lo que está pasando. Significa ser amable con ello, incluso llegar a abrazarlo. Sostenlo con ternura y amor, no necesariamente porque sea bueno (como podría serlo), sino porque está ahí. Es lo que está sucediendo. No solo hay que tolerarlo, sino aceptarlo. Aunque sea algo completamente horrible, mantenlo tiernamente, y si no puedes amarlo, al menos sé amable.

Soltar Habiendo encarado cualquier hecho o sentimiento que esté allí, habiéndolo aceptado y abrazado, ahora lo soltamos. Es como agarrar firmemente el collar de un perrito haciendo cabriolas, hacerle cosquillas en el hocico y después liberarlo para que siga su camino. No le gritamos ni le decimos ¡vete!, simplemente aflojamos las amarras y permitimos que suceda lo que ha de suceder.

Y en este punto puede tener lugar lo que Thich Nhat Hanh llama «el milagro de la atención plena». Es milagrosa porque es misteriosa, felizmente extraña. Poniendo atención plena en los pensamientos y en los sentimientos que el mundo que nos rodea suscita en nosotros, encontramos que somos capaces de lidiar con lo que sea que el mundo nos mande. Reconociendo honestamente, aceptando amorosamente y después liberando suavemente cualquier emoción positiva o negativa que un acontecimiento, una persona o una memoria pueda provocarnos, nos encontramos libres para lidiar con ello o responder a ello de una forma en la que somos nosotros, no la emoción, quienes respondemos. La atención plena es parecida a una de aquellas máquinas de seguridad por las que hay que pasar en el aeropuerto: identifica y luego elimina lo que sea que pueda amenazar tanto tu propio bienestar como el de tus compañeros de viaje. La atención plena impide que nuestras propias emociones u opiniones nos secuestren.

Pero esto solo es la mitad del milagro. La atención plena también nos capacita para responder a esas emociones de una forma apropiada. Habiendo despojado, por así decirlo, al sentimiento o al pensamiento de su intensidad inmediata (ya sea negativa o positiva), identificándolo y después dejándolo pasar, nos encontramos capaces de hacer con ello lo que hay que hacer. «Lo que hay que hacer» es una expresión imprecisa, lo sé. Pero eso forma parte del asombroso funcionamiento de la atención plena. Nos libera, nos capacita para actuar más que para reaccionar. Y sea lo que sea esa «acción» —alejarse o hacer frente, oponerse o dejar reposar— se hará pacífica y compasivamente desde una compostura interna y una ternura externa, tanto por los amigos como por los adversarios.

En una entrada de mi diario de junio de 1988, intenté detectar la fuente del milagro de la atención plena:

> Estando plenamente atentos, no importa qué clase de sentimientos o pensamientos tengamos —no importa cuán intensa sea la ira, cuán profunda la herida, cuán confuso el sentimiento de insuficiencia—, pues tenderán a resolverse por sí mismos. O mejor dicho, serán disueltos en la luz y la calidez de la unidad fundamental, del Espíritu de interconexión, que es el hecho más fundamental de la existencia.

No siempre funciona de esa forma. Pero muy a menudo, milagrosamente, sí lo hace.

VOLVER: EL SACRAMENTO DEL SILENCIO

Lo que he descubierto en mi esfuerzo por acercarme a la práctica budista y lo que me gustaría sugerirle a mi comunidad cristiana es básicamente esto: nosotros los cristianos necesitamos un sacramento adicional (para los católicos sería el octavo; para los protestantes, el tercero). Es el Sacramento del Silencio —o el Sacramento de la Meditación. Además, creo que los cristianos necesitamos recibir este sacramento de una forma regular y frecuente, tan frecuentemente como todos los días. (Afortunadamente, es un sacramento autoadministrado, por lo que no hace falta ir a la iglesia.)

Lo que recomiendo en el resto de este capítulo no es la substitución de las formas cristianas de oración y liturgia. Es una *adición* y, creo, una adición necesaria. Por Sacramento del Silencio me refiero, esencialmente, a la clase de prácticas espirituales que hacen uso del silencio —tanto verbal como mental— con el fin de escuchar el significado más profundo, interno, de las palabras en las que decimos creer. El Sacramento del Silencio pretende dirigir una forma de conocer que vaya más allá de los pensamientos y de las palabras. Si el Misterio es el fin y también el contenido de toda nuestra vivencia religiosa, entonces el Silencio es un medio necesario para permitir que ese Misterio hable.

Como he comentado antes en este capítulo, es cierto que el uso del silencio meditativo no se ha excluido de la práctica cristiana; pero tampoco, creo, se ha incluido de forma suficiente. No se ha enseñado de forma significativa y cautivadora a los fieles cristianos. Creo que el budismo puede ayudar a los cristianos a redescubrir, o «re-cordar» y reconstruir, los ingredientes contemplativos descuidados de su propia tradición.

Desde luego, a mí me ha ayudado. Mi exploración de la práctica budista me ha capacitado para entender y usar el Sacramento del Silencio en mi práctica cristiana. Sinceramente puedo decir que sin estas prácticas budistas, sin ese Sacramento del Silencio, creo que no sería capaz de orar como cristiano. Las prácticas budistas me han ayudado a clarificar mi entendimiento y a facilitar mi uso de la oración y del ritual cristianos. Personalmente, ahora rezo de forma muy diferente. Ritualmente, siento el lenguaje de la liturgia de manera distinta. No estoy diciendo que esto pueda o vaya a sucederles también a los demás miembros de mi familia cristiana. Pero podría ser el caso. Y sospecho que sería bueno si fuera así.

Usar un cubo budista en un pozo cristiano

Estoy hablando de prácticas que pueden ayudarnos a los cristianos a recurrir al contenido místico de nuestra fe. El budismo puede ayudar a los cristianos a ser cristianos *místicos*. Nos puede ayudar a responder a la necesidad que identificamos en el capítulo II y que Karl Rahner resumió cuando declaró que para que el cristianismo pueda sobrevivir en nuestra era contemporánea va a tener que reapropiarse de su profundidad mística.

Retomando la metáfora usada al principio de este capítulo, el budismo ofrece a los cristianos un cubo que puede llegar hasta las profundidades místicas del pozo cristiano. Proporciona una ayuda, para algunos decisiva, para darse cuenta y penetrar en el corazón no-dualista, o unitivo, de la vivencia cristiana, una forma de ser uno con el Padre, de vivir la vida de Cristo, de ser no solo el contenedor del Espíritu, sino su encarnación y expresión, de vivir por, con y en el Espíritu, de vivir, moverse y tener nuestro ser en Dios.

Lo que propongo es un medio budista para un fin cristiano: las herramientas budistas para un proyecto cristiano. Aquí, algunas personas —especialmente algunos de mis colegas en la universidad— podrían hacer objeciones. ¿No es este un error de categorías? O, de forma más directa: ¿no es como usar estrategias de béisbol para alcanzar objetivos en el fútbol? Es verdad, lo que los cristianos persiguen es diferente de lo que buscan los budistas. Para los cristianos se trata de identificarse con el Espíritu-Cristo. Para los budistas, se trata de la realización de su naturaleza búdica. De todos modos, estas dos vivencias tan diferentes tienen algo en común: son vivencias *unitivas, no-dualistas, místicas,* en las cuales encontramos que nuestra propia identidad está, de alguna manera, unida con lo que es más que, y al mismo tiempo uno con, nuestra identidad.

Para esto son buenas las prácticas budistas: para alcanzar tales vivencias unitivas en las cuales el ser es tan transformado que se encuentra a sí mismo cuando se pierde. Y ahí es donde creo que los cristianos pueden aprender mucho de los budistas. Fijándose en cómo los budistas alcanzan sus «metas», los cristianos podrán reencontrar más fácilmente las suyas propias.

Pero todavía podría haber una fuente de ansiedad: ¿no es esto una explotación del budismo? ¿Podría ser otro ejemplo, más sutil, de los cristianos occidentales cayendo en la tendencia colonialista de aprovecharse de otras culturas y religiones en beneficio propio? Sin duda, esa es una tendencia probada y un peligro real. Pero la explotación sucede cuando uno de los bandos queda empobrecido o dañado. Lo que estoy «tomando» del budismo no lo disminuye de ninguna manera; de hecho, los maestros budistas que he conocido han estado muy contentos de regalarlo.

Lo que estoy haciendo es, más bien, un ejemplo del recibir y del dar entre las religiones que llamamos diálogo. Raimon Panikkar lo describe como la «fructificación recíproca» que puede y tiene que darse entre las religiones. Todos nosotros tenemos muchísimas cosas que aprender de los demás. ¡Tal vez algún día un budista escriba un libro titulado *Sin Cristo no podría ser budista*!

Entonces, permítanme ahora tratar de describir algunas de las formas en las cuales he añadido —confío en que puedo decir integrado— las recetas budistas en la práctica cristiana: cómo el budismo me ha capacitado para entender y recibir diariamente el Sacramento del Silencio cristiano.

Recibir a Cristo en la Santa Comunión del silencio

Si para san Pablo y para los cristianos a través de los siglos ser cristiano significa «estar en Cristo Jesús», si la sustancia y el significado decisivos de la resurrección es, como tratamos de decir en el capítulo v, que el Espíritu-Cristo que animó a Jesús continúa viviendo en, y anima y dirige a, aquellos que se llaman a sí mismos seguidores de Jesús, entonces el corazón y el latido continuo del cristianismo son una unión mística con el Espíritu-Cristo. Esto es lo que el sacramento de la eucaristía o la cena del Señor intentan mantener vivo. Cuando nosotros los cristianos bendecimos y consumimos el pan y el vino, nuestros cuerpos toman y se convierten en su cuerpo; él vive en nosotros y nosotros en él. Por eso la cena del Señor es un sacramento que todos los cristianos —protestantes, ortodoxos, católicos— consideramos esencial en la vida continua de la comunidad.

Creo que lo que llamo el Sacramento del Silencio es, para un número creciente de cristianos, algo igualmente esencial. Donde el sacramento de la eucaristía intenta provocar la experiencia mística por medio de palabras y símbolos, el Sacramento del Silencio lo intenta hacer sin pensamientos ni cosas. Ambos sacramentos, puedo decir por mi propia experiencia, se necesitan mutuamente.

La meditación, entendida y practicada con la ayuda del budismo, es una forma muy necesaria para que los cristianos vayan más allá de las palabras y de los recubrimientos conceptuales que tan a menudo oscurecen el Misterio en el corazón del cristianismo —el Espíritu-Cristo respirando en la comunidad. En la meditación, sin usar ni palabras ni imágenes concretas, simplemente nos sentamos con el Espíritu. El silencio es un medio para reconocerlo, dejarlo ser, abrirnos a él. Comulgo simplemente siendo. El silencio permite que mi ser, el cual es un «ser en Cristo», se exprese a sí mismo, se pueda sentir. No es únicamente que me vuelva consciente del Espíritu-Cristo en mí; encuentro que yo mismo *soy* la consciencia del Espíritu-Cristo. No soy yo quien vive: como dijo Pablo, es Cristo.

En una entrada de mi diario de julio del 2003, intenté expresarlo de esta forma:

> Para mí, sentarme en silencio es sentarme en la conciencia del «No yo, sino Cristo», o como me dijo en una ocasión un maestro budista, una conciencia del «yo... Cristo». Sentándome, quiero llegar más allá de las técnicas de contar la respiración, de observar mis pensamientos, de identificar «pensamiento, pensamiento...», por muy importantes y esenciales que sean esas técnicas. Lo que yo realmente quiero es permitirle a Cristo ser Cristo en y como yo. Esta es una realidad, es algo tan real como la próxima inspiración que voy a hacer: el Cristo vivo, el Espíritu de Cristo, respira en mí y como yo. Sentándome, quiero hundirme en esa realidad y estar rodeado de ella.

He encontrado que, algunas veces, en lugar de contar las respiraciones —un método que los maestros budistas aconsejan especialmente cuando se comienza a aprender el arte de meditar— puedo usar un mantra cristiano para marcar la respiración: «No yo» al inspirar, «Cristo» al expirar. De nuevo, no intento pensar en el significado de las palabras; de alguna manera, trato de permitir que ellas piensen en mí. A veces, cuando uso las prácticas *metta* o *tonglen* descritas anteriormente, encuentro que adoptan una energía particularmente cristiana cuando siento que la compasión que envío a los demás es la compasión del Espíritu-Cristo que vive en mí. En una reflexión en mi diario de marzo del 2005, me di cuenta de que cuando intento efectuar esta práctica durante el día, cada vez que me siento llamado a la compasión puedo ser consciente del Espíritu:

> Constantemente recuerdo que soy el Espíritu-Cristo precisamente por la procesión constante de personas que son parte natural del vivir. Sobre todo cuando alguien se me acerca alterado, o cuando lo juzgo como fuente de codicia o de injusticia, tengo una campanilla, siempre fiable y que suena constantemente, que me llama a relacionarme con ellos con bondad amorosa, incluso cuando tengo que enfrentarme y decirles que me opongo a lo que dicen o a lo que hacen.

Otra forma en la que los cristianos podrían usar las prácticas budistas con el fin de despertar al poder transformador del «ser en Cristo» es a través de los preceptos tibetanos de visualización. Al fin y al cabo, se podría definir al cristiano como aquel que ha escogido a Jesús el Cristo como su *yidam*. La persona y la historia de Jesús contienen lo que los cristianos sienten que necesitan y lo que quieren ser. Por tanto, en una forma cristiana de visualización de la meditación vajrayana, comienzo con las técnicas que aprendí en el año 1957 en el noviciado: visualizo a Jesús, quizá en una escena particular de su vida, o miro una imagen de él, por ejemplo, un crucifijo, con el fin de «ver» y sentir la escena en todas sus particularidades. Pero entonces, viene algo diferente de lo que aprendí en el noviciado: en lugar de hablar o de rezarle a Jesús, en lugar de identificar nítidamente las virtudes suyas que quiero aprender para mi propia vida, en ese momento voy más allá de las palabras o pensamientos y siento, o permito que me venga a la consciencia, que lo que estoy imaginando frente a mí es la realidad dentro de mí. Este Jesús, como Pablo nos recuerda en sus epístolas, es el Cristo que ahora vive en nosotros y como nosotros. La imagen externa visualizada se convierte en la realidad interna sin imagen de mi unidad no-dual con Cristo.

Hay un paso final y una última diferencia de las formas tradicionales de visualización-oración cristiana: suelto mi imagen de Jesús. Me retiro, por así decirlo, o me aparto de ella. La forma externa del Jesús histórico no debe impedir el nacimiento del Espíritu-Cristo en mi ser. El budismo me ha ayudado a palpar lo que pienso que es el contenido de lo que Jesús les dijo a sus discípulos: «Si no me voy, no vendrá a vosotros el Paráclito; pero si me voy, os lo enviaré» (Juan 16,7).

*La ausencia de mundo revela la ausencia de fundamento
– el Dios más allá de Dios*

En las adaptaciones cristianas de las prácticas meditativas budistas que hasta el momento he explorado, hasta cierto punto todavía he estado utilizando palabras (mantras) o imágenes (mandalas) a fin de ir más allá de las palabras y de las imágenes. Pero en mi esfuerzo por utilizar prácticas budistas para propósitos cristianos, he descubierto que también tengo que seguir, de forma regular y firme, una práctica zen más estricta y, como dicen los practicantes del zen, debo dejar que todas las palabras, pensamientos e imágenes *desaparezcan*.

No utilices ninguna técnica en particular, ni siquiera cuentes las respiraciones ni trates de ser consciente de la respiración. No tengas ningún pensamiento de lo que intentes ser consciente de (por ejemplo, la presencia del Espíritu, Cristo viviendo como yo). Si los pensamientos surgen, como lo harán, simplemente suéltalos. No te apegues. No fuerces. Solo siéntate. Solo respira. Solo sé. Y permite que suceda lo que suceda, sin esperar nada.

Lo que puede suceder es que comencemos a penetrar más profundamente en la vivencia mística unitiva, no-dual que alimenta todas las religiones, pero que se siente y se expresa de forma diferente en cada una. No existe una forma clara de hablar sobre esta clase de experiencia mística fundamentadora. Pero la manera como Pema Chödrön describe cómo se siente revela, por lo menos para mí, el significado total de lo que nosotros los cristianos llamamos «fe». Chödrön nos informa de que la experiencia mística fundamentadora está *infundada*. Para ella, la práctica de la meditación —que en realidad es la práctica del vivir cotidiano— es un soltarlo todo y permitirse ser llevado por la «vasta apertura» o la «ausencia de fundamento».

¿Ser llevado por la ausencia de fundamento? ¿Cómo puede lo que no existe llevarnos y sostenernos? No hay respuesta para esta cuestión, ni explicación de cómo podemos ser llevados por la ausencia de fundamento. Pero es lo que ocurre (si permitimos que suceda). O, en términos cristianos, si *confiamos* en que sucederá.

Y eso es a lo que la fe nos llama. Una práctica regular de meditación silente, sin palabras, puede explicarles a los cristianos de una manera potente y existencial que la fe es, en esencia, confianza. ¿Confianza en qué? La respuesta habitual es en Dios. En la meditación podemos comenzar a comprender —no, no a comprender, sino a sentir o a intuir— lo que eso significa. Experimentar a Dios es dejarse llevar, por así decirlo, por la ausencia de fundamento.

Durante un retiro en agosto del 2004, en el que estaba leyendo *When things fall apart* (*Cuando todo se derrumba*) de Pema Chödrön, sentí la paz y la fuerza que vienen de darse cuenta de que Dios es la ausencia de fundamento y de que la fe es confianza:

> Permanecer en la ausencia de fundamento significa que estamos realmente confiando... La confianza significa que «aceptamos» lo que es, dejamos ir lo que es, y confiamos en que esa es la mejor manera de lidiar con las cosas. Es más, es la mejor manera de mantener las cosas en marcha, la mejor forma de «cumplir la voluntad de Dios» o de ser parte del proceso de *pratitya-samutpada* [«inter-Ser»] dinámico, siempre cambiante y creativamente interconectado.
>
> Para mí, y quizá para muchos cristianos, la parte más difícil de esa vida de fe o confianza es aceptar la realidad tal como es. Aceptación, por supuesto, no significa aprobación o afirmación. Significa permitir ser lo que es a fin de que, con nosotros, llegue a ser lo que pueda ser. ¿Qué llegará a ser? Eso no lo sabemos. Esa es la parte invisible de la fe. De que llegará a ser estamos seguros. ¿Por qué? Porque tenemos fe, confiamos... Contra toda

probabilidad, sin datos de consideración, sin ningún signo de éxito en el horizonte, confiamos en que todo tipo de cosas estarán bien. Se necesita valor espiritual.

Anteriormente, en el año 2001, me di cuenta de que la ausencia de fundamento de la que hablaba Pema Chödrön y de que el énfasis que Karl Rahner ponía en el Misterio eran dos dedos diferentes señalando a la misma luna:

> Esto es lo que Rahner dice del 'Misterio'. Recientemente leí una comparación de Leo Lefebure [en *Revelation, the religions and violence* (*Revelación, las religiones y la violencia*)] sobre la semejanza entre la comprensión del Misterio por parte de Rahner y la noción del Vacío o de la ausencia de fundamento por parte de Masao Abe: para ambos, sentir la Realidad del Misterio o *sunyata* significa soltar al ser, confiar plenamente en lo que los dos llaman la apertura infinita. ¿Apertura a qué? A lo que es, a lo que está sucediendo ahora, con la confianza de que lo que está sucediendo es de lo que formo parte y de que me sostendrá y me guiará, momento a momento. Solo momento a momento. Aquí no se prometen grandes revelaciones. Solo una confianza plenamente atenta de cada momento tal como viene, con todo lo que contiene, con su confusión o su inspiración, con su alegría o su horror, con su esperanza o su desesperación. Lo que sea que exista, esa talidad en este momento, es el soplo del Espíritu, el poder del Misterio, la conectividad del Vacío.

Más tarde, en ese mismo año 2001, me di cuenta de que:

> Merton apuntaba a lo mismo: «Suspendido totalmente de la misericordia divina, estoy contento porque nada pasa» [Diario de Merton, 19 de noviembre de 1952]… Se trata de la noción budista de que todo es perfecto en este preciso momento, justamente en lo que es este momento es. *Tathata* (talidad). La talidad de cada momento es la infinita Misericordia de Dios.

Así, la práctica regular del Sacramento del Silencio nos puede conducir a los cristianos hacia una experiencia más profunda de lo que significa tener fe. Ir más allá de las palabras es ir más allá del conocimiento claro; entrar en el silencio es entrar en la ausencia de fundamento. Igual que el silencio es plenitud, la ausencia de fundamento nos sostiene. Lo que la práctica budista nos enseña a los cristianos es algo que nuestra religión, que fue creada con palabras, puede fácilmente olvidar: que para realmente tener fe, para de verdad confiar en Dios, necesitamos no saber verdaderamente en qué confiamos. La confianza exige no saber. Si sabemos, no tenemos por qué confiar.

Eso es lo que mi profesor Bernard Lonergan S. J. quiso decir cuando nos explicó que la fe es un enamorarse sin estar seguro de lo que se ama. La fe, como el amor, nos dice lo que realmente no sabemos; va más allá del conocimiento. El peligro para nosotros los cristianos es que, con todas nuestras palabras, tenemos demasiado claro en lo que confiamos cuando confiamos. Sí, para nosotros, las palabras son importantes. Pero si las tomamos demasiado en serio, si estamos demasiado seguros acerca de lo que confiamos, nos perderemos tanto el desafío como la recompensa de lo que la fe realmente es, de lo que requiere, de lo que la hace posible. Al dar un paso confiado hacia el acantilado, hacia la ligera atmósfera de lo infundado, podemos experimentar la fuerza y la paz de saber que la ausencia de fundamento, el Misterio, nos sostiene. Así, cuando los cristianos decimos: «Abandónate y permite que Dios actúe», ese abandono incluye desapegarse de las palabras y de la certeza del conocimiento. Solo entonces realmente «permitimos a Dios ser Dios». Dios como Misterio habla con mayor claridad y poder en el silencio.

La importancia de estar plenamente atento

Hay un ingrediente más de la practica budista que pienso que los cristianos necesitamos integrar en nuestra práctica del Sacramento del Silencio. Como vimos en la sección de «Ida», en todas las formas de meditación budista —en las que se centran en la sabiduría y en las que se centran en la compasión— la atención plena es el punto de partida. He encontrado tanto en mi oración como en mi meditación que introducir la práctica de la atención plena, como he subrayado en la sección previa, me puede proteger, y quizá también a otros cristianos, de los peligros reales de la forma en la que oramos o en la que intentamos conectar con lo Divino.

Me refiero al peligro de no traer realmente la realidad de quienes somos y de lo que sucede en nuestra vida y en el mundo a nuestro esfuerzo por abrirnos a la presencia del Espíritu. La oración cristiana, como he visto en mi propia vida, muy fácilmente puede convertirse en una forma de no encarar la realidad (mi propia realidad interna o la del mundo). Me he dado cuenta de que la oración se puede convertir en una buena ocasión para ser involuntariamente deshonesto con uno mismo, o tal vez una escapatoria de la propia realidad caótica.

Intento llegar a algo que puede fácilmente suceder entre nosotros, los cristianos. Nos volvemos hacia Dios antes de mirarnos realmente a nosotros mismos. Pedimos soluciones antes de encarar los problemas con franqueza y comprenderlos apropiadamente. Al buscar a Dios con demasiada facilidad nos olvidamos de escuchar lo que el Espíritu está diciendo y haciendo en la apremiante situación de nuestras vidas. Las soluciones que buscamos pueden estar en los mismos problemas que encaramos. Pero no las vemos porque no estamos suficientemente atentos al problema —de dónde surge, por qué apareció, qué provoca en nuestro interior.

Creo que esto es lo que los budistas reconocen cuando insisten en la importancia de la práctica de la atención plena. Para decirlo sin ninguna originalidad, si bien de forma precisa, los budistas han descubierto que todo lo que necesitamos para lidiar con cada momento se descubre en cada momento. En sus palabras, podemos encontrar nuestra naturaleza búdica, podemos saber cómo responde nuestra naturaleza de Buda, solo aquí, solo ahora, en ningún otro lugar, sino en el aquí y en el ahora. Traducido a términos cristianos, el Espíritu se puede sentir o «escuchar» en lo que realmente sucede ahora en cualquier situación, en cualquier cuestión, en cualquier problema al que nos enfrentamos en el momento presente. Para conocer y sentir esa naturaleza de Buda o del Espíritu, tenemos que prestar atención al momento.

Los tres movimientos de la práctica de la atención plena de Pema Chödrön que mencioné anteriormente (Precisión, Ternura, Soltar) realmente pueden reducirse a dos ingredientes: *reconocer* lo que sucede con toda honestidad, para después *aceptarlo* tanto como podamos. Algunos maestros budistas ciertamente acentúan la parte de aceptación y piden abandonarse a lo que está pasando. Lo dejamos ser; no intentamos controlarlo; es más, lo abrazamos. Ahora bien, esto no significa que estemos de acuerdo con ello, que lo aprobemos o que lo fomentemos. Más bien, lo permitimos, lo aceptamos, y sí, hasta lo mantenemos cerca —aun cuando sea horrible, espantoso o incluso lo que llamaríamos «malo». Y si podemos hacer algo así —si podemos verdaderamente estar atentos a lo que sucede en nuestro interior o a nuestro alrededor— podremos descubrir o sentir «el Espíritu» que hay en él. Entonces nuestra respuesta a la situación podrá nacer del Espíritu más que de nuestros sentimientos automáticos de miedo, ira o envidia. Y cualquiera que sea la respuesta, ya sea soportar una situación con valentía o actuar con creatividad, será llevada a cabo con *entendimiento y compasión*, lo cual significa que dará vida o la creará.

Todo esto suena un poco misterioso, tal vez hasta un poco excéntrico, lo sé. Por eso, como ya dije, los budistas hablan del «milagro de la atención plena». Es por ello por lo que la atención plena tiene que ser una parte esencial de la práctica del Sacramento del Silencio. El primer paso para recibir este sacramento es la práctica de la atención plena. Llevamos esta atención plena, esta aceptación de la realidad, a nuestra meditación silente a fin de permitirle desaparecer en el silencio.

En marzo del 2000 traté de conectar la práctica de la atención plena con mi ser en Cristo: «Funciona en ambos sentidos: estando en contacto o atento al momento, encuentro a Cristo en el aquí, en este mundo. Y al encontrar a Cristo en este momento, el momento ya no tiene poder sobre mí.» Solo así la encarnación del Espíritu-Cristo continúa en el mundo sin ser anulada por él.

Llevar el silencio a la iglesia

Pero por muy maravillosamente necesario que pueda ser el Sacramento del Silencio para profundizar o expandir mi práctica cristiana, como cristiano todavía sigo apegado a las palabras, a gran cantidad de palabras. El cristianismo es una religión del ritual. (Por supuesto, esto es más cierto para los cristianos católicos y ortodoxos que para los protestantes.) Para mantener y vivir nuestra experiencia religiosa, los cristianos nos reunimos en comunidad, y cuando lo hacemos, hablamos, cantamos y rezamos juntos. Y el lenguaje que usamos proviene de los textos sagrados y litúrgicos («sacramentarios» o «libros de oraciones comunes») producidos en ambientes históricos y culturales muy diferentes. Tal lenguaje, como examinamos en la primera parte de este capítulo, puede llegar a ser muy pesado, opresivamente dualista y antropomórfico, aparentemente dirigido a Dios, a la Super-persona que se encuentra ahí fuera.

Entonces, ¿cómo encaja el Sacramento del Silencio unitivo, no-dualista, místico, con el resto de los sacramentos y rituales de la práctica cristiana? Supongo que lo que estoy preguntando es si el Silencio es un sacramento personal que nos debemos administrar nosotros mismos en la privacidad de la «cueva del corazón», o bien si es un sacramento que deberíamos llevar a la iglesia y compartirlo en comunidad.

Para contestar a esta pregunta directa y simplemente: he podido llevar el Sacramento del Silencio —o, más específicamente, sus frutos— conmigo a la misa de los domingos y a nuestros servicios religiosos diarios en el Union Theological Seminary. Y ha cambiado cualitativamente la forma en la que participo en esos rituales, incluso me atrevería a decir que ha sido para mí como un salvavidas o una salva-fe. Mi práctica regular de meditación silente me ha permitido no solo resistir el torrente de palabras litúrgicas, sino también el ser arrastrado por su poder.

No hay una forma clara de explicar por qué esto sucede. Pero estoy seguro de que tiene que ver con la forma en la que la práctica del silencio me hace consciente de que el contenido de la liturgia, igual que el contenido de toda la doctrina y del dogma cristianos, tiene que ver fundamentalmente con el Misterio. Y el Misterio, por su propia naturaleza, necesita palabras a la vez que siempre se mantiene más allá de ellas. Así, cuando alzo la voz para cantar la «Gloria a Dios», cuando manifiesto que «creo en Dios Padre todopoderoso», cuando me confieso ante «todos los ángeles y santos del cielo», mi práctica del silencio me ha ayudado a sentir que todas esas palabras son tan ciertas como inadecuadas. Son símbolos. Y son verdad precisamente —o me atrevería a decir «solamente»— porque son símbolos. Saber que todas esas palabras litúrgicas y rituales, gestos e himnos son símbolos hace que liberen su poder.

Mientras que las palabras e imágenes que conforman la vida litúrgica de la Iglesia informan y guían mis valores, esperanzas y acciones sé que hay mucho más de lo que me cuentan, que puedo saber mucho más, que hay mucho más de lo que nunca sabré. Por tanto, conservo y aprecio esas palabras —palabras consagradas y apreciadas, transmitidas en la tradición de mi comunidad. Pero no me apego a ellas. Son verdaderas. Pero nunca serán la *Verdad*. Al no apegarme a ellas, me pueden conmover aún más profundamente. Sabiendo que son dedos, ¡puedo ver la luna!

Una práctica en particular del budismo tibetano me ha sido especialmente útil para aprovechar el poder de mi lenguaje litúrgico cristiano. Esto lo entendí claramente durante un retiro *dzogchen* de diez días en el que participé durante el verano del 2008 mientras trabajaba en las últimas revisiones de este libro. Durante todas las sesiones de ese retiro, empezábamos invocando a varios budas y *bodhisattvas* (especialmente a la figura femenina de Tara); cantábamos (algunas veces con el fervor de los cristianos pentecostales); invocábamos y pedíamos bendiciones y auxilio; nos imaginábamos sostenidos y amados por nuestros «benefactores espirituales»; éramos invitados a «absorber el resplandor curativo de sus deseos para nuestra felicidad en cada célula de nuestro cuerpo».

Y, luego, después de ser arrastrados tan espléndidamente y con total abandono en el lenguaje y las imágenes de ese ritual, fuimos invitados a «soltar la visualización y simplemente descansar en unidad con la luminosidad amorosa, liberando todos los marcos de referencia. Dejar ser profundamente en esa suave plenitud luminosa más allá de la separación entre el yo y los demás. Disfrutar siendo: relajados, en paz, completos.»

Esta experiencia de meditación *dzogchen* me invitó, a mi regreso a la práctica cristiana, a abandonarme a mí mismo aún más profundamente en el lenguaje y el contenido de la liturgia cristiana. Para muchos practicantes religiosos (como los cristianos y los budistas tibetanos) esto no es solo un ejercicio provechoso; es una forma necesaria y poderosa de estimular la imaginación, incluso nuestro cuerpo, y de permitirnos sentir la presencia del Misterio y del Espíritu en nuestras fibras corpóreas y emocionales. Pero esta práctica tibetana añade algo adicional que para mí faltaba en la práctica cristiana: el recordatorio de que somos capaces de «soltarlo todo», de «abandonar» las palabras y las imágenes y de «relajarnos» ante el Misterio que tanto se comunica como a la vez permanece, en esencia, más allá de todo olor y campana, de toda palabra y gesto necesarios. Así que ahora, durante las misas y los servicios, hago uso o encuentro momentos de Silencio (desearía que me proporcionasen más) en los que puedo desapegarme de todo y sentir el Misterio más allá de las palabras.

De distintas maneras, he descubierto que este proceso de «escuchar» las palabras de la liturgia y del ritual con los oídos sintonizados al Silencio puede funcionar y revitalizar la mayor parte del lenguaje que escucho en la iglesia los domingos por la mañana. Pero no todo. Hay algunos dedos en la liturgia y en el lenguaje cristianos que he heredado y que sencillamente no señalan, por mucho que los empape en silencio. Y no es porque sean demasiado antropomórficos o apunten al dualismo. Es porque están equivocados, son falsos o no son coherentes con el mensaje de Jesús. Estoy hablando especialmente del lenguaje patriarcal que hace tanto hincapié en el poder divino que acaba poniendo en peligro el amor de Dios.

Por esto, cuando las oraciones litúrgicas o los himnos me presentan a un Dios que tiene enemigos a los que vence o a un Dios que llega a estar tan enojado que condena o destruye, acabo por callarme, tanto por reacción espontánea como por protesta. Y les hago notar a los demás miembros de la parroquia y al párroco mi desasosiego y mi protesta de la forma más fervorosa y sensible que puedo. Cambiar el lenguaje de las instituciones y de la tradición lleva su tiempo.

Pedir es conectar

Entonces, en general, puedo decir que la práctica del Sacramento del Silencio me ayuda a lidiar con el lenguaje de la liturgia y a ser inspirado por él. Esto también incluye uno de los mayores obstáculos del ritual para mí: las oraciones de petición. Sí, sigue siendo cierto que no puedo simplemente responder «Señor, escucha nuestra plegaria» cuando lo que pedimos requeriría que Dios prefiriera nuestras necesidades —las de nuestra nación, equipo o Iglesia— sobre las de los demás. Ante peticiones del tipo «yo primero», de nuevo, pierdo mi voz. Pero en cuanto a las plegarias de petición en general, creo que mi recepción diaria del Sacramento del Silencio me ha ayudado a ver y a sentir no solo la validez, sino también el valor de llevar nuestras peticiones al Espíritu.

Si de lo que nos volvemos conscientes en el silencio es real —es decir, si nosotros, cada uno de nosotros, somos parte del Misterio de interconexión que llamamos Espíritu y que tiene su vida en nosotros—, entonces las plegarias en las que expreso mi preocupación y mis mejores deseos para el prójimo son formas en las que puedo representar, por así decirlo, lo que conozco en el silencio: mis conexiones fundadas en el Espíritu y la compasión por todos los otros seres, especialmente aquellos más necesitados. Así es como los budistas entienden que funcionan las prácticas *tonglen* y *metta*. Así es como puedo comprender que funcionan nuestras plegarias de petición. Cuando siento compasión por los demás, estoy «practicando» lo que soy. Estoy permitiendo que la energía del Espíritu me conecte con los demás.

Y cuando hago esto, estoy convencido de que es bueno para mí, porque me conecta con los demás. Cuán bueno sea para los demás, cuánta energía de esa que siento y envío les va a llegar y a afectar, eso no lo sé con seguridad. De lo que no dudo es de que sea bueno para mí. Confío en que también será bueno para ellos.

En todo caso, cuando rezamos de esta manera por los demás, no estamos solicitando una intervención divina. Es una forma de permitirle al Espíritu de conexión emerger más que invadir; es activar el Espíritu que ya está ahí, más que pedirle que intervenga desde fuera. Las plegarias de petición, podríamos decir, nos hacen conscientes —y por tanto nos convierten en agentes más activos— de la naturaleza búdica que contienen todos los seres, o el Cuerpo de Cristo del cual todos somos parte. Pedir es conectar, real aunque misteriosamente.

En todas estas instancias de búsqueda de significado en la oración litúrgica y de petición he estado, por decirlo de algún modo, llevando el silencio a la iglesia. No obstante, si nosotros los cristianos realmente integráramos el Sacramento del Silencio en la médula de nuestra práctica cristiana para que forme parte de nuestra vida comunal y litúrgica, tendremos que crear *más* silencio en la iglesia.

Aquí hay mucho trabajo por hacer. Por muy hermosas e inspiradoras que puedan ser las liturgias cristianas, todavía son, para mí y sé que para muchos de mis compañeros feligreses, demasiado ruidosas, demasiado recargadas, demasiado locuaces —lo cual no significa que sean suficientemente respetuosas con lo que los liturgistas llaman el *Arcanum*, el Misterio sin palabras que está en el centro de todo el ritual exitoso.

Por decirlo de una manera franca pero también suplicante: los cristianos necesitamos más silencio en nuestros servicios y liturgias. Cómo podrá llevarse a cabo, cómo podremos combinar y equilibrar el silencio con nuestras palabras, oraciones y cantos tendrá que ser establecido como parte de la reforma litúrgica en desarrollo que se inició, para los católicos, a partir del Concilio Vaticano II.

No obstante, sugiero, pues lo he experimentado personalmente, que en este campo los cristianos occidentales tienen mucho que aprender de los cristianos asiáticos. Debido a la influencia de las culturas budista e hindú en las que viven, muchos cristianos asiáticos dan por supuesto que el silencio tiene que formar parte del ritual cristiano. Al participar en la «misa budista» del padre Aloysius Pieris en la pequeña capilla de su centro de diálogo en Tulana (Sri Lanka), o al formar parte de la gran congregación que celebraba una «eucaristía india» en el Catholic Dialogue Center en Bagalore (India), he sido testimonio de cómo el uso del silencio comunitario se puede integrar en la liturgia cristiana y así enriquecerla. Tales rituales son el resultado de idas y vueltas litúrgicas a las espiritualidades orientales. Y brindan esperanza al ofrecer ejemplos para toda la Iglesia cristiana.

En resumen, al ir a la práctica espiritual budista, he aprendido, y puedo enseñarle a mi Iglesia, que todas nuestras palabras, tanto en la teología como en la liturgia cristianas, deberían surgir del Silencio y guiarnos de regreso a él. Solo entonces tendrán algo que decir.

VII

HACER LA PAZ Y SER PAZ

«En este capítulo vamos a hablar de la práctica.» Es la primera frase del capítulo anterior. En esa instancia usamos la palabra *práctica* en su sentido budista: los ejercicios diarios que uno sigue con el fin de mantenerse en buena forma espiritual. En este capítulo vamos a hablar sobre la *práctica* en su significado cristiano: las actividades llevadas a cabo con el fin de vivir la espiritualidad propia en el mundo, sea a nivel local o global. Generalizando de una forma burda, los budistas aluden a su práctica como algo más bien interior y personal, mientras que para los cristianos es algo más externo y social. Aloysius Pieris lo expresa diciendo que, en su práctica, los budistas ponen énfasis en el *prajna* o la sabiduría, mientras que los cristianos lo hacen en el ágape o la caridad.

Por supuesto, como reconocen budistas y cristianos, uno necesita del otro: la sabiduría atrae a la compasión, y la compasión atrae a la sabiduría. Sin embargo, en este capítulo, como corresponde a la naturaleza de este libro y de su autor, nuestro enfoque se basa en cómo podría la espiritualidad budista ayudar —es decir, clarificar, fundamentar, dirigir e inspirar— al compromiso cristiano en el mundo.

Esto significa que los temas tratados en este capítulo están más cerca de la superficie de mi vida, y de la vida social y política (tal vez también económica) del mundo. Aunque todos los conflictos que voy a tratar de describir tienen raíces teológicas, han surgido de lo que puede llamarse el «activismo». Ciertamente, cuando miro hacia el pasado a las últimas cuatro décadas de mi vida profesional, el papel que más he desarrollado ha sido el académico. Pero especialmente desde mediados de la década de los ochenta (después de reestructurar mi vida y cambiar la bendición «única» del sacerdocio por las más complejas bendiciones de profesor, esposo y padre), he tratado de asegurar que mi búsqueda intelectual estuviera correctamente combinada y desafiada por el compromiso con proyectos sociales o políticos concretos.

Además de las actividades y frustraciones generales causadas por el intento de ser un ciudadano estadounidense consciente y un miembro responsable de un partido político, las dos organizaciones que más han reclamado mi energía activista durante las pasadas décadas han sido Christians for Peace (conocida por su acrónimo en español, CRISPAZ) en El Salvador y el International Interreligious Peace Council. Como ya mencioné en un capítulo anterior, CRISPAZ es un grupo ecuménico que lleva trabajando por la paz y la justicia junto con diversas Iglesias y organizaciones no gubernamentales de El Salvador desde mediados de la década de los ochenta (los años sangrientos de la guerra civil) hasta el presente. Mi esposa Cathy y yo fuimos miembros de la Junta Directiva de CRISPAZ desde 1988 hasta 2002. El Peace Council reúne líderes prominentes de las principales tradiciones religiosas del mundo y, con la ayuda de su junta directiva, cada año convoca una reunión en una situación de conflicto con el fin de ofrecer una contribución interreligiosa para lograr una resolución no-violenta de la discordia. Yo he servido en esta junta desde 1996. Muchos de los problemas que expondré a continuación han surgido de mi trabajo con CRISPAZ y con el Peace Council.

Para describir el contexto de esos problemas de una manera más amplia, puedo decir que, para mí, todos ellos han emergido de mis esfuerzos compartidos con otros cristianos por promover el proyecto que dirigió la vida de Jesús de Nazaret (el mismo que al final lo llevó a problemas con las autoridades), es decir, el proyecto que el Nuevo Testamento llama *Basileia tou Theou* y que yo traduzco por Reino de Dios. Se trata del símbolo de la visión de Jesús de un mundo organizado de tal manera que impulsa y permite a los seres humanos respetar a los demás y cuidar de ellos, así como promover el bienestar de todos (hoy día él mismo añadiría el bienestar del planeta).

Trabajando para el proyecto del Reino de Dios, uno invariablemente se enfrenta a muchos problemas, tanto en la planificación como en la ejecución. El budismo ha sido para mí una gran ayuda para lidiar con esos problemas. De hecho, mientras que Jesús me ha proporcionado la visión original y el compromiso con ese Reino, Buda ha sido indispensable en mis batallas y para lidiar con todos los problemas que he encarado al tratar de entender e implementar esa visión y ese compromiso durante años. Supongo que quiero decir que sin Buda no podría ser un constructor del Reino con Jesús.

MIS CONFLICTOS: EL REINO DE DIOS — ¿CUÁNDO? ¿DÓNDE? ¿CÓMO?

¿Qué podemos esperar?

Una de las preguntas más problemáticas que, como el virus de un resfriado recurrente, tan a menudo ha infectado y, por tanto, debilitado mi esfuerzo de trabajar por un mundo mejor tal como el que Jesús presenta en su idea del Reino de Dios ha sido: «¿Qué podemos conseguir realmente? ¿Qué podemos esperar?»

Estas preguntas se volvieron centrales para mí, y de una manera particularmente dolorosa, en el esfuerzo por cambiar la situación de El Salvador. CRISPAZ, como ya he dicho, trabajó con las Iglesias, los maestros y los líderes sindicales, así como con los grupos de derechos humanos, durante los años horrendos de las masacres militares, las desapariciones y los escuadrones de la muerte. Por tanto, cuando se alcanzaron los acuerdos de paz en 1992 y cesó el retumbar de la guerra, estábamos, con todo el pueblo de El Salvador, exultantes. Además, teníamos el sentimiento de haber logrado algo, tal vez teñido de cierto orgullo, al ver que nuestros esfuerzos por superar la injusticia y la violencia de una forma no-violenta habían dado los frutos previstos.

Pero cuando volvimos a El Salvador durante los años siguientes, cuando visitamos las comunidades urbanas y los pueblos todavía empobrecidos, cuando vimos de qué manera las fuerzas rebeldes del FMLN se estaban integrando en el sistema político, nos dimos cuenta de que esa nueva situación que creíamos haber logrado era en realidad más de lo mismo. Seguía habiendo pobreza generalizada; el poder económico, que había estado en manos de las notorias «catorce familias gobernantes», se había transferido a unos agentes globalizados invisibles; persistía la corrupción política, incluso entre las guerrillas del FMLN, que ahora vestían con corbata; la violencia militar se transformó en pandillerismo y violencia policial; y el liderazgo de la Iglesia católica, anteriormente personificado en un valiente mártir, el arzobispo Romero, y en el paciente pero persistente arzobispo Rivera y Damas, pasó, por decreto del Vaticano, a manos de un prelado del Opus Dei determinado a desarraigar la teología de la liberación. Todo esto después de tanto sufrimiento, de tanta sangre derramada (70.000 muertes civiles en un país de 5 millones) y de tanta esperanza. El dolor y la confusión de todo ello lo captó el comentario exasperado de un amigo salvadoreño: «Era mejor cuando era peor».

En la intensidad de su particular tiempo y enclave, El Salvador es único. Pero en su concentrada claridad, capta una pregunta latente que perturba, tal vez incluso inhabilita, a más de una persona, religiosa o secular, cuyos «valores básicos» incluyen el compromiso de cambiar este mundo de sufrimiento e injusticia. Expresado simple y agudamente: ¿es posible? ¿Podemos realmente cambiar la situación? ¿Podemos de verdad lograr un cambio duradero a mejor? ¿O pertenecemos todos a una Iglesia o a un movimiento que podemos calificar de «sísifico»? Igual que el Sísifo de la fábula, empujando su piedra colina arriba, cuando alcanzamos la cima, podemos suspirar de alivio por nuestro logro. Pero la piedra enseguida rueda colina abajo. Aunque la vida en el valle pudiera haber sido algo más fácil por un momento, nada cambia realmente. Las piedras siguen rodando hacia abajo y aplastando a la gente.

Entonces, ¿puedo —lo hago— realmente tener esperanza en que las cosas lleguen a ser diferentes en este mundo de violencia e injusticia? La parte mía que se pregunta «¿lo hago?» me da escalofríos. Llegó a sentarme como una bofetada en la cara años atrás cuando Elise Boulding, consejera del Interreligious Peace Council, preguntó con su típica y gentil franqueza: «¿Los pacificadores de verdad creen que la paz es posible?, ¿realmente creen que los humanos podemos llegar a un punto en la historia en el que resolveremos nuestros conflictos a través del diálogo y del compromiso, sin violencia ni derramamiento de sangre? Si realmente no lo creen, ¿por qué están haciendo lo que hacen? ¿Y *cómo* lo están haciendo?» Esta cuestión me sigue incomodando mucho. ¿Realmente creo que la paz es posible?

Tales cuestiones prácticas, personales (especialmente para las personas que, como yo, pensamos demasiado), nos llevan a, o se nutren de, preguntas filosóficas y teológicas más profundas. Para ser honesto, aunque sea un teólogo cristiano profesional, a veces no estoy seguro de cómo las formulaciones tradicionales de algunas creencias cristianas realmente me ayudan a lidiar con tales preguntas atosigadoras. ¿Qué puedo realmente esperar?

Para intentar encontrar respuestas a ese interrogante en la amplia extensión de las creencias cristianas y de la teología, uno tendría que buscar en Internet «escatología cristiana». La «escatología» se refiere a los archivos que contienen aquello que se supone creen los cristianos sobre «las cosas últimas»: el fin del mundo, la vida futura, el destino final de toda la creación, el propósito de la historia; dicho simplemente, el retorno al hogar. Todos los cristianos creen, fundamentalmente, que el mundo va hacia algún lugar, que hay una parada final. Además, creen que lo que sucede ahora —lo que las personas escogen hacer durante su breve aparición sobre el escenario de la historia— determina, en algún grado o de alguna manera, lo que será ese destino final. En otras palabras, hay un nexo entre el presente y el futuro, entre la historia humana y la última negociación con lo Divino (llamado *cielo* o *infierno*).

Pero en la creencia cristiana este nexo funciona en ambas direcciones. No solo el presente es capaz de afectar al futuro, sino que el futuro puede también influir en el presente. De hecho, los cristianos creen que lo que Dios ha preparado para el final de los tiempos ¡ya está presente en los mejores y peores momentos actuales! Ahora bien, esta noción es tal vez tan difícil de comprender como de creer. Los teólogos, quizá ilustrando su propensión por complicar lo complejo, se refieren a esto como la «escatología realizada»: las «cosas últimas» se pueden *realizar*, por lo menos hasta cierto punto, ahora mismo.

Creo que los estudiosos del Nuevo Testamento son más interesantes y nos ayudan más cuando defienden que si analizamos cuidadosamente la manera en la que Jesús aludía a la *Basileia* o al Reino de Dios en el Nuevo Testamento, llegamos a la constatación de que se trataba de una presencia y un poder presentes *ya sí* pero *todavía no*. Es cierto que para Jesús el Reino, con todo lo que significaba y era, *todavía no* estaba *aquí*, puesto que todavía estaba *ahí fuera* en el futuro. Pero al mismo tiempo, *ya estaba aquí*, ya había llegado, especialmente en su misión y en su persona. No tenemos que esperar hasta el final de la historia —hasta el cielo— para experimentar el Reino de Dios. Jesús instruyó a sus seguidores que recordasen esto cada día al rezar: «Venga tu reino;

hágase tu Voluntad así en la tierra [¡ahora mismo!] como en el cielo [todavía por venir].»

Así, este equilibrio entre el «ya sí» y el «todavía no» en las creencias cristianas sobre las «últimas cosas» debería ayudarme a responder a mi pregunta: «¿Qué puedo esperar?» Puedo esperar que lo que todavía está por venir ya esté realizado.

Pero mis preguntas persisten, no solo las preguntas filosóficas, sino también aquellas nacidas de mi experiencia en lugares como El Salvador o, para el caso (y más seriamente), en Washington D. C. Parece que nada cambie de verdad. Los pobres de antes de la guerra son los pobres de después de la guerra. Desafortunadamente, las políticas que destruyen vidas en El Salvador se repiten en Iraq.

Estas dudas insistentes sobre si las cosas aquí en la tierra podrán algún día ser *realmente* diferentes, realmente cambiar, son corroboradas, parece, por ciertas creencias cristianas. Para compensar o, tal vez, contradecir, las buenas noticias alentadoras sobre la realización ya aquí del Reino de amor y justicia tenemos las malas noticias aleccionadoras de que los seres humanos somos pecadores y seguiremos siéndolo. O, tal como responden mis estudiantes universitarios cada vez que saco a relucir la esperanza de un nuevo orden económico: «¡No puedes cambiar la naturaleza humana!»

Seguimos siendo pecadores. Lo cual significa egoístas. También significa que la roca que tan laboriosamente hemos empujado hasta la cima de la colina no rueda hacia abajo por cuenta propia. ¡Siempre hay algún ser humano pecador que la empuja! Y, de acuerdo con lo que la doctrina cristiana dice sobre nuestra naturaleza pecadora, *siempre* habrá tales individuos. Entonces, ¿cómo puede venir ya el Reino en sociedades humanas donde siempre hay personas pecadoras y egoístas? ¿Alguna vez se quedará la roca en la cima?

Tales preguntas parecen recibir una respuesta bastante desalentadora a través de otra creencia cristiana fundamental: la segunda venida de Cristo. Las imágenes y la interpretación de ese símbolo sugieren —¿o declaran?— que solo será en el último acto de la historia, o mejor dicho, solo en el momento que concluya la obra, cuando Jesús realmente hará aparecer su Reino y se lo entregará al Padre. Esto significa que solo entonces, únicamente cuando la historia haya recorrido su curso, serán realmente diferentes las cosas. Solo entonces, el pecado, el egoísmo, la violencia y la injusticia serán realmente suprimidos. Únicamente entonces permanecerán las rocas en la cima de la colina y permitirán que haya una paz verdadera y duradera en el valle.

¿Pero qué significa esta interpretación de la segunda venida para nuestra esperanza de realizar el Reino *ahora*? Una respuesta rápida sería: fácil, significa que nada es perfecto hasta el final. El Reino, o un mundo de compasión y de no-violencia, se puede llevar a cabo en esta tierra solo parcialmente, nunca por completo. Pero tanto el filósofo como el activista que llevo dentro encuentran tales réplicas demasiado sencillas. ¿Qué implican realmente «nunca por completo», «nunca perfecto», «siempre pecador»?

Mis preguntas quisquillosas se reducen a algo como esto. Cuando los cristianos creemos, tal como indica nuestra herencia judía y como nos han dicho todos los profetas judíos, incluyendo Jesús, que podemos y debemos intentar *arreglar* el mundo (en hebreo es el rotundo *tikún olam*), ese «arreglar» puede significar *apañar* o *transformar*. Apañar quiere decir remendar problemas destinados a reaparecer, como reparar una tubería con fugas que comenzará a gotear de nuevo el mes que viene. Un apaño tal ciertamente hace la vida más viable porque arreglamos los problemas a medida que van apareciendo, pero la casa sigue siendo como es: una ruina. Transformar podría significar que nosotros en realidad podríamos construir una casa nueva o construir nuevos anexos que, aunque no sean perfectos, definitivamente representarían una mejora sobre los viejos.

¿Estamos en esta tierra, llamados por la visión de Jesús del Reino, para hacer apaños o para transformarla? Con esta pregunta tan precisa estoy encarando una cuestión fundamental y aún más profunda: después de todo, ¿cuál es el valor de este mundo, de este planeta? ¿Será que provee los materiales de construcción con los cuales, y dependiendo de los cuales, el Reino de Dios toma forma? ¿O, al final, todo esto será barrido para darle espacio a algo enteramente nuevo? Las mismas preguntas planteadas de forma más personal y existencial: ¿estamos nosotros los humanos en este mundo para transformarlo y transformarnos a nosotros mismos en algo diferente, en algo realmente más justo, compasivo y sostenible? ¿O estamos aquí principalmente para lograr el pasaje a otro mundo que, en esencia, dejará atrás este, con sus perdurables pecaminosidad y egoísmo y su aniquilación final?

Tales cuestiones e incertezas no son solo alimento para cavilaciones filosóficas y teológicas. Surgen, y lo que es más importante, determinan lo que intento hacer como activista. Determinan cómo respondo a la pregunta de Elise Boulding: «¿Realmente crees que la paz es posible?»

Acción y contemplación

El conflicto que quiero describir en esta sección está contenido en una conversación que tuve con un maestro zen tiempo atrás, en los años ochenta. Fue en el verano de 1987, unas semanas antes de que mi esposa Cathy y yo partiéramos una vez más hacia El Salvador para mantener el contacto con nuestros asociados y voluntarios de CRISPAZ. Yo estaba en Nueva York por asuntos académicos y decidí que necesitaba un breve retiro, así que pasé unos días en la Riverdale Zen Community (Comunidad Zen de Riverdale), bajo la dirección de Tetsugen Bernard Glassman. Después de tres días relajados pero intensos de meditación zen, tuve mi *dokusan* o breve reunión con el *roshi* Bernie. De una forma inquieta y tropezando con las palabras, le informé de que sentía la fuerte necesidad de ir a El Salvador para hacer mi pequeña aportación y tratar de detener a los escuadrones de la muerte (por ese entonces particularmente desenfrenados, y muy centrados en los colaboradores de la Iglesia). Pero al mismo tiempo, sentía la necesidad igual de intensa de permanecer en meditación sentada. Lo que no tenía tan claro, traté de explicar, era cómo encajaban esas dos «necesidades».

Glassman contestó con la típica frialdad zen: «Ambas son absolutamente necesarias. Tienes que sentarte. Tienes que parar a los escuadrones de la muerte.» Y entonces me hizo un comentario zen que todavía estoy tratando de descifrar: «Pero no serás capaz de parar a los escuadrones de la muerte hasta que te des cuenta de tu unidad con ellos.» Y se despidió amablemente.

En cierto sentido, el *roshi* me estaba diciendo algo que yo ya sabía, pero me estaba invitando a sumergirme en ello más profundamente. A lo largo de mi formación con los misioneros del Verbo Divino y de mis largos años de estudio y trabajo con los jesuitas, me había convencido de la vital conexión entre *acción* y *contemplación*. La razón de este vínculo vital, tal como me fue explicado, está esencialmente contenida en una máxima que mi maestro de novicios alemán, el padre Glorius, utilizaba: *nemo dat quod non hat*, nadie da lo que no tiene. Tienes que tener para poder dar. Tienes que saber de lo que estás hablando y saberlo no solo intelectual, sino personalmente. Además, la transfusión de sangre que viene de la contemplación te fortalecerá y te sostendrá frente a las exigencias y adversidades que forman parte del ministerio de la proclamación y la consiguiente tarea hacia el Reino de la verdad y la justicia. Así, la contemplación —la práctica regular de espiritualidad— es necesaria, tanto para obtener un producto entregable como para tener la energía de entregarlo.

El *roshi* Bernie estaría básicamente de acuerdo con todo esto. Pero creo que él estaba diciendo algo más. No estaba hablando de apropiarse del mensaje y de adquirir la resistencia para entregar ese mensaje. Él estaba hablando de *cambiar al mensajero*. Y preveía una clase particular de cambio personal, subjetivo, uno que me permitiera «darme cuenta de mi unidad con el escuadrón de la muerte». Y aquí yo estaba atónito. Esto parecía estar más allá de lo que había aprendido en mi experiencia cristiana. ¿Estaba pidiendo un tipo de meditación o de práctica espiritual diferente de la que yo me había esforzado por alcanzar en mi práctica cristiana, una práctica que alimentase un tipo distinto de cambio personal o de consciencia?

Tales preguntas, estimuladas y guiadas por mi experiencia en el centro zen de Riverdale, persistieron, pero también me alimentaron durante un período intensamente activista de trabajo con CRISPAZ, en El Salvador, entre finales de los ochenta y principios de los noventa. Sabía que lo que estábamos tratando de hacer era correcto. Teníamos que hacer algo para aliviar el inmenso sufrimiento del pueblo salvadoreño, causado por las decisiones económicas, políticas y militares de su Gobierno y de las clases dominantes, los cuales eran sostenidos vitalmente por las decisiones económicas, políticas y militares del Gobierno estadounidense. Pero gradualmente fue filtrándose en mi consciencia un sentimiento de que la forma en la que estábamos dirigiendo nuestros esfuerzos por cambiar las cosas no era completamente correcta o no era la adecuada. Algo faltaba en nuestra «acción» o en lo que traíamos con nuestras acciones. No estaba seguro de lo que era, pero sentía que tenía que ver con la amable advertencia que el *roshi* Bernie me había dado.

Cuando miro hacia atrás, me doy cuenta de que había múltiples causas de este desasosiego emergente que me indicaba que estaba haciendo algo correcto pero no de la manera correcta. En retrospectiva, se agrupaban alrededor de la creciente incomodidad que sentía por la *actitud* que teníamos frente al trabajo y por el *tono* en el cual lo llevamos a cabo. En referencia a la actitud, aunque teníamos claro que como «gringos» extranjeros trabajando en El Salvador estábamos allá para acompañar y aprender de los salvadoreños, en realidad llegamos con planes y agendas bien definidos. Después de todo, seguíamos la metodología de la «teología de la liberación» y habíamos hecho nuestro «análisis social y político» de antemano. Conocíamos las causas del sufrimiento y de la violencia (políticas económicas injustas) y sabíamos cuáles eran las soluciones básicas (cambios estructurales en las agendas políticas e incluso en los gobiernos). Sabíamos quiénes eran los buenos (los pobres luchadores y quienes luchaban a su lado... ¡nosotros!) y los malos (la oligarquía, los militares, la administración Reagan y, por supuesto, los escuadrones de la muerte... ¡ellos!).

Y esa «claridad» de análisis y de planes marcaba nuestro tono. Aunque fuese sin querer, había cierta presunción, cierta actitud de «yo soy mejor que tú», en la manera en la que informábamos a los grupos de civiles y de las parroquias en Estados Unidos sobre las cosas horrorosas que su propio gobierno estaba haciendo en El Salvador. ¡Cuando Cathy y yo descubrimos que nos estaba investigando el FBI, incluso llegamos a tener esa sensación que tienen los pueblos elegidos! Estaba claro: éramos los buenos.

Estábamos convencidos de la rectitud de nuestros proyectos. Y estábamos furiosos por la injusticia de los proyectos de los gobiernos salvadoreño y norteamericano. Esa convicción y esa furia introdujeron cierta violencia en nuestras palabras y algunas veces en nuestra conducta, nunca física, pero igualmente dañina. Recuerdo el odio que sentí en un restaurante de Santa Ana cuando vimos un escuadrón de la muerte entrar y acomodarse en una mesa junto a la nuestra (los reconocíamos por los signos característicos: el todoterreno de marca Cherokee con vidrios tintados, las armas automáticas, las ropas de civil). Recuerdo el desdén en nuestras preguntas y comentarios en la embajada americana. Recuerdo el desprecio que se filtraba en nuestra conversación con los evangélicos americanos que vinieron a El Salvador «solo para construir iglesias». Además, ahora puedo mirar hacia atrás y notar la violencia que cometíamos contra nosotros mismos cuando nos preocupábamos y nos estresábamos, olvidando reparar en la belleza del mundo, en nuestra determinación «por mejorar las cosas». Thomas Merton dijo una vez que algunas de las personas más violentas que había conocido eran activistas sociales, sobre todo por lo que se hacían a sí mismos.

En ese momento sentí todo eso vagamente. Ahora lo veo mucho más claro. Tal como explicaré a continuación, el budismo me ha provisto de gafas nuevas con las que mirar.

¿Paz – justicia – violencia?

Una vez más, para llegar a los asuntos con los que lucho en esta sección, permítanme remontarme a unas experiencias activistas concretas; esta vez, a dos acontecimientos bien contrastados.

En nuestro primer viaje a América Central en 1984, Cathy y yo acompañamos a una delegación americana de GATE, Global Awareness through Experience (Conciencia Global a través de la Experiencia), al pequeño pueblo de Ocotal (Nicaragua), en la frontera con Honduras. El pueblo había sido atacado la semana anterior por los «contras», que contaban con el apoyo de Estados Unidos. (La administración Reagan mantenía una acérrima oposición al socialismo de los sandinistas que gobernaban en Nicaragua en ese momento.) Los *contras* habían destruido la emisora de radio sandinista y habían quemado vivos a dos jóvenes operadores de radio, pero en cambio se resistían a volar una guardería construida por el gobierno sandinista con dinero proveniente de Suecia. Por la tarde estábamos hablando con un grupo de hermanas de Maryknoll, que colaboraban en la parroquia local, en las llamadas «comunidades cristianas de base». En un momento dado de la conversación, dos de las hermanas miraron el reloj, entraron en una habitación adyacente y ¡salieron cada una con un rifle AK-47! Evidentemente incómodas, incluso afligidas, por lo que sostenían en las manos, simplemente dijeron: «Nos toca el turno en la guardia nocturna... Tenemos que hacer nuestra aportación y estar con nuestra gente.»

Doce años más tarde, Cathy y yo fuimos a Chiapas (México) con el Interreligious Peace Council por invitación del obispo Samuel García Ruiz, para ayudarlo a elaborar una solución no-violenta al conflicto entre zapatistas e indígenas, por un lado, y el Gobierno mexicano y los militares, por el otro. Era el penúltimo día de nuestra visita. Habíamos pasado más de una semana reuniéndonos con representantes de ambas partes. Los pacificadores y algunos miembros de la junta directiva nos habíamos reunido alrededor de una gran mesa en casa de don Samuel, con el fin de intentar formular una declaración pública de cara a la prensa que articulase nuestra contribución plurirreligiosa para la resolución de las tensiones y de la violencia. Habiendo presenciado el sufrimiento infligido a los indígenas por las decisiones económicas y políticas de los poderosos terratenientes y de los oficiales gubernamentales (que se estaban aprovechando del recién declarado Acuerdo Norteamericano de Libre Comercio, o NAFTA: North American Free-Trade Agreement), nosotros, cristianos, insistimos de una forma contundente en que debíamos denunciar las decisiones económicas y políticas del Gobierno mexicano y de NAFTA. Después de todo, uno de los pilares de la forma de proceder de la teología de la liberación era que con el fin de *anunciar* la verdad del Evangelio, a menudo teníamos que *denunciar* el poder de los opresores.

La sala todavía se estremecía por nuestra escrupulosa declaración cuando uno de los budistas en la mesa levantó muy tranquilamente la mano y aún más tranquilamente anunció: «Lo siento, pero los budistas no denunciamos a nadie.» Llegados a ese punto, todo lo que puedo decir es que el «diálogo interreligioso» que siguió fue uno de los más aleccionadores e inspiradores que haya presenciado jamás. Me referiré a ello en la parte final de este capítulo.

Pero ahí está: por un lado, las monjas católicas blandiendo, afligidas, un arma para defender a su gente contra la violencia de la injusticia, y por el otro, un grupo de budistas que frente a la misma clase de violencia rehúsan aun a denunciar verbalmente a los opresores. En este contraste están incorporados tanto el compromiso como la confusión que he sentido durante las pasadas décadas cuando he tratado de aplicar la visión del Reino de Dios a la brutal realidad de este mundo.

Mi confusión y desasosiego gravitan alrededor de un compromiso que yace en el corazón de la experiencia cristiana (igual que en la judía y en la musulmana) del Misterio que llamamos Dios. Está encarnado en la admonición del profeta Jeremías al rey que construía su palacio sobre las espaldas de los pobres: «conocer a Dios es hacer justicia» (Jeremías 22,13-16). Si no se actúa por la justicia, defendiendo y estando al lado de los esclavos y los marginados, no se conoce realmente al Dios de Jesús (ni al de Moisés ni al de Mahoma). Así, a pesar de que la caridad y el amor al prójimo son esenciales en tanto que no se puede amar a Dios a menos que se ame al propio vecino, Jesús añadiría: y si tu vecino está sufriendo una injusticia, no puedes realmente amarlo a menos que hagas algo para superar esa injusticia, lo cual requiere enfrentarse a sus responsables.

Y así, la rotunda llamada que llena los corazones y guía las manos de los activistas cristianos (y adorna muchos de los parachoques de sus coches): «Si quieres paz, trabaja por la justicia.» Se trata de una afirmación potente. Creo que fue mi principal inspiración para «involucrarme» en la década de los ochenta, y ha dirigido mi participación durante las pasadas décadas. Sus implicaciones son amplias y exigentes.

Mi comprensión cristiana de la justicia me recuerda que no habrá paz en una vecindad, en una sociedad o en el mundo, mientras algunos de sus integrantes, a pesar de trabajar duro, no puedan alimentar a sus hijos, proveerlos de medicinas u ofrecerles una educación. La justicia me dice que hay algo que no funciona en el mundo, algo que impide la paz, cuando algunos individuos o naciones tienen más de lo que necesitan, mientras que otros no alcanzan a cubrir sus necesidades.

La justicia precisa que, a fin de conseguir la reconciliación entre las partes ofendidas y las que ofenden, decir «lo siento» no es suficiente. Donde las oportunidades, las propiedades y la vida han sido arrebatadas, algo tiene que ser *restituido*; y si las circunstancias hacen imposible tal restitución, entonces se debe realizar alguna forma de explicación pública y solicitar el perdón.

Justicia también significa que para poner las cosas en su sitio no suele ser suficiente «cambiar los corazones». También se han de cambiar las estructuras. A menudo, el cambio en las estructuras debe preceder al cambio del corazón. Como los teólogos de la liberación nos recuerdan, la injusticia originada en el corazón humano toma su propia identidad y poder en las estructuras económicas, legales y políticas. Hay seres iluminados que meditan diariamente, pero compran calzado deportivo elaborado en fábricas clandestinas donde explotan a los trabajadores.

Este compromiso tenaz y esta comprensión de la justicia guiaba entonces y todavía guía hoy día la forma como actúo en el mundo, la forma como analizo lo que leo todas las mañanas en el *New York Times*, la forma como trato de dar a mi sociedad y a mi mundo un pequeño acercamiento a la visión de Jesús del Reino. ¡No hay paz sin justicia!

Pero… pero… a través de los años —antes en El Salvador colaborando con CRISPAZ y aún hoy en Nueva York trabajando con Poverty Initiative (Iniciativa contra la Pobreza) en el Union Theological Seminary— he ido percibiendo que algo estaba equivocado, o mejor dicho, que faltaba algo. La tenacidad y la claridad de nuestro compromiso con la justicia parece ser la causa, o la ocasión, de la actitud de superioridad y del estilo nocivo que he tratado de describir.

A medida que intento, ahora, entender ese desasosiego latente, parece que en gran parte revolotea alrededor de la cuestión de la *violencia*. La energía de mi compromiso total con la justicia a menudo produce —espontánea, renuente o incluso necesariamente— sentimientos, palabras o acciones violentos. La imagen de aquellas monjas de Maryknoll rifles en mano (gracias a Dios, nunca tuvieron que apretar el gatillo) todavía me persigue, pues sospecho que en su lugar yo habría hecho lo mismo. Me persiguen también las memorias de aquella época, en 1990, cuando nuestra delegación de CRISPAZ hizo gestiones para visitar los cuarteles rebeldes del FMLN en Perquín, donde mantuvimos una conversación clandestina, a la luz de las velas, en algún lugar en la jungla, con el padre Rugelio Poncel, que era el capellán de las fuerzas rebeldes. «Estos valientes jóvenes, hombres y mujeres, han probado todos los medios no-violentos posibles, y aun así, han visto como sus padres, parientes y amigos han sido torturados o han desaparecido. Haciendo lo que tienen que hacer, tomando las armas, piden y se merecen el apoyo espiritual de su fe cristiana. Como sacerdote, no puedo darles la espalda. Tengo que apoyarlos.» De nuevo, sospecho que probablemente yo habría hecho lo mismo.

Pero en ese sentimiento de tener que haberlo hecho así también siento que algo no está bien. Me temo que al principio: «Si quieres la paz, trabaja por la justicia», le tenemos que añadir: «Y si quieres trabajar por la justicia, prepárate para ejercer la violencia.» Siento que no debería ser así. Pero a menudo lo es. ¿Por qué? ¿Es simplemente inevitable en este mundo imperfecto, siempre ambiguo y pecador en el que vivimos? Muchos señalan, por ejemplo, que sin la resistencia militar de las guerrillas del FMLN, ni los salvadoreños ni el Gobierno de Estados Unidos habrían llegado a la mesa de negociación ni habrían fijado los acuerdos de paz. Nuestros caminos de la no-violencia en CRISPAZ eran nobles pero inadecuados. No puedo negarlo. Pero hoy, aunque tengamos acuerdos de paz en El Salvador, no tenemos paz ni justicia.

Estas son las cuestiones con las que he estado luchando durante las pasadas décadas. A fin de alcanzar la justicia, ¿es simplemente inevitable la violencia, sea la violencia de apretar físicamente el gatillo o la violencia verbal de denunciar a un opresor? Si las estructuras han de cambiar, ¿cómo hacerlo? ¿Qué es más importante, cambiar los corazones o cambiar las políticas? Y la cuestión más profunda: si la justicia es *necesaria* para la paz, ¿es *suficiente*? O: si necesitamos justicia a fin de tener paz, ¿qué necesitamos para tener justicia? Algo falta en la forma como he entendido y practicado mi activismo por el Reino de Dios.

Tal como intentaré explicar en el apartado de «Vuelta» de este capítulo, el budismo me ha resultado esencial para formular estas cuestiones y para tratar de darles respuesta.

IDA: «¡NO TE LIMITES A HACER ALGO! ¡SIÉNTATE!»

Al intentar resumir cómo el budismo me ha ayudado a entender si puedo ocuparme del mundo y tratar de «arreglarlo», primero debo señalar que durante las cinco últimas décadas un número creciente de budistas han intentado hacer eso mismo de una manera consciente y creativa. Forman parte de un movimiento llamado «Engaged Buddhists» (Budistas Comprometidos). A grandes rasgos, buscan hacer en el budismo lo que la teología de la liberación ha querido hacer en el cristianismo: redescubrir y revivir las fuentes de las enseñanzas de Buda para que sus seguidores se convenzan y se animen a hacer algo en relación con el sufrimiento causado por la pobreza, la explotación y la violencia que algunos seres humanos infligen a otros y al planeta. Los budistas comprometidos y los cristianos de la liberación son compañeros de viaje (que quizá no se conozcan tan bien como deberían hacerlo).

He aprendido de y me han inspirado profundamente el ejemplo y los escritos de budistas comprometidos como Thich Nhat Hanh (vietnamita), Maha Ghosananda (camboyano, miembro del Peace Council, recientemente fallecido), el venerable Dhammananda (tailandés, miembro del

Peace Council), Sulak Sivaraksa (tailandés), Joanna Macy y Stephanie Kaza (norteamericanas). Sin embargo, en esta sección del capítulo quiero hacer lo que todas esas personas generalmente intentan llevar a cabo: especificar las creencias, las actitudes y las prácticas budistas *fundacionales, tradicionales* que sean útiles y necesarias para comprender cómo podemos comprometernos y cambiar este mundo de sufrimiento y violencia.

Como será evidente, casi todas las actitudes o creencias budistas que tendré en cuenta son «contra-intuitivas» (¡por decirlo suavemente!) con respecto a las creencias y actitudes básicas cristianas que juegan un papel central en la teología de la liberación. Incluso algunas veces parecerán estar en absoluta contradicción. Pero como intentaré mostrar en la sección final de la «Vuelta», tales diferencias entre las visiones budista y cristiana, precisamente por sus fuertes contrastes, llegan a ser más complementarias que contradictorias. Lo que significa que pueden desafiar y transformar la forma en la que los cristianos dedican sus esfuerzos para la construcción del Reino de Dios sobre la tierra.

El mundo no va hacia lugar alguno

Aquí nos topamos con uno de los contrastes más fuertes entre el budismo y el cristianismo: ¡los budistas se las arreglan sin ningún tipo de escatología! Para ellos, el mundo no va hacia lugar alguno. Y no tiene que hacerlo. Ellos no creen, o no necesitan creer, en un punto final de la historia, un capítulo final en el que alcanzaremos nuestro destino, en el que se atarán (o se descartarán) los cabos sueltos, en el que las preguntas se responderán y, sí, en el que se liquidarán todas las cuentas. Los budistas no tienen un final feliz para el drama que es la historia humana.

Y de una manera más desconcertante todavía para los cristianos, todo esto significa que, sin una firme creencia en un final feliz, los budistas se las arreglan sin *esperar* que las cosas vayan a ser mejores, que todas las ambigüedades, todas las pérdidas, todas las frustraciones de la vida serán, al menos en algún momento, resueltas. Pero para un cristiano, eso simplemente parece… bueno, ¡injusto! Sin punto final, sin alguna clase de resolución final, toda la gente que ha muerto luchando por un mundo mejor (o que simplemente ha fallecido en la miseria) ¡ha muerto en vano! Toda la sangre, el sudor y las lágrimas derramadas heroicamente al final desaparecen por el desagüe del imperio y del poder; todos los mártires, toda la gente sencilla que ha sido pisoteada y dejada de lado, ¿cómo pueden sus sacrificios recibir algún tipo de significado, algún tipo de justificación si no hay un punto final? Seguro que los budistas hablarán de la ley del karma. Los actos egoístas, nos recuerdan, producen resultados dolorosos; sin embargo, la mayor parte del dolor parece demasiado a menudo incidir sobre cabezas ajenas, mientras que el sujeto egoísta recibe un funeral de Estado.

Parece que los budistas no tienen respuestas a estas preguntas. De hecho, parece que ni siquiera sientan la urgencia, el dolor de tales cuestiones. Aquí es donde, para un cristiano, acercarse al budismo se vuelve realmente incómodo y exigente. Requiere una escucha real, una apertura real.

El desasosiego aumenta cuando, como cristiano, pregunto sobre el concepto budista de justicia. ¡No tienen! A diferencia del «Dios de la historia» de las tradiciones abrahámicas, que actúa en el discurrir de la historia y que urge al pueblo de Dios a comprometerse en un proyecto histórico para traer aún más justicia y amor al mundo, el Vacío budista o el «inter-Ser», no parece estar involucrado en nada semejante. Que yo sepa, y de acuerdo con lo que mis amigos budistas me cuentan, la tradición budista no contiene una «teoría de la justicia» explícita, extendida, no pide una distribución equitativa de los bienes de la tierra, no exige liberar a los esclavos ni que «deje salir a mi pueblo», sin proclamaciones como las que el pobre heredará el Reino, mientras que la entrada de un rico en el cielo sería como hacer pasar un camello por el ojo de una aguja. Los budistas, ciertamente, están comprometidos en la promoción de la paz. Pero parecen no tener demasiada preocupación por la justicia.

Si podemos decir que el Vacío «está tramando» algo, supongo que sería generar lo que hemos aprendido que son los dos ingredientes principales del despertar: la sabiduría y la compasión. *Eso* es lo que define a los budistas; *esa es* su respuesta al horroroso sufrimiento de nuestro mundo. Dada la primera noble verdad sobre el *dukkha*, los budistas se encuentran junto a los cristianos en el reconocimiento y la preocupación por el sufrimiento, incluyendo el sufrimiento que algunos humanos infligen injustamente a los demás. No obstante, su reacción —primero y ante todo, tal vez incluso exclusivamente— es la de alimentar una sabiduría que lleve a la compasión, y una compasión que esté llena de sabiduría. Hay que hacer justamente eso, realmente hacerlo y las cosas se arreglarán por sí mismas. Sin un gran plan. Sin una meta final.

Estamos de nuevo con lo que tantas veces hemos visto en nuestro acercamiento a la experiencia y a las enseñanzas budistas: *hay que vivir el momento*, estar completamente presente en el momento, abrazar el momento tan cuidadosamente como sea posible, responder a él con toda la sabiduría o el sentimiento de conexión con todas las personas y con todas las cosas, y después responder con la compasión que resulta naturalmente cuando uno se siente tan conectado —el momento nos enseñará y nos guiará. Eso es, esencialmente, lo único que hay que hacer.

Y es por eso que, para los budistas, la escatología —el discurso sobre adónde lleva todo esto y sobre lo que tenemos que hacer cuando lleguemos— no solo es innecesaria, sino que es incluso peligrosa. Los planes, los programas y los análisis pueden ser peligrosos si nos impiden ser realmente conscientes de y receptivos a lo que el momento contiene e intenta enseñarnos. Incluso la esperanza puede ser un obstáculo, pues si el valor de nuestras acciones depende de una meta esperada, de una meta prometida por la Divinidad, cuanto más amenazadas, débiles o constantemente postergadas sean esas metas, más difícil será resistir y seguir actuando. Creo que los budistas son conscientes de que valorar cualquier acto que dependa demasiado (¡o en absoluto!) del resultado esperado corre el riesgo de menospreciar el acto en sí, como si el amor que tenemos por los hijos dependiese de las esperanzas que depositamos en ellos.

Por tanto, inherente a la persistente admonición budista de vivir el momento con tanta atención plena como sea posible se halla la presuposición oculta pero poderosa de que todo el valor de nuestras acciones está contenido aquí ahora, en este preciso momento. Esto atañe especialmente a la actividad propia del *bodhisattva*: la compasión. El valor de actuar compasivamente se encuentra en que es un acto compasivo.

Es valioso, es correcto, es suficiente porque así es como actuamos naturalmente cuando somos sabios y conscientes de nuestra interconexión. No se necesita razón alguna adicional, ni del pasado ni del futuro. La compasión no necesita justificación o motivación más allá de sí misma. En este sentido, los budistas suscriben una de las enseñanzas principales y más desafiantes de la Bhagavad Gita hindú: se nos llama a actuar *sin buscar los frutos de nuestras acciones*. Hay que dejar que los frutos lleguen, pues ya vendrán. Pero no hay que buscarlos. Si los buscamos, la compasión puede peligrar.

Esa habilidad budista de trascender increíblemente y, para los cristianos, de trascender escandalosamente el pasado y las exigencias de la justicia, y de focalizar su atención plena y su sensibilidad en el momento presente se puso de manifiesto de una manera asombrosa en la reunión del Interreligious Peace Council en Israel/Palestina en el 2000. Habíamos pasado más de una semana escuchando los agravios, los miedos y los enfados tanto de palestinos como de israelíes. Estábamos reunidos con estudiantes y profesores en el Hebrew Union College de Jerusalén en el Día del Recuerdo del Holocausto, después de una ceremonia muy emotiva en homenaje a las víctimas del terror nazi. En las discusiones posteriores escuchamos a muchos participantes judíos hablar de «la necesidad de recordar», de nunca olvidar para que jamás se repitan tales horrores. La conversación fluía fácilmente cuando Geshe Sopa, un monje tibetano y académico, levantó la mano y en voz baja pero de forma muy directa preguntó al decano de la facultad: «¿Pero por qué recordar?»

Tras un momento de silencio embarazoso, casi angustiante, Geshe continuó: «¿Qué sucedería si dejara ir esos recuerdos de sufrimiento?» El monje continuó hablando del sufrimiento que el pueblo tibetano ha padecido en manos de los chinos y añadió que lo que ahora importa, en este momento, no es apegarse a la memoria del pasado, sino comprender que la actuación de los chinos se debe a una ignorancia provocada por karma malo. La reacción que sigue a esta percepción es la compasión. «Lo principal es tener compasión por los errores cometidos desde un punto de vista egocéntrico, por la ignorancia... Ahora los chinos están acumulando un karma horrible por lo que nos están haciendo. Debemos sentir compasión por *todos* los que están sufriendo, en ambos lados. No vemos a los chinos como malvados, sino que tratamos de encontrar una solución pacífica que los haga felices y serenos.»

Lamentable, pero también comprensiblemente, no hubo discusión posterior a la pregunta y sugerencia de Geshe. Resultó tan diferente, tan inimaginable, que probablemente ni se entendió. Un silencio parecido fue la respuesta pocos días después cuando Geshe hizo una afirmación similar al director del campo de refugiados palestinos Deheishe. Para nosotros, cristianos y occidentales, abandonar la ira del pasado y los temores del futuro a fin de librarnos de ellos y así estar completamente presentes en el momento es algo muy difícil de entender. O quizá sea algo que tememos comprender.

La prioridad del despertar

Así pues, a los budistas les preocupa mucho más despertar nuestra innata sabiduría y compasión (nuestra naturaleza búdica) que trabajar por la justicia. Ante la insistencia cristiana de que «si quieres la paz, trabaja por la justicia», los budistas contestan «si quieres la paz, *sé* paz». Esa es la idea que Thich Nhat Hanh amablemente explica en un librito que estoy seguro ha afectado la vida de muchos activistas cristianos como ocurrió con la mía hace unas dos décadas: *Being peace* (*Ser paz*). Su mensaje es tan simple y tan directo como cortante y desagradable: la única manera en que vamos a ser capaces de crear paz en el mundo es creando primero (o mejor dicho, encontrando) la paz en nuestros corazones. Ser paz es un prerrequisito absoluto para *hacer* la paz. Y con «ser paz», Thay (como sus seguidores lo llaman afectuosamente) quiere decir que hemos de profundizar en la práctica de la atención plena, tanto formalmente en la meditación regular como durante el día al recibir a las personas y a los acontecimientos que se presentan en nuestras vidas; por medio de este tipo de atención plena seremos más y más capaces de *comprender* (la palabra que utiliza Thay para referirse a la sabiduría) a quienquiera que encontremos o lo que quiera que sintamos, y así responder con compasión. Únicamente con la paz que viene de esa atención plena seremos capaces de responder de una forma que le aporte paz al acontecimiento, a la persona o al sentimiento con el cual estemos lidiando.

Esta insistencia budista en el vínculo necesario entre ser paz y hacer la paz refleja la insistencia tradicional de la espiritualidad cristiana de que todas nuestras acciones en el mundo deben combinarse con la contemplación. Sin embargo, en la reflexión budista, el enfoque es más preciso. Sí, tanto la acción como la contemplación, tanto hacer la paz como ser paz, son igualmente importantes en nuestro esfuerzo por abordar el sufrimiento de este mundo. Pero los budistas son muy claros: mientras que ambos son esenciales, uno mantiene la prioridad de la práctica. Si la acción y la contemplación forman un círculo en constante movimiento donde una alimenta a la otra, el punto de entrada al círculo es la contemplación.

Ahora bien, esto no significa que se tenga que ser un santo o un ser completamente despierto antes de poder entrar en la contienda de este mundo. Pero sí significa que tenemos que *empezar* y comprometernos fielmente con cualquiera de las prácticas que nuestra tradición espiritual provea para trascender nuestra identidad egocéntrica y transformarla en nuestra naturaleza búdica, o en nuestro «ser en Cristo Jesús». Únicamente si estamos en contacto con o somos capaces de volver a nuestro centro, a nuestra fuente, al Vacío o al Espíritu en el que vivimos, nos movemos y tenemos nuestro ser, solo entonces tendremos o seremos «lo adecuado» para traer la paz. A menos que intentemos seria y resueltamente «arreglar nuestros propios asuntos» —o, en términos más budistas, darnos cuenta de que nuestra forma de actuar se halla dentro de una forma mayor de Actuar—, solo entonces podremos estar al servicio de los demás.

¿Por qué?, ¿por qué los budistas insisten en la prioridad del despertar sobre el actuar? ¿Por qué quieren «simplemente sentarse» antes que «hacer algo»? Ciertamente, un budista puede responder a esta pregunta de diferentes modos. Pero creo que una de sus respuestas recurrentes podría ser: para eliminar el ego propio de los actos orientados hacia la paz, de tal modo que las acciones no procedan de las necesidades del ego, sino de la sabiduría y de la compasión que constituyen nuestra verdadera naturaleza.

Las «necesidades del ego» abarcan una multitud de diablillos —furia, miedo, ambición, celos, obstinación, prepotencia—, todas las cosas, grandes y pequeñas, que necesitamos para afirmar o proteger nuestro ser sustancial. ¡Cuán a menudo durante las reuniones y deliberaciones de activistas por la paz me he sentido rodeado por —y siendo uno más de— un grupo de egos o bien hambrientos, o bien obesos! Los budistas parecen ser conscientes de que tales egos no son muy buenos pacificadores.

En septiembre del 2002 anoté en mi diario una cita del libro de Eckhart Tolle *The power of now* (*El poder del ahora*), donde explica en términos budistas más explícitos por qué tenemos que ser paz antes de que podamos hacerla:

> Su tarea primordial no es buscar la salvación por medio de la creación de un mundo mejor, sino despertar de la identificación con la forma. Entonces, usted no estará atado a este mundo, a este nivel de realidad. Usted puede sentir sus raíces en lo No Manifiesto y así ser libre del apego al mundo manifestado.

Tenemos que estar «libres de apego» si de verdad vamos a ser capaces de «crear un mundo mejor» de acuerdo con sus propias necesidades y no con las nuestras.

Pero los budistas comprometidos como Thich Nhat Hanh y el dalái-lama parecen ir un paso más allá: si trabajamos primero en *ser* paz, proponen, ¡no solo *podremos* hacer la paz en el mundo, sino que *lo haremos*! «Ser paz» no solo es un medio hacia un fin; es ya el fin. *Es* la construcción de un mundo en paz. Este punto quizá sea sutil, pero creo que es poderoso. Thay y Su Santidad sugieren que la transformación personal interior que constituye el ser paz se convertirá inevitablemente en una transformación social externa del hacer la paz.

Sí, tendremos que cambiar las estructuras. Y lo *harán* de manera natural y necesaria las personas que hayan transformado sus corazones. Sí, tendremos que realizar la justicia.

Y lo *haremos* porque los seres iluminados, los seres llenos de paz, de forma natural, compartirán y dirigirán las necesidades de aquellos que han sido explotados. La auténtica contemplación se convertirá automáticamente en acción. Las personas que *son* paz, con certeza *harán* la paz. Si uno pasa suficiente tiempo «simplemente sentado», después se levantará y actuará. Así que, de nuevo, la prioridad y quizá el único requisito efectivo para construir la paz en el mundo sea ser paz en el corazón.

Primero rendición, después actuación

Hay un aspecto de ser paz, o más específicamente, de la práctica de la atención plena, ante el cual casi siempre siento resistencia cuando escucho a un maestro budista hablar sobre él. Por esa misma razón, sospecho, puede ser uno de los elementos más críticos que los budistas tienen que enseñar a los cristianos en lo que se refiere a la construcción de la paz. Hemos hablado de esto en los capítulos previos. A fin de estar realmente atentos a lo que ocurre, primero tenemos que *aceptarlo*. Esta aceptación significa permitir que sea, no resistirse, ni siquiera juzgarlo, sino encararlo y decir: «Está bien.»

Cuando maestros como Pema Chödrön, Charlotte Joko Beck o Adyashanti explican lo que significa la aceptación en la atención plena, me ruborizo todavía más. Como vimos en el capítulo anterior, la aceptación exige algo más que tolerancia, algo más que dejar que las cosas sean . La aceptación exige *rendición*: una rendición no de capitulación, sino de acogida. Abrazamos lo que sea, sin importar el qué. Lo abrazamos, no porque sea bueno y nos haga felices, sino porque está ahí. Lo crucial de la práctica de la atención plena —enfatizan los maestros budistas— es no juzgar, no declarar que algo es bueno o malo. No se puede juzgar algo a menos que primero lo comprendas. (En esto mismo insistía mi maestro en Roma, Bernard Lonergan.) Pero, como una vez escuché exclamar a un maestro budista: «¡Cómo puedes comprender algo si antes no lo aceptas!» El juicio puede venir después. La primera orden del día de la atención plena es aceptar, rendirse, abrazar lo que acontezca. En el momento de la atención plena —algunos maestros lo expresan así— todo está bien tal como está. ¡No hay que cambiar ni arreglar nada!

Ahora bien, un cristiano puede lograr una tal actitud de no juzgar cuando se trata de perder un tren, suspender un examen o incluso perder un amigo. Pero cuando se trata de aceptar la realidad de un niño hambriento, una mujer violada o un prisionero torturado es extremadamente difícil decir que está bien. Y es casi imposible abrazar al violador o al torturador.

Pero esto es precisamente lo que la atención plena exige. No se ha de aprobar, se ha de aceptar. No se ha de juzgar, se ha de entender. No se está permitiendo, se está amando. Los budistas insisten en que esta es la forma de responder a lo que es que generará paz en vez de más discordia. Esta rendición ante cualquier cosa que suceda abre la posibilidad de la «comprensión» —es decir, de llegar a darse cuenta de que el acto de injusticia o de violencia que sucede se debe a ciertas «causas y condiciones», las cuales producen ignorancia en la vida particular de una persona, lo cual a su vez produce miedo o ambición, lo cual produce acciones egoístas, lo cual produce sufrimiento, para sí mismo y para los demás. Si respondemos con odio, furia o violencia solo vamos a empeorar las cosas. Únicamente una respuesta que fluya no de las necesidades del ego, sino de la comprensión y de la compasión, cambiará las cosas. Y tales respuestas requieren la aceptación y la rendición de la atención plena.

Precisamente cuál debería ser la respuesta —añaden los budistas—, solo se puede descubrir a través de este proceso de aceptación y acogida. En general no se puede conocer de antemano, como si estuviera preenvasada. Ese fue el recordatorio que recibí en un debate público con mi amiga budista Stephanie Kaza, a finales de los ochenta. Fue en una sesión sobre «Acción social: aproximaciones cristiana y budista», en una reunión de la American Academy of Religion (Academia Americana de Religión). Hablábamos sobre la virulenta guerra civil en El Salvador, sobre las desapariciones desenfrenadas y sobre los asesinatos perpetrados por los escuadrones de la muerte. «Como cristiano, siento que tengo que hacer algo con relación a esta terrible pérdida de vidas. ¡Y lo tengo que hacer enseguida!», declaré. Stephanie respondió: «Como budista, siento la misma urgencia. Pero antes de actuar, espero aperturas.»

¡Esperar una apertura cuando hay gente muriendo! En ese momento, no tenía sentido para mí. Pero esa es la insistencia budista: aun en medio de la horrenda violencia y del odio, tenemos que *actuar con* las fuerzas que deseamos superar o convertir y no simplemente oponernos a ellas, igual que se hace en las artes marciales asiáticas. Es más, debemos *convertir* más que *destruir*. Y para hacerlo, tenemos que aceptar lo que es, comprender «de dónde viene» y después dejar que esa comprensión permita fluir una respuesta compasiva. Primero tenemos que esperar la apertura y luego trabajar con ella. De otro modo, seguramente solo habrá más muertes.

«¡No tomamos partido!»

Hay otra frase en el libro *Ser paz* (*Being peace*) de Thich Nhat Hanh que es particularmente punzante para los activistas cristianos y los teólogos de la liberación: «Si nos aliamos con un bando o con el otro, perderemos la oportunidad de trabajar por la paz.» La punzada se vuelve no solo más dolorosa, sino incluso perturbadora, en una frase de un libro más reciente: «No creo que Dios quiera que tomemos partido, ni por los pobres.» Esta no es sino una reformulación de lo que mis colegas budistas dijeron en el Peace Council (Consejo por la Paz) en Chiapas: «Los budistas no denunciamos.» Denunciar al Gobierno mexicano sería tomar partido por el pueblo indígena y estar en contra del Gobierno.

En *Ser paz*, Thay ofrece algunas razones muy prácticas del por qué los pacificadores budistas no toman partido, razones que resuenan con lo que uno lee en los manuales contemporáneos de resolución no-violenta de conflictos: «Reconciliación es comprender ambas partes, ir a un bando y narrar el sufrimiento que padecen los del otro, y después ir al otro bando y describir el sufrimiento que soportan los del primero. Solamente hacer esto será una gran ayuda para la paz.»

Pero esas razones pragmáticas de no tomar partido están enraizadas más profundamente en la experiencia y en las enseñanzas budistas. Si nuestra verdadera naturaleza es ser «no-seres», seres sin ser o, más positivamente, seres interconectados, entonces nuestra labor de construir la paz, si ha de ser efectiva, tendrá que fluir de esa interconexión. Lo cual incluye nuestra interconexión con aquellas personas a cuyas acciones tenemos que oponernos. Es decir, incluye a los escuadrones de la muerte. Y actuar desde ese sentido de interconexión con los escuadrones de la muerte es actuar desde la compasión hacia ellos. Ahora empieza a cobrar sentido para mí la bofetada verbal que el *roshi* Bernie Glassman me dio sin violencia alguna al final de mi retiro zen: «Serás capaz de detener a los escuadrones de la muerte únicamente si te das cuenta de tu unidad con ellos.» Solo si siento mi conexión real con ellos. Solo si siento un verdadero amor por ellos. Solo entonces habrá alguna esperanza de consolidar la paz con ellos.

Por esto los budistas no toman partido por unas personas y se oponen a otras. Es la misma razón que vimos en el capítulo II por la cual no quieren llamar a nadie malo. Declarar que una persona es mala es tomar partido en contra de ella, y tomar partido en contra de una persona es cortar la conexión y, por tanto, también la posibilidad de entenderla y de sentir de compasión por ella. Una vez hecho esto, una vez se ha tachado a alguien de «malvado», hay pocas posibilidades de lograr la paz y aún menos la justicia.

Entonces, para los budistas que están comprometidos con este mundo, todo esfuerzo por vencer el sufrimiento debido a la injusticia, toda labor por hacer y mantener la paz ha de basarse en un sentido de conexión y compasión no solo con los oprimidos, sino también con los opresores; no solo con el pobre, sino también con el rico; no solo con las víctimas de la violencia, sino también con quienes perpetúan esa violencia. Para mí, y sé que para muchos de mis estudiantes, uno de los ejemplos más poderosos y paralizantes de lo que esto significa es el tan conocido poema de Thich Nhat Hanh: «Llámame por mis verdaderos nombres.» El verso más sobrecogedor:

Soy la niña de doce años, refugiada en un pequeño bote,
que se lanza al océano después de ser violada por un pirata.
Y soy el pirata, mi corazón no es capaz aún de ver ni de amar.

A menos que nuestra compasión pueda fluir y abrazar «ambos bandos», no seremos pacificadores.

El rechazo budista a denunciar o a tomar partido es una expresión de su rechazo a comprometerse con cualquier tipo de violencia contra alguien, sea física, verbal o simplemente de actitud. La violencia corta la conexión y la compasión, o las hace inoperantes. De todas las religiones del mundo, yo creo que el budismo tiene el fundamento doctrinal más firme, así como una llamada permanente a la no-violencia. (Aunque, como todas las religiones, no siempre ha estado a la altura de sus propias creencias e ideales.)

Es por esta aversión a la violencia que también creo que podemos decir que para los budistas no existe tal cosa como la «ira justa». Por supuesto que sentiremos furia. Y esa furia va a motivar y a dirigir nuestras energías. Pero para los budistas, la ira no debe determinar a lo que conducen esas energías. No actuaremos con ira. Más bien, cuando surja la ira, seremos conscientes de ella, lo cual significa que la abrazaremos, seremos amables con ella. Nuestra ira nos señalará a aquellas personas o acontecimientos a los que, por medio de la atención plena, intentaremos responder con comprensión y compasión. Sí, es posible que tengamos que oponernos a ellos, que intentemos impedir que se apropien de un terreno dado o que efectúen recortes en la sanidad pública. Pero nuestra oposición será una resistencia no-violenta; lo cual significa una resistencia compasiva. Uno de los versos más citados de Dhammapada es: «En este mundo, el odio nunca se extingue por el odio; solo se apaga a través del amor. Esta es una ley eterna» (verso 5).

A partir de esta apresurada revisión de las formas budistas con respecto a actuar en un mundo de sufrimiento, un cristiano como yo concluye que para los budistas, la compasión es más importante que la justicia. De hecho, me tengo que preguntar si es que tan siquiera tienen un mínimo interés en la justicia. No porque la justicia no importe, sino más bien porque la justicia, por decirlo de algún modo, ya se las arreglaría por su cuenta si hubiese verdadera compasión. Indudablemente sostienen que sin compasión no habrá justicia. ¿Pero están yendo un paso más allá y sugiriendo que si hay compasión habrá justicia?

Yo planteé estas mismas preguntas en una conversación que algunos de los miembros cristiano-occidentales del Interreligious Peace Council mantuvimos con el venerable Samdhong Rinpoche, consejero y amigo del dalái-lama y, desde 2001, primer ministro electo del Tíbet. Mencionamos que, a pesar de la política oficial del Gobierno tibetano de no-violencia hacia los chinos, las injusticias cometidas contra el pueblo tibetano continuaban; incluso parecían haberse intensificado. Su respuesta fue: «¡Supongo que no hemos sido lo suficientemente no-violentos y compasivos!»

VUELTA: ¡SI QUIERES JUSTICIA, TRABAJA POR LA PAZ!

En este último esfuerzo del último capítulo por «volver» a mi ideal cristiano de ser un pacificador, tras intentar «acercarme» al ideal budista de ser un «ser de paz», inevitablemente ofreceré un repaso de algunos temas recurrentes de todo el libro. Tanto el contenido teológico de los capítulos 1 al v como el mensaje espiritual del capítulo vi encontrarán su expresión más práctica en este capítulo. Si, como dicen, se supone que la praxis confirma la teoría, entonces este último viaje debería, espero, ofrecer una confirmación posterior del valor de ser un cristiano budista.

Nuestro esfuerzo por llegar a una comprensión más no-dual de la relación entre lo Divino y lo finito, nuestro símbolo preferido de Dios como Espíritu de interconexión, nuestra visión de Jesús como alguien que encarna y revela al «Espíritu-Cristo» y así vive en sus discípulos, nuestra propuesta de un «Sacramento del Silencio» adicional tanto en la espiritualidad como en la liturgia cristianas, todas estas reinterpretaciones y re-vivencias de las creencias y de la vida cristianas que el budismo me ha ayudado a concebir desempeñarán un lugar central en cómo creo que el budismo me ayuda y me reta a convertirme en un pacificador cristiano más efectivo.

«El Reino de Dios está entre vosotros»

Ciertamente parece que existe un contraste, si no una flagrante contradicción, entre la forma en la que el budismo parece succionar toda la historia al momento presente (el eterno ahora) y la forma en la que el cristianismo impulsa la historia hacia adelante, hacia una conclusión final (el fin del mundo y la segunda venida de Cristo). Ahora bien, de acuerdo con las directrices del diálogo interreligioso, lo que a menudo se ve como una contradicción bloqueadora se puede transformar en la revelación de un nuevo camino. Esa ha sido mi experiencia cuando he intentado sentarme y abrirme a esa contradicción entre el «ahora» budista y el «futuro» cristiano. El budismo me ha permitido entender con mayor claridad y vivir más significativamente lo que pienso que nos dice la creencia cristiana sobre el futuro. Me ha ofrecido perspectivas que van más allá de lo que la escatología cristiana ha dicho en el pasado y que, no obstante, a la vez renuevan lo que la escatología siempre ha dicho. Permítanme explicarlo.

Yendo al grano, lo que pienso que he aprendido del budismo es lo siguiente: el mismo tipo de no-dualidad —es decir, la misma clase de unidad esencial en la diferencia actual— entre lo fundamental y lo finito, o entre Dios y el mundo, que analizamos en los capítulos I y II, se puede aplicar a la relación entre el ahora y el futuro. Ya hemos visto con frecuencia que *no son dos* pero *tampoco son uno*. La relación entre el presente y el futuro es aquella en la que ambos son co-inherentes, o tienen su existencia el uno en el otro. Realmente son diferentes y aun así, uno no puede encontrarse, o realizarse, sin el otro.

Todo esto es bastante abstracto y sesudo. Simple y prácticamente, nos advierte de que no podemos buscar el futuro «allá afuera». Puede que tengamos algunos dedos que señalan al futuro (como la imagen de la segunda venida de Jesús), pero en cuanto a lo que podrían significar, debemos mirar el momento presente y estar completamente comprometidos con él. Cualquiera que sea el futuro puede conocerse y hacerse realidad por lo que está sucediendo ahora, en este momento.

Esto significa que debemos comprometernos con el momento presente con tanta honestidad, creatividad, audacia y atención plena como podamos. Sabemos que *podemos* comprometernos con el momento presente; sabemos que *podemos* «hacer algo» ante cualquier sufrimiento o ante cualquier fracaso que pueda albergar el momento presente. ¿Por qué? Porque el «ahora» no es solo el ahora. También es el futuro. El ahora está, por decirlo de alguna manera, preñado de futuro, es capaz de engendrar el futuro. Ya contiene el futuro. Pero el contenido de ese futuro no está predeterminado. Se está especificando, formando, por lo que está sucediendo ahora. Lo que vendrá mañana está presente «ya» pero «todavía no» en lo que se está haciendo hoy.

Uso la expresión «ya / todavía no» deliberadamente porque, como ya indiqué, se trata del término que los expertos en el Nuevo Testamento utilizan para describir lo que creen que fue la comprensión de Jesús del Reino de Dios. Jesús claramente creía que la *Basileia tou Theou* estaba por venir en el futuro. Y así, el Evangelio de Marcos se abre con un toque de atención por parte de Jesús: «El tiempo se ha cumplido y el Reino de Dios está cerca» (Marcos 1,15). Y luego está la forma enigmática en que Jesús respondió a la pregunta de los fariseos sobre cuándo vendrá el Reino de Dios. «De hecho, el Reino de Dios ya está entre vosotros» (Lucas 17,20-21). De una manera paradójica, mística, para Jesús, el Reino estaba tanto por venir como ya «entre vosotros», tanto presente como futuro, tanto *ya* como *todavía no*.

La forma en que he intentado entender —y creo que conmigo muchos cristianos— lo que esta contradicción significa es concluyendo, de una manera bastante definitiva y lógica, que lo que Jesús seguramente quería decir era que el «Reino del futuro» es la realidad completa y final, mientras que ahora mismo sola la tenemos parcialmente, en fragmentos promisorios. Esto nos asegura que el Reino ciertamente va a llegar, pero, como un niño pensando en la Navidad, tenemos que ser pacientes y esperar —y, por supuesto, «más vale que seamos buenos» para así disfrutarlo cuando llegue. El budismo me ha ayudado a captar que lo que Jesús experimentó y reveló probablemente no era ni tan lógico ni tan nítido. El Reino que él anunciaba era real y verdaderamente tanto *ya* como *todavía no*.

A través de mi diálogo con el budismo he llegado a sospechar que nosotros los cristianos hemos hecho tanto hincapié en el *todavía no* que hemos perdido el contacto con el *ya* (de la misma manera que nos hemos centrado tanto en la divinidad de Jesús que hemos desdibujado su humanidad). Estamos tan obcecados y nos hemos consolado tanto con lo que va a venir, que hemos perdido de vista las oportunidades, y quizá también las responsabilidades, que hay en lo que está pasando ahora. Al concentrarnos en la promesa de Jesús de que «*luego* las cosas *serán* mejores», hemos perdido su convicción en que «*ahora* las cosas *pueden ser* mejores». Debido a que sabemos que solo en el futuro, cuando Jesús venga de nuevo, las cosas se colocarán en su lugar, caemos en una actitud en la que hay que aceptar el caos actual. Y así nos encontramos pensando, tal vez incluso diciendo: «No se puede cambiar la naturaleza humana... No se puede luchar contra el ayuntamiento... Los políticos siempre serán corruptos... Es lo que dicta el mercado.» Y así nos contentamos con pequeños apaños en lugar de transformar el mundo. Damos por sentado que la transformación no tendrá lugar todavía aquí, que solo vendrá en el futuro.

Los budistas quizá sean más capaces de tomar a Jesús en serio: la transformación ya está aquí. Lo que el futuro contenga puede ser realizado ahora porque ¡ya está presente! De hecho, lo que sea que el futuro vaya a ser se está concretando, está tomando forma ahora mismo, en la parte del *ya* del mensaje de Jesús. Lo que sea que estemos buscando ya está aquí. Y por eso podemos continuar persiguiéndolo. Esta paradoja motivadora aparece en una concisa frase *dzogchen* del lama Surya Das: «Somos perfectos tal como somos, y aun así, hay trabajo por hacer.» Al entender que la perfección del Reino ya está aquí, estamos preparados para llevar a cabo el trabajo que tenemos por delante.

Aquí creo que el budismo me ha hecho penetrar más a fondo en lo que Jesús, paradojicamente, proponía: la certeza que tenemos sobre el futuro *todavía no* debe *priorizar* el *ya* presente. Lo que más cuenta no es esperar el futuro que está por venir, sino reconocer y moldear el futuro que está presente en este momento. Entonces, si nosotros los cristianos queremos afirmar que el símbolo de la Segunda Venida de Jesús traerá finalidad, el budismo —y creo que también el mensaje del Nuevo Testamento— nos dice que esa finalidad está siendo determinada por lo que hacemos ahora.

En una anotación en mi diario de junio del 2002 intentaba decir algo en este sentido: «Los budistas les dicen a los cristianos que si realmente afirman que Dios se revela a sí mismo en la historia, mejor pongan atención no solo en la historia, sino en el Ahora, porque ahí es donde la historia está sucediendo. ¡En ningún otro lugar!»

El lama Surya Das, al describir el corazón del budismo que practica, viene a decir lo mismo si bien de una manera más explícita y potente: «La sabiduría secreta del *dzogchen* nos enseña que sea lo que sea que busquemos siempre está justo aquí. *Generalmente, somos nosotros quienes estamos en otro lugar.* Ese es el problema.»

Esta priorización del Ahora explica por qué los budistas proclaman advertencias sobre «los peligros de la planificación». Los planes son importantes y útiles de cara a nuestros objetivos, a lo que queremos lograr en el futuro, pues a partir de ellos dirigimos nuestras energías mientras trabajamos con los componentes del momento. Pero si Jesús tiene razón en que «el Reino ya está entre vosotros» y si Buda tiene razón en que todo lo que necesitamos ya nos ha sido dado, entonces cualesquiera que sean los planes que tenemos no solo se tienen que aplicar a los elementos del momento, sino que a menudo se tienen que subordinar a ellos. Si verdaderamente hay una relación no-dual entre el «Reino del ahora» y el «Reino del todavía no», entonces ese futuro Reino del todavía no tiene que encontrase dentro del Reino del ya presente, y debe surgir de él. Los planes que están demasiado claramente elaborados o a los que nos aferramos con demasiada fuerza pueden impedir que el ahora se convierta en el futuro. Una lección definitiva para los cristianos es la siguiente: se pueden hacer planes, pero no hay que apegarse a ellos, y siempre hay que estar preparado para ajustarlos, cambiarlos o desecharlos. Para quienes tenemos la personalidad tipo A, como yo, ¡esto no es fácil!

Prácticamente la misma lección se aplica a la cuestión de la esperanza, pero con interpelaciones incluso más incómodas para los cristianos. La convicción de Jesús de que el Reino *ya* está presente, aclarada por la comprensión budista del momento presente, nos dice —pienso que puedo expresarlo de esta forma— que podemos tener esperanza, pero que realmente no la necesitamos, y desde luego nuestras acciones no deberían depender de ella. No necesitamos tener esperanza en el futuro porque el futuro del todavía no, el que estamos esperando, ya está aquí, en este momento. Lo que nos mantiene y nos permite sonsacar el *todavía no* del *ya* viene determinado por esta misma situación que nos provoca un conflicto. Esto significa que podemos confiar, aun cuando no podamos tener una idea clara de qué es exactamente en lo que confiamos.

Tal como se dijo en el capítulo precedente, esto es la fe en su máxima expresión: cuando confiamos sin poder ver en lo que estamos confiando, cuando amamos sin tener una comprensión clara de lo que estamos amando. Quizá sea esto lo que san Pablo quería decir cuando aconsejó a los primeros cristianos seguir «esperando contra toda esperanza» (Romanos 4,18), esperar, aunque se tratase de una esperanza sin fundamento. Quise expresar lo mismo en una entrada en mi diario de en enero del 2006: «Entonces puedo esperar, aunque nunca pueda definir nítidamente lo que estoy esperando, aunque nunca pueda controlar ese futuro que espero.»

Entonces, con esta reapropiación budista de la escatología cristiana y de la revelación de Jesús del Reino del *ya / todavía no*, cómo respondo a la pregunta con la que inicié este capítulo: «¿Qué podemos esperar?» Me gustaría expresar mi respuesta en este sentido: «No sé qué podemos esperar. Pero sé que podemos esperar.» Podemos esperar porque la historia humana, igual que cada ser humano, forma parte y está integrada con una actividad mayor, interrelacionada y que interrelaciona, que hemos llamado «inter-Ser» o Espíritu de conexión. Y ese Espíritu, que colmó a Jesús hasta tal punto que continúa colmando a sus discípulos, también lo convenció de que la visión que había heredado de sus antepasados judíos de un mundo en el cual los seres humanos verdaderamente se amarían y cuidarían unos de otros era realmente posible porque el Espíritu de Dios estaba ya presente.

Esto es lo que nos permite esperar: la experiencia y la convicción de que cuando actuamos en este mundo con sabiduría y compasión, con preocupación por la justicia, es el Espíritu actuando en y a través de nosotros. Adónde nos llevará eso, no lo sabemos. El Espíritu y, por tanto, el Reino ya está presente. El todavía-no se resolverá por sí solo.

Así, el valor de nuestras acciones se encuentra en las acciones mismas, en la medida en que son acciones del Espíritu y, por tanto, parte del Reino ya presente. Tanto si producen frutos o no —tanto si logran un cambio estructural en El Salvador, o en el mercado global, o no— son lo que hacemos cuando el Espíritu nos toca, cuando despertamos a nuestra naturaleza búdica o a nuestro ser en Cristo. No podemos dejar de llevarlas a cabo. Actuamos no para obtener los frutos de nuestras acciones, sino porque así es como actúa el Espíritu de Cristo o nuestra naturaleza búdica, aunque también podamos alegrarnos de que den su fruto. Vale aquí el tan trillado dicho: «No estamos llamados a tener éxito, sino a ser fieles» a lo que somos, aunque también sabemos que si alguna vez tenemos éxito, este vendrá de tal fidelidad.

Mañana puede ser mejor que hoy

Al concluir estas reflexiones sobre el Reino de Dios, tengo que confesar que hay un elemento de mi fe cristiana, basado en mi comprensión de Jesús, que parece estar en contradicción con el budismo y que no puedo obviar (¡si bien no quiero apegarme a él!). Tiene que ver con la afirmación que encontramos en todas las religiones abrahámicas de que la historia es real *y* que la historia puede ser mejor. Se puede decir que los budistas, en la medida en que encuentran el cambio y la transitoriedad en la raíz de la realidad, quizá reconozcan la historia (en tanto que la historia consiste en cambio). Hace poco, un amigo budista me regaló una camiseta con la cara de Buda sonriente y debajo decía: «La transitoriedad hace que todo sea posible.» Pero los budistas no afirman —al menos no de una forma tan clara y central como el judaísmo, el cristianismo y el islam— que las cosas pueden cambiar para *mejor*. Para ellos, como ya he dicho, la historia no va a ningún lado. Y no tiene por qué hacerlo.

Dado que como cristiano creo en lo Divino, en un Espíritu de conexión que está «tramando algo» en la historia, creo que la historia guarda en sí misma la posibilidad —lo cual *no* significa la necesidad— de mejora. En otras palabras, mantengo la creencia de que mañana puede haber menos odio, menos violencia, menos injusticia en el mundo del que hay en la actualidad.

Como hemos visto, si le preguntamos a un budista si el Vacío o el «inter-Ser» producen algo, su respuesta puede ser que crea cada vez más despertar en la humanidad, cada vez más sabiduría y compasión. Pero lo dejan ahí. Como cristiano quiero añadir: con esa sabiduría y compasión y a través de ellas podemos provocar un cambio real en este mundo; podemos transformar las estructuras sociales y políticas y así crear un mundo en el cual sea un poco más fácil alcanzar la sabiduría y la compasión. Nunca será el mundo definitivo, perfecto, pero sí puede ser un mundo diferente, mejor.

Al hacer esta observación de que el mundo puede mejorar y ser transformado, he de tener en cuenta las advertencias budistas de no creer que sepa o pueda predecir lo que serán esas mejoras. También tengo que escuchar detenidamente sus reservas sobre pensar y esperar que haya un punto final donde todo estará resuelto y no sea ni posible ni necesario ningún cambio adicional. Sin embargo, quiero mantener mi esperanza cristiana (la cual siempre es una esperanza sin fundamento, en contra de toda esperanza) de que no solamente los corazones humanos, sino el mundo y sus estructuras pueden y tienen que cambiar.

En noviembre del 2002, leyendo los maravillosos libros de Jon Sobrino *Jesucristo liberador* y *La fe en Jesucristo*, tuve una intuición de lo que el símbolo de la segunda venida de Jesús puede significar:

> Esto es lo que la «segunda venida» nos dice: que las cosas pueden ser diferentes, que pueden cambiar, mejorar. Pero que habrá un final definitivo, que bajará el telón y todo será perfecto, eso no lo podemos saber; y, en efecto, cuanto más pensamos sobre ese denominado telón final, más parece que no acaba de encajar con un Dios de la historia, un Dios cuya riqueza y creatividad no pueden ser ni contenidas ni finalizadas.
>
> Así, aquí puede haber una manera de aclarar, incluso corregir, ciertas interpretaciones del budismo y del cristianismo que realmente pueden estar equivocadas: la noción budista de que no hay futuro y la noción cristiana de que el futuro algún día acabará en un Reino de los cielos definitivo.

En otras palabras, el símbolo de la segunda venida, o del fin del mundo, significa que podemos esperar «puntos finales» donde las cosas realmente serán diferentes. Sin embargo, ningún punto final puede excluir a otros, otros «todavía no» suscitados por el «ya».

Así, como cristiano y con una notable ayuda del budismo, puedo ofrecer una respuesta a la pregunta de Elise

Boulding: «¿Realmente crees que la paz es posible?» Sí, lo creo. Lo cual no significa que la paz vaya a ser realizada de manera perfecta e inmutable en todo el mundo con total supresión del odio y de toda violencia. Y tampoco significa que cuando empujemos nuestra roca de la paz colina arriba, otras rocas no caigan en el valle. Pero creo que algunas rocas *se quedarán*. Creo que podemos hacer que un mayor número de personas sean conscientes de su verdadera naturaleza como fuentes de interconexión, sabiduría, compasión y justicia y que, por tanto, mañana puede haber un poco más de paz en el mundo de la que hay hoy. Y lo creo porque mi vivencia personal me ha llevado a confiar en lo que Jesús y Buda anunciaron: que nuestra naturaleza más profunda es la naturaleza búdica hecha de sabiduría y compasión, y que el Espíritu de interconexión que animó a Jesús todavía está vivo en el mundo.

Pero incluso si alguien fuese capaz de demostrarme (aunque creo que nadie podría hacerlo) que la paz *no* es posible, que las cosas realmente no cambiarán nunca, que todas las rocas rodarán de nuevo colina abajo, aun entonces, tal como el budismo me ha ayudado a comprender, seguiría esforzándome en ser paz y hacer la paz. ¿Por qué? Porque eso es lo que uno hace cuando despierta a la naturaleza de Buda o cuando llega a saber que «no soy yo quien vive, sino Cristo quien vive en mí». Felizmente, ¡no tengo opción!

Ser Cristo y construir el Reino

Con el paso de los años, desde que el librito de Thich Nhat Hanh *Ser paz* (*Being peace*) asaltó mi plexo solar espiritual, esta sencilla pero exigente conclusión ha ganado fuerza en mí: él tiene razón, y muchos de mis colegas activistas cristianos y yo mismo tenemos que tomarlo en serio.

Ciertamente no vamos a ser de gran ayuda en la construcción de la paz en el mundo a menos que estemos seriamente comprometidos con hacer esa paz y ser paz nosotros mismos. Lo que los pacificadores acaben haciendo dependerá de lo que ellos sean. Que los pacificadores puedan alcanzar sus metas de ofrecer al menos un poco más de paz en este mundo lleno de conflictos, dependerá no de lo que *hagan*, sino de lo que *sean*. Si los pacificadores *son* paz, *harán* la paz. Si *no* son paz, entonces lo que hagan será inefectivo o contraproducente, es decir, generarán más disturbios o más conflictos. Mi respuesta personal a estas advertencias, como he indicado en la primera parte de este capítulo, es una humilde confesión: «Me he encontrado en esa situación.» He tratado de hacer la paz sin ser paz.

Lo que Thay y otros budistas comprometidos me están recordando no es solo que como cristiano, en mis esfuerzos por construir el Reino en la tierra según la visión de Jesús, deba mantener un correcto equilibrio entre la acción y la contemplación, entre el tiempo que paso en la calle y el tiempo que estoy arrodillado. En cierto sentido, los budistas sugieren que es necesario que haya un cierto *desequilibrio* entre espiritualidad y actividad, en la medida en que priorizan la espiritualidad. Como dije antes, la acción y la contemplación tienen que formar un círculo continuo porque una lleva a la otra y ambas se hallan en una relación de necesidad recíproca. Pero los budistas nos recuerdan que la meditación y la espiritualidad son la entrada por la que nos incorporamos al movimiento del círculo. Aún más: la meditación proporciona la energía que mantiene al círculo girando e impide que se detenga.

Esto no se traduce en fórmulas simplistas como que tengamos que pasar más tiempo en la oración y la meditación que en la acción y la organización. Tampoco significa que tengamos que tener potentes músculos espirituales antes de poder empujar las rocas cuesta arriba. Pero sí significa que tenemos que llevar a cabo un entrenamiento espiritual importante y desarrollar un suministro de recursos internos de sabiduría, compasión y conciencia plena antes de entrar en combate y emprender el trabajo agotador y siempre peligroso de construir la paz y el Reino. Igual que los buceadores de gran profundidad, debemos disponer de una gran cantidad de oxígeno espiritual en nuestros depósitos antes de sumergirnos en las tareas bajo la superficie. Y a medida que estas tareas nos vayan agotando y confundiendo, vamos a tener que llenar los depósitos periódicamente. En el lenguaje de Thay, el *hacer* requiere el *ser*, y la tarea de alimentar nuestro ser paz no tiene fin.

El empeño budista de que hacer la paz requiere ser paz me ha impulsado aún más allá. Los budistas no solo me recuerdan que la contemplación es esencial para la acción y que, por tanto, supone una cierta prioridad sobre ella, sino que hablan de un particular tipo de espiritualidad que consideran esencial para la construcción efectiva de la paz. Cuando se examina lo que Thich Nhat Hanh y otros maestros quieren decir con «ser paz» se cae en la cuenta de que aluden a una clase de espiritualidad que los cristianos llamarían mística. Mi acercamiento al budismo me ha dejado claro que si quiero tener algún éxito como activista cristiano, voy a tener que ser, o intentar ser, un místico cristiano.

Estamos de nuevo ante un tema que ha resonado a lo largo de todo este libro: la relación fundamental, dinámica entre lo Infinito y lo finito —en la simbología budista, entre el Vacío y la forma, y en el lenguaje cristiano, entre el Espíritu y el mundo— es aquella en la que ambos existen uno en el otro y a partir del otro; y aunque son y se mantienen absolutamente diversos, son co-inherentes, «inter-son». (Es lo que examinamos en los cuatro primeros capítulos.) Y la «salvación» y la «espiritualidad» son una cuestión de despertar a esa unidad, a esa identidad, a esa unidad en la duplicidad; de sentirla en nuestra fundamental espiritualidad y de vivirla en nuestra cotidianidad (capítulos v y vi). En definitiva, el budismo me ha ayudado a precisar que una tal experiencia mística unitiva también debe conformar la fuente y la dirección de mis esfuerzos activistas para aproximar este mundo a los ideales del Reino de Dios. De nuevo, el activismo eficaz exige un misticismo comprometido.

Para mí, la realización cristiana concreta de esa experiencia mística unitiva está contenida en el arrebato de Pablo en su Carta a los Gálatas: «Ya no vivo yo. ¡Es Cristo quien vive en mí!» Por esta razón he subtitulado esta sección «Ser Cristo y construir el Reino». Para los cristianos «ser paz» es «ser Cristo». Así que si queremos «construir la paz» del Reino de Dios, debemos primero «ser Cristo».

Son precisamente los efectos de la vivencia mística unitiva del estar en Cristo-Jesús los que ayudan a eliminar uno de los mayores obstáculos para la construcción de la paz: nuestros egos siempre al acecho. Si «no soy yo quien construye el Reino, sino Cristo quien lo construye en mí», seré menos propenso a ser infectado por los virus del ego que contaminan el trabajo de tantas personas que hacen el bien:

la necesidad de reconocimiento, de éxito, de control, de superioridad. La experiencia mística de estar en Cristo-Jesús, como toda vivencia espiritual unitiva, nos permite sentir y, por tanto, saber que nuestra verdadera identidad es mucho mayor que la personal, y que solo podemos encontrarnos a nosotros mismos fuera de nosotros mismos.

Y así nuestras energías serán desplazadas de forma natural de un egocentrismo centrípeto a un otro-centrismo centrífugo. Lo cual significa que las energías dedicadas a construir el Reino no estarán generadas por la necesidad pragmática de alcanzar ciertas metas o de llevar a cabo ciertos planes, sino por la necesidad natural de sentir compasión y amor. Además, esto nos permitirá mantenernos tan firmes en nuestro compromiso con la tarea de promoción del Reino como libres somos en la manera de realizarla. Tendremos, como dicen los budistas, planes para la acción, pero no nos apegaremos a ellos. Afrontaremos cualquier situación sabiendo, por lo general, lo que se podría hacer, pero siempre aún más dispuestos a aprender lo que se debe hacer. No apegándonos a nada estamos abiertos a todo, pero con una apertura guiada por la sabiduría y la compasión del ser-en-Cristo.

Cuando nuestras actividades de construcción de paz estén fundamentadas y sostenidas en la vivencia mística del estar en el Espíritu-Cristo, cuando percibamos constantemente que todo nuestro esfuerzo por transformar el mundo forma parte de un «inter-Ser» que abraza y constituye todo lo que sucede en el mundo, entonces seremos capaces de actuar con un asombroso tipo de libertad. Se trata de la libertad de tener éxito y la libertad de fracasar; la libertad de no apegarse al triunfo y la libertad de no ser aplastado por la derrota.

Hay una paradoja envuelta en esta libertad que escapa a toda palabra. Sabemos y sentimos que tenemos que actuar con el fin de afrontar todo el sufrimiento que oscurece nuestro mundo. Pero al mismo tiempo, sentimos que dado que nuestras acciones no son solo nuestras, sino que forman parte de una actividad más amplia y continuada del Espíritu, no son *tan* importantes. O mejor dicho, su valor o su necesidad no están determinados por sus resultados. Entonces podemos realizar nuestros esfuerzos con total seriedad y determinación, pero también podemos dar un paso atrás y reírnos. Podemos danzar y jugar en el Espíritu con el mismo vigor con el que nos esforzamos y trabajamos en el Espíritu.

En una entrada de mi diario de septiembre del 2002 cité otro pasaje del libro de Eckhart Tolle, *El poder del ahora* (*The power of now*), el cual pienso expresa el poder de esta libertad más clara y profundamente de lo que yo puedo hacerlo.

> Él afirma que cuando «sientes tus raíces en lo No Manifiesto [que yo denomino el Espíritu-Cristo]… estás en contacto con algo infinitamente mayor que cualquier placer, mayor que cualquier cosa manifestada. En cierto sentido, ya no necesitas el mundo. Ni siquiera necesitas que sea diferente de lo que es.» Eres libre del deber de cambiar el mundo. Solo entonces eres realmente libre y capaz de cambiar el mundo. Tolle continúa: «Solo a partir de entonces empiezas a hacer una contribución real a la creación de un mundo mejor, a crear un orden diferente de realidad. Solo a partir de entonces eres capaz de sentir compasión y de ayudar a los demás al nivel de la causa. Solo quienes han trascendido el mundo pueden hacer surgir un mundo mejor.»

O en palabras de Thay: solo quienes están en paz en medio de las injusticias y de las brutalidades del mundo son capaces de traer paz a ese mundo. Sospecho que solo los místicos pueden entender esto y actuar en consecuencia.

Como tantos otros cristianos tengo mucho que aprender de las enseñanzas budistas según las cuales el despertar, o el ser paz, es a la vez necesario y prioritario respecto a la construcción de la paz. Pero debo confesar mi desasosiego personal como cristiano ante la sugerencia de que todo lo que tenemos que hacer a fin de que el mundo «tenga paz» es «ser paz». Como he señalado, los maestros budistas en ocasiones dan la impresión de que el despertar y el cambio personal producirán por sí mismos la transformación social. Todo lo que tenemos que hacer es despertarnos a nosotros mismos y ayudar a los demás a hacer lo mismo... No estoy tan seguro. De mi limitada experiencia de encontrarme ante los «poderes fácticos», ya sea en San Salvador, en Washington D. C. o en Wall Street, he adquirido la conciencia de que los teólogos cristianos de la liberación están expresando algo muy importante cuando afirman que además del pecado personal existe también el pecado social. En términos budistas —que considero reflejan mejor las razones por las que esto es así—, la codicia que resulta de la ignorancia se encarna en las estructuras sociales, en las estrategias económicas y políticas y en las actitudes culturales. Y en este proceso, la ignorancia social y la codicia toman vida autónoma: la ignorancia personal se vuelve ignorancia social; la codicia personal, codicia nacional; el sufrimiento individual, sufrimiento social.

Así, si bien el despertar y la transformación personal son absolutamente necesarios para provocar el cambio social (algo que los cristianos olvidan demasiado a menudo), no son suficientes. Son necesarios también un despertar y una transformación social, política, legislativa (algo que, aparentemente, los budistas olvidan demasiado a menudo). No solo estamos tratando con individuos que hieren a otros por ignorancia, nos estamos enfrentando a estructuras socioeconómicas que lesionan a otros aun cuando están compuestas de individuos despiertos. Además del karma personal, existe el karma social. Pueden tener las mismas causas, pero habitan en cuerpos distintos.

Por tanto, como cristiano, siento que más allá de la introspección personal necesaria para darnos cuenta de que todo *dukkha* o sufrimiento deriva de *tanha* o codicia, debo también comprometerme con una introspección social para determinar dónde está actuando la codicia en las políticas económica y legislativa. Aunque los corazones y las acciones individuales sean la causa última de las estructuras sociales que producen sufrimiento, a menudo no podremos ser capaces de realmente comprender y transformar nuestros corazones a menos que también entendamos y transformemos, al mismo tiempo, las estructuras sociales. Quizá Gautama se diera cuenta implícitamente de esto al formular el quinto principio del Sendero óctuple y advertir a la gente que antes de conseguir la iluminación tal vez debieran ¡cambiar de trabajo (el correcto sustento)!

No obstante, si como cristiano siento que debo recordarles a los budistas que junto con el análisis personal necesitan hacer un análisis social, ellos a su vez me ofrecen un auxilio importante —tal vez indispensable— para hacer ese análisis social. Si los teólogos cristianos de la liberación insisten en que la transformación de la sociedad puede requerir algo más que la transformación de los individuos, el budismo ofrece consejos valiosos sobre cómo transformar las estructuras sociales. En la próxima y última sección de este capítulo último, espero poder dejar claro lo que pienso que he aprendido.

No hay justicia sin compasión

La «conversión» que el budismo ha provocado en mi concepción de los requisitos para la construcción del Reino de Dios se resume en el subtítulo que le he dado a esta sección de «Vuelta»: «Si quieres justicia, trabaja por la paz.» Se trata de una inversión completa de lo que he estado enseñando y de cuanto he creído, predicado e intentado poner en práctica durante varias décadas de activismo.

Pero esa inversión no es una negación. Más bien exige la misma clase de circularidad dinámica que describí a propósito de la relación entre acción y contemplación. Se trata de una combinación: ambos/y. Si quieres paz, trabaja por la justicia. Y si quieres justicia, trabaja por la paz. No obstante, igual que en la circularidad acción/contemplación, el budismo constantemente me lleva hacia la conciencia de que el punto de entrada a esa circularidad, así como lo que mantiene al círculo en movimiento, se encuentra en el trabajo por la paz. En otras palabras, el esfuerzo realizado para conseguir la paz a través de la reconciliación tiene una cierta prioridad sobre el esfuerzo llevado a cabo a favor de la justicia y, debo añadir, del cambio estructural.

Esta intuición central de la relación entre paz y justicia que el budismo me ha ayudado a ver, aclara también el papel de la no-violencia en todos mis esfuerzos por transformar este mundo. Gracias a Buda, he llegado a ver —y lo que es más importante, he llegado a sentir— que la no-violencia se halla en el corazón del mensaje de Jesús. Pero también gracias a Buda puedo afirmar la vía de la no-violencia sin absolutizarla. De nuevo está en juego una paradoja. Permítanme tratar de precisarla en cinco pasos que son, en efecto, los cinco modos en los que Buda me ha ayudado a entender más profundamente el plan de acción de Jesús para el Reino de Dios.

No hay un mandamiento mayor

Primero un breve repaso. A lo largo de este libro hemos visto a menudo que las dos cualidades que definen a un ser despierto son *prajna* (sabiduría) y *karuna* (compasión). Realmente son dos expresiones diferentes de la misma comprensión basada en la experiencia. La sabiduría indica lo que se descubre en el *interior* de uno mismo, mientras que la compasión describe cómo se responde al mundo *exterior*. Tal como el relato de la iluminación de Buda ilustra, lo primero que Buda hizo cuando se levantó tras hallarse sentado bajo el árbol de Bodhi (el árbol del despertar) fue regresar a Benarés junto a sus colegas. Sintió compasión por ellos; debía compartir con ellos lo que había descubierto. Por eso la compasión es lo primero, lo fundamental, lo dominante, hasta podríamos decir la energía reguladora con la cual un budista ve y afronta el mundo. El modo en que un discípulo de Gautama verá y responderá al mundo estará inspirado y guiado por la compasión. Un budista, idealmente, no hace nada en el mundo que no surja de su propia compasión.

Esta compasión es universal. Abraza a todos los seres sintientes, sin importar lo que sean o lo que hayan hecho. ¿Por qué? Por algo que queda claro en la iluminación: que todos estamos tan interconectados que nuestra propia vida está en los otros; vemos y encontramos nuestro ser en los demás seres, hasta el punto de que el «otro» es justamente tanto yo *mismo* como *otro* yo. Vivimos, nos movemos y tenemos nuestro ser en los demás. Así una budista puede amar a su prójimo como a sí misma, porque ¡su prójimo *es* ella misma! He llegado a la comprensión de que lo que Buda descubrió sobre la necesidad natural y la primacía de *karuna* afirma, profundiza y hace aún más exigente el compromiso que brota de la energía que hallamos en el evangelio de Jesús. Una cosa que Jesús —y san Pablo después— afirmó con absoluta claridad fue que si colocamos todos los mandamientos en orden de importancia, el primer lugar siempre lo ocupará el amor, el ágape. Para Jesús amar a Dios y amar al prójimo eran dos formas diferentes de cumplir el mismo mandamiento, y era categórico al afirmar que ese mandamiento es «el más importante» (Marcos 12,29-31). Para Pablo, el amor al prójimo «resume» y es «la plenitud» de *todos* los otros mandamientos (Romanos 13,8-10).

Tanto los seguidores de Jesús como los de Buda practican de forma natural el amor al prójimo y la compasión por todos los seres sintientes. La compasión fluye de la sabiduría del mismo modo que el amor al prójimo mana del amor a Dios. Para los budistas, la experiencia del despertar es la experiencia de la interconexión que nos hace a todos uno. Para los cristianos, experimentar la Divinidad como Amor es percibir la fuente que nos hace a todos «hijos de Dios» y, por tanto, hermanos y hermanas unos de otros.

Y esto significa que todos y cada uno de los seres sintientes están conectados y relacionados. Nadie está excluido, ni tan siquiera aquellos que, por decirlo de alguna manera, han tratado de autoexcluirse por ignorancia, odio o codicia. Por eso Jesús dijo que aun aquellos que se declarasen nuestros enemigos, no serían realmente enemigos. El prójimo a quien dijo que amáramos como a nosotros mismos incluye también a nuestros «enemigos», porque ellos siguen siendo hijos de Dios. Nada los puede eliminar de la interconexión, de lo que los budistas llamarían el «inter-Ser» y los cristianos, la familia de Dios.

Si esto es así, si el ágape o amor ocupa la misma posición central para los cristianos que la *karuna* o compasión para los budistas, si el amor verdaderamente es el «mayor de los mandamientos», entonces ello debe preceder, o guiar y determinar todas nuestras acciones y actitudes hacia el «prójimo», incluyendo a aquellos que parecen ser o tratan de ser nuestro enemigo.

Este mandamiento «prioritario» o «más importante» también precede, por tanto, a la justicia. Sí, Jesús quería que todas las personas fuesen tratadas con justicia. Pero el budismo me ha recordado que ante todo quería que todas las personas se amaran unas a otras. Con esto, no quiero decir que el amor sea más importante que la justicia. Pero sí quiero decir, porque creo que tengo que decirlo, que el amor precede a la justicia; o mejor dicho, que proporciona la necesaria «condición para la posibilidad misma» de la justicia. Parafraseando a Pablo: «Paz, justicia, amor. Los tres permanecen. Pero el mayor de todos es el amor.»

El amor excluye la violencia del odio

Si el amor y la compasión, como el «mayor de los mandamientos», han de inspirar y regular todos nuestros esfuerzos por el Reino de Dios, incluyendo nuestras acciones a favor de la justicia, entonces el odio no puede formar parte de la construcción del Reino de Dios. Esto, dirían mis estudiantes universitarios, es obvio. Igual que ocurre con el agua y el aceite, el amor y el odio simplemente no se mezclan. Esto es algo que también está claro en el mensaje y en las acciones de Jesús: se oponía, pero nunca odiaba.

Pero los budistas van un paso más allá y me han incitado a fijarme con mayor profundidad y honestidad en la naturaleza y las exigencias del «mayor de los mandamientos» de Jesús. Para ellos, la compasión excluye no solo el odio, sino también la ira y el resultado casi inevitable de su desbordamiento: la violencia. Las acciones y las palabras que surgen de la ira suelen ser violentas física, verbal y psicológicamente. Su propósito es hacer daño. Por ello, los budistas sostienen que si alguien trata de armonizar la compasión y la ira, está muy equivocado. La ira abre la puerta a la violencia. Y una vez que se es violento, se corta la interconexión y se pone profundamente en peligro la capacidad de amar.

Al descartar las acciones derivadas de la ira, los budistas, como hemos visto, no niegan su realidad. De hecho, la aceptan e incluso la abrazan, como la atención plena dicta que han de hacer con todo lo que se encuentran. Pero al ser conscientes de su propia ira, pueden cortar la corriente entre esta y la acción antes de que empiece a fluir. Al reconocer y abrazar su propia ira, no permiten que controle la respuesta a lo que sea que la causó.

En realidad, igual que lo que podríamos sentir espontáneamente al considerar el «daño colateral» infligido a los civiles en una acción militar injustificada, la ira puede servir como una alarma que nos sensibiliza ante el sufrimiento, sin que de ninguna manera determine nuestra respuesta a este sufrimiento. La ira puede activar nuestras energías sin dictar cómo emplearlas. En efecto, los arrebatos de ira que espontáneamente sentimos cuando presenciamos la crueldad y la injusticia que los seres humanos se infligen unos a otros pueden tomarse como «alarmas» que nos llaman a regresar al Espíritu de conexión de nuestro interior y a responder desde ese Espíritu, no desde la ira.

La razón por la que los budistas desconfían de la ira y quieren transformarla a través de la atención plena antes de que impregne sus acciones es porque se dan cuenta —sospecho— de que la «simple ira» muy fácilmente conduce a la «simple guerra». La ira justificada se convierte rápidamente en violencia justificada. Los «malhechores» declarados y odiados están a un paso, o a una frase, de ser declarados blanco de nuestros ataques.

Debido a que los budistas ven una flagrante incompatibilidad entre la violencia y su naturaleza búdica interconectada, promueven la no-violencia de una manera mucho más generalizada y elaborada que los cristianos. La forma como enlazan el «ser paz» con el «ser no-violento» me ha convencido de que existe la misma incompatibilidad entre la violencia y el «gran mandamiento» de Jesús de amar al propio prójimo como a uno mismo. Después de todo, pienso que una de las cosas que Jesús quería decirnos cuando nos instó a «amar a nuestros enemigos» era que no los matáramos. Buda me ha presentado la misma interrogación que debería haber escuchado antes de Jesús: ¿cómo podemos amar a nuestros enemigos y al mismo tiempo librar una guerra contra ellos? Pero amar a nuestros «enemigos» hasta el punto de negarnos a tratarlos con violencia no excluye identificarlos ni tampoco oponernos a ellos de una manera resoluta. Esto es evidente a partir de la famosa escena en la que Jesús purifica el Templo. Claramente estaba furioso y sentía ira. Y aunque sus acciones fueron drásticas —volcó las mesas de los cambistas, echó a las ovejas y al resto del ganado con un látigo— nada indica que hubiera odio ni que infligiera daño físico en ninguno de los vendedores o cambistas. Tal como comenta el evangelista, Jesús no actuó movido por el odio, sino por el «celo por la casa de su Padre» (Juan 2,13-18).

Pero al seguir los preceptos de la no-violencia sostenidos por Jesús y por Buda, lo que realmente están prescribiendo no es la no-violencia, sino el ágape o la *karuna*. Si se me permite decirlo de esta forma, lo «absoluto» en este caso no es la no-violencia, sino el amor. En el vocabulario judío de Jesús el «mandamiento» del que hablamos es el del amor, no el de la no-violencia. Mientras que no puedo de ninguna manera concebir excepciones a la ley espontánea y natural de amar al prójimo y a todos los seres sintientes, no puedo decir lo mismo con relación al principio de la no-violencia. Si alguien va a mostrarme que el amor por el prójimo puede, en alguna situación extraordinaria, ser compatible con la violencia física o verbal contra ese prójimo, debería abrirme a ello… Pero no creo que nadie pueda hacerlo. Hasta ahora nadie ha podido.

Una opción para los oprimidos no puede ser una opción contra los opresores

A las amables críticas de Thich Nhat Hanh sobre la «opción preferencial por los pobres» de la teología cristiana de la liberación, me gustaría responder igual de amablemente que esa opción forma parte del modo en el que Jesús, el profeta judío, experimentó el Espíritu del «inter-Ser» y que por eso forma parte de la contribución característica que el cristianismo puede hacer al budismo y al diálogo interreligioso. Sí, Thay tiene razón: Dios no tiene preferencias, no ama a unas personas más que a otras. El abrazo del Espíritu universal no excluye a nadie, ni abraza con más fuerza a unos que a otros. La compasión que mueve al sol y a las estrellas cae sobre el sufrimiento y las necesidades de todos los seres sintientes.

Sin embargo, según la experiencia y la creencia cristianas, la encarnación del Espíritu de Compasión en Jesús de Nazaret revela que ese Espíritu universal nos empuja hacia una atención particularmente urgente a favor de aquellos seres sintientes que, además de compartir el sufrimiento común, sufren a causa de las acciones que otros seres sintientes más poderosos llevan a cabo en su contra. De nuevo, hablamos de aquel sufrimiento que resulta de la ignorancia y la codicia presentes en la injusticia. Hay una diferencia entre el sufrimiento que me impongo a mí mismo por ignorancia y el sufrimiento que les impongo a los demás por ignorancia. Decir que «todos sufren, ricos y pobres» es ciertamente verdad, pero puede también distraer o camuflar el papel que yo juego en las causas del sufrimiento de los demás.

Ampliando el símbolo cristiano del Amor divino, Jesús experimentaba que el amor del Padre-Dios se prolongaba a todos sus hijos, pero con una atención prioritaria por aquellos que habían sido heridos por otros, igual que un padre que momentáneamente deja de atender a tres de sus hijos hambrientos a quienes les está preparando la comida para atender al que acaba de entrar en casa, herido tras haber sido golpeado por el matón de la escuela. Así que una «opción preferencial» por los excluidos, los esclavizados o los marginados no excluye a los demás, sino que dirige nuestra atención y clarifica nuestra responsabilidad.

Aunque espero que mis amigos budistas comprendan mi punto de vista respecto a la opción preferencial por los oprimidos, también entiendo (o creo que lo hago) su propia perspectiva, lo que dijeron los miembros budistas del Interreligious Peace Council en Chiapas cuando declararon «Nosotros no denunciamos a nadie». Si como seguidor de Jesús siento que debo defender una preocupación preferencial por los oprimidos, los seguidores de Buda me recuerdan que esa preferencia no puede suponer una opción en contra de los opresores. Me parece que esto no es fácil de lograr. Pero también he llegado al convencimiento de que es absolutamente necesario hacerlo. Si mi opción por los oprimidos me lleva a una opción en contra de los opresores, las cosas no harán sino empeorar.

¿Pero cómo ponerse del lado de los oprimidos sin tomar partido en contra de los opresores? ¿Cómo oponerse sin denunciar? ¿Cómo «estar con» sin «estar en contra»? No existe una respuesta sencilla. Sin embargo, he encontrado ayuda en el ejemplo de *ahimsa* de Gandhi y en la práctica habitual de meditación de la atención plena. El programa de Gandhi a favor de la no-violencia giraba precisamente, creo, alrededor de lo que estamos hablando aquí: él defendió con firmeza al pueblo colonizado de la India, pero nunca odió, humilló ni habló mal de los colonizadores británicos. De tal manera que nunca rompió sus vínculos con ellos. Sabían de su oposición, pero no sintieron que estuviera en su contra. Incluso sabían que los respetaba y quería su bien.

Gandhi se oponía, pero también abrazaba. Para hacer esto, la acción debe brotar de un centro espiritual bien nutrido. Esto constituye otro motivo por el que todas nuestras acciones liberadoras deben nacer de nuestra contemplación unificante, pues, como me dijo el *roshi* Bernie Glassman, nunca detendré a los escuadrones de la muerte hasta que me dé cuenta de mi unidad con ellos. Cuanto más ejercitemos la atención plena mientras estemos sentados, más capaces seremos de practicar esa atención cuando actuemos. Estando así presentes y centrados, estaremos en condiciones de aceptar la realidad de la opresión, de ver a los opresores sin juzgarlos por su maldad y de experimentar así nuestra «unidad con ellos» y nuestro amor por ellos. Y entonces, tal vez solo entonces, tendremos la sabiduría y la compasión necesarias para oponernos a ellos eficazmente.

Cuando nuestra oposición a esos que hemos juzgado como opresores esté animada por la sabiduría y la compasión, nuestra oposición a lo que están haciendo contendrá siempre una opción por su bienestar. Así que una opción preferencial por los pobres siempre forma parte también de una opción por los opresores. Buscamos igualmente promover el bienestar de los opresores, su felicidad, su paz. Sabemos que están oprimiendo a otros no porque sean en sí malvados o egoístas, sino porque todavía no tienen conciencia de quiénes y de lo que realmente son: hijos de Dios o portadores de la naturaleza de Buda. Al oponernos a ellos, deseamos ayudarlos a percatarse de su bondad esencial. Oponernos a los opresores significa abrazarlos.

Mi principal ejemplo de esta capacidad de oponerse y de abrazar a los propios «enemigos» es Jesús. Así lo expreso en una entrada en mi diario de noviembre del 2004 que escribí después de unas elecciones presidenciales estadounidenses que me provocaron depresión e ira:

Jesús fue un profeta y un no-ser. Hablaba audazmente, con la audacia suficiente para que lo condenasen a muerte. Pero hablaba sin egoísmo, amorosamente, estaba lo suficientemente abierto al diálogo como para dejarse ejecutar.

Necesito estar más en contacto, ser más consciente de este Espíritu-Cristo kenótico-profético que vive y actúa en mí y como yo. En mis críticas, en mis denuncias del daño que este gobierno está haciendo —o mejor, que pienso que está haciendo— quiero también estar animado por dos elementos de la atención plena: *a)* mi conexión con aquellos a los que me opongo y, por lo tanto, mi abrazo hacia ellos; y *b)* la limitación de lo que sé, de mi valoración y evaluación de la situación. Siempre debo aprender y ver más; y tal vez aquellos a los que me estoy oponiendo me puedan ayudar a hacerlo.

Resistencia y abrazo —proclamación profética y diálogo a corazón abierto— son las energías que necesito dejar que me atraviesen durante estos días difíciles —probablemente durante los próximos cuatro años.

Las estructuras sociales justas requieren corazones humanos reconciliados

Como he intentado explicar en las páginas anteriores, creo que los budistas tienen algo que aprender de la teología de la liberación sobre la necesidad de actuar a favor del cambio estructural de la misma manera en la que se ocupan del cambio personal; la transformación personal no lleva automáticamente a la transformación social; de ahí la necesidad de participar y reformar activa, consciente e inteligentemente el mundo de la política y de la economía. Creo verdaderamente que esto es así, pero también sé que nosotros los cristianos tenemos una necesidad aún mayor de oír la advertencia budista de que aunque el cambio estructural pueda ser una empresa distinta a la del cambio personal, realmente nunca sucederá sin este último. Si los cristianos insisten en que el despertar individual, personal, o la conversión no es suficiente, los budistas pueden responder: «Bueno, de acuerdo, pero el despertar personal debe ser *previo*.»

¿Por qué? Una respuesta clara ha ido tomando forma para mí durante estos años de trabajo por la justicia y el cambio estructural con CRISPAZ en El Salvador y con el Interreligious Peace Council en México, Irlanda del Norte e Israel/Palestina: he llegado a ver que la justicia y el cambio estructural no pueden ser impuestos, no pueden simplemente ser obligados a través de una nueva ley del Gobierno o por una nueva resolución de las Naciones Unidas. Buscar el cambio social únicamente través de la imposición de una ley, de programas de reforma agraria o de medidas punitivas y redistributivas puede introducir una transformación de la sociedad, pero no será capaz de mantenerla.

Las acciones que imponen o fuerzan un cambio en lo que es denunciado como injusto y como malo son, en un sentido limitado pero real, violentas. Y según las leyes de la física y de la psique, una fuerza violenta genera una contrafuerza violenta. Esto vale también para la psique humana, pues la violencia comunica odio. Si los opresores sienten que son odiados, si sienten que no son escuchados o respetados, responderán con una reacción muy humana de autodefensa violenta u odio violento. Incluso si (¡que es ciertamente un gran «si»!) los que estuvieran pidiendo justicia y denunciando la opresión no albergaran odio en sus corazones, ese no sería el mensaje que los opresores recibirían. La violencia, querámoslo o no, comunica odio. Y cuando se es odiado, se reacciona con violencia.

Creo que la conclusión a lo que todo esto lleva está clara: el único modo o la única esperanza de que una transformación social auténtica tenga lugar es que se verifiquen una transformación personal y un despertar interior en los corazones de los opresores. ¿Pero esto no hace las cosas aún más desmoralizantes? Según el Dhammapada, realmente no: «En este mundo el odio nunca se extingue por el odio; *solo* a través del amor se apaga. Esta es una ley eterna» (la cursiva es mía). Si hay alguna oportunidad en que el odio sea aplacado y que nuestros enemigos se transformen en nuestros hermanos y hermanas será «por amor», solamente si «amamos a nuestros enemigos». Y esto incluye a quienes nos oprimen o están oprimiendo a los demás.

Aquí, con la ayuda de Buda, extraigo la incómoda, a veces peligrosa pero liberadora conclusión para los activistas cristianos: si la esperanza por el cambio real en las estructuras sociales gira en torno al despertar personal y a la conversión de los opresores, tal conversión requiere el previo despertar y la conversión de los que están comprometidos con la superación de la opresión. Dado que pueden responder al odio y a la injusticia con amor y compasión, serán los buscadores de la justicia despiertos quienes tendrán la mejor oportunidad de despertar a los opresores de su estado de ignorancia y codicia.

Como comprendieron Gandhi y Martin Luther King Jr. —y mucho antes que ellos Buda y Jesús—, nuestra mejor «arma» para transformar los corazones de nuestros opresores o enemigos es amarlos. Jesús no medía lo que decía: «Pero yo os digo a los que me escucháis: amad a vuestros enemigos, haced bien a los que os odien, bendecid a los que os maldigan, rogad por los que os infamen» (Lucas 6,27-28). Solo de esta manera podemos esperar acabar con su odio, sus insultos y su maltrato. Solo entonces se transformarán sus corazones. Únicamente así funcionarán las nuevas leyes, las nuevas políticas y las nuevas estructuras. Solo de este modo llegará la liberación, no exclusivamente para los oprimidos, sino también para los opresores.

Esto hace que trabajar por la justicia y por el cambio estructural sea mucho más exigente, en especial, para aquellos que han sido víctimas directas de la injusticia. Es relativamente fácil para mí, un hombre blanco, americano, de clase media, decir que debemos amar y perdonar a nuestros opresores si tenemos la esperanza de cambiar sus corazones. No es tan fácil, incluso es realmente inconcebible, para una madre cuyo hijo ha desaparecido, un padre cuya tierra ha sido expropiada, un adolescente cuya familia ha sido asesinada por una bomba aleatoria. Desde una perspectiva cristiana, responder al odio y al daño con la no-violencia del amor es más que humano. Es ser divino, interconectado, nacido del Espíritu. (Para los budistas, esto significa descubrir quiénes somos verdaderamente.)

Esta comprensión me iluminó como un trueno cuando leí un breve pasaje de un libro de Adyashanti. Copié el pasaje en mi diario del 16 de marzo del 2007: «Lo verdaderamente sagrado es el amor a lo que es, no un amor a lo que podría ser. Este amor libera lo que es.» A lo que yo respondí: «La última frase es una bomba espiritual.» Cuando amamos *tal como son* y no como *quisiéramos que fueran* a quienes nos oponemos, a los perpetradores de injusticias, entonces, y quizá solo entonces, les estamos proporcionando una oportunidad para llegar a ser algo diferente.

He llegado a ver que esto era lo «verdaderamente sagrado», ese «amor liberador» que nos fue revelado a los cristianos por el modo como Jesús murió.

«La Ley de la cruz»

Mi acercamiento al hincapié budista en la no-violencia de la compasión como una condición para la justicia me ha permitido recuperar algo de mi «lejano pasado» —de casi cuarenta y cinco años atrás, para ser precisos. En 1965, en una congestionada aula muy parecida a un anfiteatro en la Pontificia Universidad Gregoriana de Roma, durante un curso de cristología (se titulaba *De Verbo Incarnato*) con el célebre Bernard Lonergan S. J., estudiamos una de las últimas «tesis» del curso sobre «la eficacia salvífica» de la muerte de Jesús. ¿Exactamente por qué, o cómo, salva al mundo entero la muerte de Jesús en la cruz? Solamente en los últimos diez o quince años, y especialmente gracias a la ayuda de Buda, he sido capaz de comprender, apreciar y tratar de vivir lo que Lonergan nos estaba diciendo en ese entonces.

La tesis se centraba en la *Lex crucis*, la Ley de la cruz. Lonergan intentaba ir más allá, ofrecer alternativas a una comprensión de la muerte de Jesús que, a pesar de ser una más dentro de las primeras explicaciones de cómo la cruz nos salva, llegó a dominar la conciencia cristiana: la llamada «teoría de la satisfacción», que veía la muerte de Jesús como la satisfacción infinita ofrecida a Dios por la infinita ofensa del pecado humano. Lonergan intentaba alcanzar el significado profundo (lo que llamaba la «inteligibilidad») de la muerte de Jesús para explicar cómo tenía el poder o la capacidad de «salvarnos».

Lo encontró en lo que llamó la «Ley de la cruz». Por «ley» no entendía un dictado o un mandamiento de Dios, sino más bien un principio de funcionamiento de las cosas, o en este caso, la manera como podemos superar (es decir, disminuir si no suprimir) el sufrimiento que resulta del egoísmo que los cristianos llaman pecado (un egoísmo que los budistas atribuirían a la ignorancia).

¿Por qué, preguntaba Lonergan, acabó Jesús en la cruz? No tenía que ser ejecutado. Dios no decretó su ejecución. Más bien, Jesús murió por lo que dijo y lo que hizo, en total armonía con el núcleo de su mensaje y de su misión, el Reino de Dios. Al defender un nuevo orden social en el que las personas cuidarían verdaderamente unas de otras como de sí mismas, donde este cuidado estaría especialmente dirigido a los más necesitados, los pobres, Jesús sabía que un día u otro se encontraría con problemas. La idea que tenía del Reino de Dios era contraria a la política de los colonizadores romanos y de los colaboracionistas entre las clases dirigentes judías. Como tantos otros profetas, Jesús debía comparecer en la sede gubernamental para enfrentarse a los poderes fácticos. Y así sucedió. Lo detuvieron y lo sentenciaron a muerte.

Fue en este momento cuando Jesús se sintió reclamado —quizá de forma inconsciente pero de cierto agónicamente— por lo que Lonergan llamaba la Ley de la cruz. Frente a la amenaza del odio y la violencia, Jesús sabía —o mejor dicho, sentía— que el Espíritu divino que actuaba a través de él no podía responder al odio y a la violencia con más odio y más violencia. Sencillamente no era así como actuaba el Amor divino que lo animaba. No obstante, también sabía que si no respondía así, supondría el final. Lo matarían. Lo cual lo horrorizaba. Los evangelios narran que estaba tan asustado que sudaba sangre. No podía evitar la cuestión ni huyendo ni respondiendo con violencia. De alguna manera, tener que morir en ese momento era parte de su misión. Por tanto, que así sea. «Hágase tu voluntad.»

Según las narraciones evangélicas de la pasión, Jesús estaba resuelto a rechazar la violencia. Al inquieto Pedro, rápido en desenvainar su espada, Jesús le dirigió unas palabras que son tan memorables como olvidadas han estado a lo largo de la historia del cristianismo: «Todos los que empuñen espada, a espada perecerán» (Mateo 26,52). El evangelista subrayó la inoportunidad y la ineficacia de las espadas al recordarnos las «doce legiones de ángeles» (¡todos con espada!) a las que Jesús habría podido apelar a fin de defender y promover su causa del Reino. Pero no hizo esa apelación. Durante su juicio y ejecución no hubo palabras de odio o desdén hacia aquellos que lo condenaron y lo torturaron. Es más, sus últimas palabras a los responsables de la injusta ejecución muestran que la no-violencia no es un abstenerse de causar daño físico, sino un sentimiento real de compasión y de amor: «Padre, perdónalos, porque no saben lo que hacen» (Lucas 23,34).

Sin embargo, ese amor y esa negativa a odiar o a actuar movido por el odio le cuestan a Jesús la vida. Fue aquí, precisamente aquí, donde, según Lonergan, Jesús reveló el poder salvífico de la «Ley de la cruz». Es por la ley del amor que está dispuesto a morir antes que odiar. *Un amor así, semejante rechazo al odio, esta no-violencia es lo que puede cambiar las cosas* —no de inmediato, pero indudablemente. En el amar así, en el morir así, Jesús revela cómo se puede detener o romper la cadena del odio que provoca más odio, la violencia que genera más violencia. En la cruz se mostró que esta reacción en cadena que ha atormentado a la historia humana puede ser rota.

De semejante amor, de semejante disponibilidad para dar la propia vida antes que odiar y también, aún más paradójicamente, de una muerte así, ¡de ahí surge la vida! Aunque

Jesús lo supiera o no con certeza —por su queja a Dios: «¿Por qué me has abandonado?», parecería que no es el caso—, confiaba en que estaba siendo fiel a su misión con semejante muerte y haciendo frente al odio y a la injusticia con lucidez y con amor. «En tus manos, encomiendo mi espíritu.» El Dios de compasión en el que creía, de alguna manera, obtendría vida de su muerte.

Y en la resurrección, sus seguidores comprendieron que esto fue exactamente lo que sucedió. Al tener que enfrentarse a los poderes fácticos, al tener que abrazarlos con amor más que con odio y por ello encontrar la muerte, Jesús estaba todavía vivo con sus discípulos y en ellos. Su «causa», su visión del Reino de Dios, estaba todavía viva. Su nuevo cuerpo, el que Pablo denominó el cuerpo místico de Jesús, continuaría viviendo.

La Ley de la cruz, entonces, nos salva en tanto que nos compromete con y nos impulsa a seguir a Jesús en la búsqueda de la justicia del Reino de Dios y de los cambios necesarios en las estructuras sociales, pero nos insta a hacerlo siempre con un amor que rechace la violencia del odio, aunque pueda costarnos la propia vida.

La Ley de la cruz salva porque afirma y encarna la «ley eterna» que el Dhammapada, en un contexto diferente, también entendió: «Solo con amor se disipa el odio.» Jesús añadiría: un amor que debe estar dispuesto a morir antes que a odiar. Desde tal amor, y desde la muerte que este amor pueda requerir, el odio será disipado. Los corazones se transformarán. Y también el mundo.

CONCLUSIÓN

¿Promiscuidad o hibridez?

Una incómoda pregunta, pero que al final pienso que será útil, sobre este libro tomó forma en aquel curso del Union Theological Seminary que mencioné en el Prefacio. Esta pregunta ofrece una conclusión adecuada a nuestro esfuerzo por ir al budismo y volver al cristianismo.

El curso titulado «Doble pertenencia: cristiano y budista», usaba como texto principal el primer borrador de este libro. En la segunda semana del curso una pregunta que los estudiantes empezaron a debatir, tanto entre ellos como conmigo, llevaba rápidamente al núcleo del problema: «¿La doble pertenencia religiosa realmente funciona? ¿Es posible?» O, como uno de mis estudiantes más cosmopolitas lo expresó sin tapujos: «¡Es como un ir de cama en cama espiritual!»

Contundente e inquietante como es, la pregunta suscita un tema crucial: ¿lo que he intentado hacer en este libro es realmente un tipo de promiscuidad religiosa? Después de todo, la identidad y la práctica religiosas propias tienen similitudes sorprendentes con una relación de compromiso como el matrimonio. No me refiero a lo que «la ley» (religiosa o cultural) dice del matrimonio. Aludo a lo que se siente cuando se está enamorado. Una experiencia religiosa y la decisión de seguir un camino espiritual es, como lo he reconocido a lo largo de este libro, un poco como enamorarse (tal vez sean esencialmente lo mismo). Sea por el trueno en un despertar repentino o por la persistente lluvia en una creciente toma de conciencia, cuando el Espíritu entra en la vida de una persona, esta lo siente en profundidad y responde plenamente.

Sucede que en la experiencia religiosa se dan una plenitud exhaustiva y una devoción tales que por su misma naturaleza parecen ser excluyentes. «Te he elegido» aparentemente significa que no escojo a nadie más, al menos no de la misma forma en la que te he elegido a ti.

Así, se trate de una declaración pública de matrimonio o de la decisión más privada de «irse a vivir juntos», se entiende alguna forma de práctica o de expectativa monógama. Los eruditos musulmanes nos cuentan que aun cuando permite la poligamia, el Corán también señala que es prácticamente imposible, porque el prerrequisito para tener varias mujeres requiere amarlas a todas por igual (4:3). No importa cuán grande pueda ser el lecho marital, su espacio está generalmente limitado a dos personas.

Entonces, ¿todas las idas y venidas que he descrito en las páginas anteriores terminan, contrariamente a mis intenciones y a mi conciencia, en una forma de *traición*? Dado que me defino como cristiano, sería como si estuviese engañando a Jesús. Es lo que insinuarían un buen número de mis colegas teólogos, aunque lo hagan en términos más académicos: las personas religiosas crecen en una tradición con la que tratan de identificarse y de alimentarse; si también lo hicieran con otra tradición, acabarían, querámoslo o no, diluyendo o cambiando su compromiso religioso. Serían cristianos teniendo una aventura amorosa.

Estas son preocupaciones serias, muy serias, no solo académicas, sino también profundamente personales. Pero habiendo tratado de tomarlas tan seria y detenidamente como he podido, tengo que repetir aquí lo que intenté decirles a mis estudiantes: honestamente no creo que sea fundado ese miedo de que la doble pertenencia conduce a la promiscuidad o a la infidelidad. Lo digo principalmente tal como lo siento: desde mi propia experiencia no siento que mi «relación» con Buda haya disminuido de ningún modo mi relación y compromiso con Jesús, con los valores del Evangelio y, por qué no, con las enseñanzas de mi Iglesia y de mi tradición. Al contrario.

Todos somos híbridos

Estos sentimientos han sido confirmados y aclarados por la palabra que las teólogas feministas de las religiones como Jeannine Hill Fletcher usan para describir una característica primaria de la identidad religiosa. Nuestro yo religioso, igual que el yo cultural o social, es en su núcleo y en su conducta un *híbrido*. Lo cual significa que nuestra identidad religiosa no es de pura raza, es híbrida. No es singular, es plural. Toma forma a través de un proceso de estar en un sitio y de ir hacia otros lugares, de la formación de un sentido del yo que luego se expande o corrige al encontrarse con otros seres. No hay tal cosa como una identidad nítidamente definida y de una vez para siempre. Incluso los budistas tienen razón: no existe un yo aislado, permanente. Cambiamos constantemente y estamos cambiando por el proceso de hibridez de la interacción con los demás, que a menudo son muy diferentes de nosotros.

Entonces, si consideramos el significado etimológico de *promiscuidad* —la inclinación a «mezclar», del latín *miscere*— podemos decir, extendiendo al máximo el significado de la palabra, que no solamente todos somos promiscuos, sino que *¡tenemos que serlo!* Poseemos una identidad, pero esa identidad en su origen y en su transcurrir llega a ser y continúa creciendo solamente a través de la mezcla con los demás. Los híbridos son más fuertes, viven más tiempo y se divierten más que los de pura raza.

Pero ser híbridos religiosos no significa que no tengamos una identidad propia. No excluye que algunas relaciones que forman nuestra identidad tengan una primacía o mayor influencia en nosotros sobre el resto. La hibridez, supongo que se puede decir, no excluye la monogamia.

Es lo que he encontrado en mi relación de toda una vida con Cristo y el cristianismo y en mi más reciente relación con Buda y el budismo. Para mí, Cristo detenta una cierta primacía sobre Buda. Sospecho (pues no estoy seguro) que lo que he descubierto en mi proceso de doble pertenencia cristiano-budista caracteriza a muchos si no a la mayoría de los que viven otras dobles pertenencias: existe una identidad religiosa central (la cual es a menudo la tradición en la que uno ha sido educado) que entra en una relación híbrida con otra identidad y tradición religiosas.

Como creo que este libro deja claro, mi identidad cristiana central o de base ha sido profundamente influenciada por mi acercamiento al budismo. Aunque mi fidelidad primera sea con Cristo y el Evangelio, mi experiencia y mis creencias cristianas no siempre han dominado ni siempre han superado lo que he aprendido o vivido por medio de Buda. Ha habido muchos instantes en este libro cuando he reconocido, a menudo con gran alivio, que el budismo nos puede ofrecer a los cristianos una visión más profunda, una verdad más clara. Y aun así, al final del día, regreso a casa con Jesús.

Como uno de mis más incondicionales estudiantes del Union Theological Seminary dejó escapar un día en clase: «Bueno, todo indica que usted ama a ambos, a Jesús *y* a Buda. Pero se acuesta con Jesús.» Aunque sea incómoda y algo inapropiada, esta afirmación también es muy precisa. Hay una profundidad, un algo especial, una historia que tengo con Cristo que no encuentro en otro lugar, y eso, es cierto, conlleva o requiere una cierta exclusividad semejante a la intimidad y a la exclusividad que siento por mi esposa.

Pero esta relación originaria con Cristo no solo ha sido profundamente influenciada, mejorada y preservada por mi relación con Buda. Mi fe cristiana también ha servido como motivación, como fuerza propulsora para contactar con Buda. Esto es más difícil de explicar. Creo que he descubierto algo que sospecho caracteriza la experiencia religiosa en cualquier tradición o contexto histórico: cuanto más *profundamente* se entra en el núcleo de la experiencia que anima la propia tradición, más *ampliamente* se está capacitado y quizá inclinado a entrar en las experiencias de otras tradiciones. Cuanto más profundamente se sumerge uno en la propia verdad religiosa, más ampliamente se puede apreciar y aprender de otras verdades.

En mi caso, cuanto más he descubierto lo que realmente significa ser «en Cristo Jesús», más he sentido la necesidad y la capacidad de escuchar y de aprender de Buda, y así descubrir mi naturaleza búdica.

Una importante decisión

Al menos, es así como ha funcionado para mí. Escribiendo este libro, mirando de nuevo mi esfuerzo de «ir» al budismo durante las últimas décadas, se ha vuelto más claro que nunca que *sin Buda no podría ser cristiano*. Para mí, la doble pertenencia no solo parece funcionar. ¡Es necesaria! La única forma en que puedo ser religioso es siendo interreligioso. Solo puedo ser cristiano siendo también budista.

Y así tomé una importante pero también fácil decisión durante el verano del 2008, cuando estaba haciendo las revisiones finales de este libro. Fue al final de los diez días de retiro budista *dzogchen*, en el Garrison Institute, en el río Hudson. Después de una minuciosa consulta con mi maestro, el lama John Makransky (que también es profesor de estudios budistas y de teología comparada en Boston College), decidí «tomar refugio» y pronunciar los «votos de *Bodhisattva*» como parte de la comunidad *dzogchen* de Estados Unidos. Me fue dado el nombre dhármico de *Urgyen Menla*, Loto Sanador.

Así que es oficial. Ahora soy, podría decirse, un budista documentado. En 1939 fui bautizado. En el 2008 tomé refugio. Puedo verdaderamente llamarme a mí mismo lo que pienso que he sido durante estas décadas pasadas: un cristiano budista.

¿A la vanguardia o en el límite?

¿El ser cristiano budista es una faceta completamente personal? ¿O es algo que puedo aportar y compartir con mi comunidad cristiana, con mi Iglesia? Para nosotros, cristianos, esta es una pregunta muy importante, pues dada la naturaleza del cristianismo, si no puedes compartir, celebrar y explorar tus creencias y prácticas espirituales con tu comunidad, realmente no deberías pertenecer a esa comunidad. Entonces, con mi práctica cristiana budista y mi identidad híbrida, ¿estoy en la vanguardia o en el límite de mi comunidad cristiana?

Junto con un número creciente de hermanos y hermanas cristianas quienes van a la iglesia los domingos y se sientan en sus cojines de meditación diariamente, creo, o de verdad espero, estar a la vanguardia. Creo y espero que esta «vanguardia» conduzca a lo que algunos llaman «un nuevo modo de ser Iglesia», una Iglesia que vive y encuentra vida en el diálogo. Creo y espero que si Karl Rahner tenía razón cuando dijo que los cristianos del futuro tendrán que ser místicos, que también tendrán que serlo *interreligiosamente*. Creo y espero que el padre John Dunne (teólogo de la Universidad de Notre Dame) tuviera razón cuando hace más de treinta años predijo que «el hombre santo o la mujer santa de nuestro tiempo es… una figura como Ghandi, un hombre que se acercaba con comprensión empática desde su propia religión a otras religiones, y retorna con una nueva visión de la suya propia… Ir y volver parece ser la aventura espiritual de nuestro tiempo.»

Una aventura así no solo puede ayudar a renovar las Iglesias. Puede también producir cristianos en mejores condiciones de ayudar a renovar el mundo.

NUEVA CONCLUSIÓN

Ambos, Jesús y Buda, igualmente importantes

Tal como indiqué en el Prefacio, una de las principales razones que me impulsaron a escribir este libro fue que quería averiguar si soy un cristiano budista o un budista cristiano. Me preocupaba que mi práctica budista pudiera estar diluyendo mi identidad cristiana. O, tal como formulé la cuestión en la primera de las conclusiones: me preocupaba que estuviese «teniendo una aventura» con Buda que me hiciera serle infiel a Jesús.

En esa conclusión, aplaqué mi ansiedad estipulando que en mi identidad y mi práctica religiosas yo era «híbrido», no «promiscuo». Que seguía *tanto* a Buda *como* a Jesús. Y en esa hibridez —esto era particularmente reconfortante para mi desasosiego cristiano— mi relación *principal* era con Jesús. O, tal como me ayudó a expresarlo uno de mis alumnos más elocuentes y menos pretenciosos: yo amo tanto a Buda como a Jesús, pero por la noche vuelvo a casa con Jesús.

Ahora, unos cuatro años después de haber escrito este libro, ya no lo tengo tan claro.

Durante estos últimos años, he continuado tanto mi práctica cristiana como la budista, y creo haber profundizado en ambas. Además, he dado numerosas conferencias sobre el tema y he participado en muchas conversaciones que me han impulsado a reflexionar sobre qué significa exactamente, tanto para mí como para los demás, decir que «sin Buda no podría ser cristiano». A medida que me he ido enfrentando a nuevas interpelaciones, tanto por parte de los demás como las que han surgido de mis prácticas habituales, he ido sintiendo que muchas veces mis respuestas han sido inseguras.

Lo que me parecía que se tambaleaba en realidad se estaba inclinando hacia una nueva dirección. Me di cuenta de ello al leer un libro reciente escrito por una nueva pensadora: *Christian or buddhist? An exploration of dual religious belonging*, de Rose Drew (Nueva York, Routledge, 2011). A partir de un estudio etnográfico de personas con una verdadera doble pertenencia, Drew encontró que *a*) algunos declaran tener una identidad religiosa principal, *b*) algunos alternan entre las dos identidades primarias, *c*) algunos no le atribuyen primacía a ninguna de las dos identidades y *d*) algunos están demasiado confundidos para pronunciarse sobre el tema. A medida que iba reflexionando sobre las descripciones y los análisis de Drew acerca de las idas y vueltas religiosas de los entrevistados, me di cuenta de que, a pesar de que cuando acabé de escribir este libro me había posicionado firmemente en el primer grupo, ahora parecía encontrarme más bien en el tercero.

Budista o cristiano, ¿cuál viene primero?

La razón por la cual digo esto es porque, a medida que he ido siguiendo mis prácticas cristiana y budista en los últimos años, me he dado cuenta de que *no las puedo separar*. No es que se estén difuminando la una en la otra o que se estén convirtiendo en una sola práctica. No, siguen estando claramente separadas. Pero a diferencia de mi buen amigo Roger Corless, en paz descanse, no he sido capaz de honrar sus identidades dispares al practicarlas, como aparentemente hacía él: siendo budista de lunes a jueves, y cristiano de viernes a domingo (y después esperando a ver qué ocurría).

En cambio, para mí, cuando estoy en misa, es con oídos budistas que escucho las palabras de las lecturas de la Escritura o de los sermones (y muchas veces recurro a la atención plena en la respiración propia del zen durante muchos sermones). Siento la potente simbología de la liturgia eucarística a través de la sensibilidad budista. Traduzco constantemente de cristiano a budista y de budista a cristiano, pero de una forma que siento como un ir y venir fluido y natural, como una conversación.

Sentado sobre el cojín de la meditación, ya sea en el día a día, cuando medito solo o durante un retiro guiado por mi profesor, el lama John Makransky, persiste esa misma conversación. Normalmente empiezo con el «doble refugio triple»: busco refugio primero en el Buda, el *Dharma* y el *Sanga*, y después en Jesús, el Evangelio y la Iglesia (o en orden inverso). Sencillamente siento que tengo que hacer ambas cosas. Siento la conciencia de la respiración como la conciencia del Espíritu. Los conceptos de los cuales me desprendo son conceptos cristianos. Cuando me animo a sentarme como el Buda, me encuentro sentándome también como Cristo. Cuando el lama John nos guía en la práctica de Tara, para mí se convierte en la práctica de Cristo. Durante las meditaciones guiadas que forman parte de nuestra práctica tibetana, yo voy y vengo entre imágenes tanto budistas como cristianas.

No puedo mantener separadas las dos prácticas y, sin embargo, siguen siendo claramente identificables. Por esto mismo sospecho que me he desplazado desde la primera categoría de Drew (práctica dual con una identificación primaria) a la tercera (la de aquellos practicantes dobles que no pueden hablar de primacía).

¿Pero, entonces, cómo entender o hablar de una espiritualidad dual tan entremezclada? Al reflexionar sobre esta cuestión, me encontré recurriendo a una analogía quizá inapropiada que provenía de mi pasado. La propongo aquí para comprobar si resuena con otros que estén intentando encontrar su camino en la vía de la doble pertenencia.

Dos naturalezas, ¿una persona?

En un curso del profesor Bernard Lonergan S. J. titulado *De Verbo Incarnato* que cursé en la Pontificia Universidad Gregoriana en el año 1964, recuerdo que pasé una hora muy conmovedora a la vez que bastante frustrante intentando seguir su análisis del Concilio de Calcedonia (451). Con el paso de los años, el lenguaje y las imágenes que se usaron en Calcedonia y que Lonergan nos mostró han permanecido conmigo; se han convertido en parte de mi caja de herramientas, por así decirlo. A medida que he ido reflexionando sobre lo que hay de «doble» en mi pertenencia religiosa, me he encontrado recurriendo a esa caja de herramientas. Me pregunto si el lenguaje antiguo que finalmente desarrollaron los obispos y que se ha mantenido vivo a través de los siglos, a través de todos los debates sobre su significado, podría en efecto ayudar a clarificar lo que significa esa doble pertenencia religiosa. A continuación cito el lenguaje preciso del siglo XVI con el que describían a Jesús como alguien con «dos naturalezas en una persona»:

> Dos naturalezas no confundidas, ni cambiadas, ni divididas, ni separadas (*inconfuse, immutabiliter, indivise, inseparabiliter*), en ningún momento desaparece la diferencia entre las dos naturalezas por su unión, sino que la propiedad de ambas naturalezas se conserva y se une en una única hipóstasis.

Si tomamos la definición clásica de *natura* (o, en griego, *ousia*) como el *principium operandi*, el principio operacional o motor interno que determina cómo actúa una entidad, y si mantenemos el entendimiento conciliar de *hipóstasis* como el ser personal actual que expresa esa actividad, entonces quizá estos conceptos o imágenes podrían ser igual de útiles para iluminar el misterio de la doble pertenencia religiosa como lo son para expresar el misterio de la «unión hipostática» en Jesús.

En la vida espiritual de un ser humano con doble pertenencia, dos «principios operacionales» espirituales muy distintos «se unen en una única hipóstasis o persona» pero sin ser «confundidos, ni cambiados, ni divididos, ni separados», dado que la «propiedad de ambos se conserva». Estas imágenes y distinciones filosóficas de los siglos IV y V pueden ayudar a explicar cómo una persona puede ser a la vez budista y cristiana (¡tal vez mejor de lo que pueden ayudar a explicar cómo una persona puede a la vez ser humana y divina!). De la misma manera que la doctrina cristiana interpreta a Jesús de Nazaret como una persona que actúa a la vez como humana y como divina, también alguien con doble pertenencia puede entenderse como una persona que actúa tanto de forma budista como cristiana.

La utilidad de estas categorías aumentó para mí cuando las discutí con un grupo de estudiantes de doctorado en el Union Theological Seminary. Uno de los estudiantes, Kyeongil Jung, observó de manera hábil que la «hipóstasis» o el ser en el que estas dos actividades se combinan se puede entender desde una perspectiva budista como el *no-ser*. Entonces la hipóstasis o el centro personal de una persona con doble pertenencia (incluyendo la hipóstasis de Jesús) se puede imaginar de una manera tanto más sugerente como un espacio abierto, receptivo, que no se puede definir por una única práctica, sino que se puede acomodar a muchas. Lo que en realidad está vacío posee una capacidad sorprendente.

¿Cuál es la diferencia?

Hace falta decir más. Si, tal como lo expresaron los obispos en Calcedonia, «la propiedad de ambas naturalezas se conserva», ¿cómo puedo identificar estas propiedades diferentes en mi propia experiencia? ¿Qué hay de específicamente budista y qué hay de específicamente cristiano en mi práctica? ¿O cómo podría describir, de forma general, lo que cada una aporta al espacio vacío de mi centro personal? De nuevo, permítanme intentar resumir lo que para mí parece ser cierto, con la esperanza de que pueda tener sentido para otros cristianos de doble pertenencia.

En la «unión hipostática» de mis prácticas budista y cristiana, he llegado a la conclusión de que Buda proporciona el «panorama general», mientras que Cristo ofrece el «tecnicolor».

O bien, Buda describe el vasto campo energético y Cristo es una insinuación reveladora de lo que ocurre cuando la energía toma forma. O, de forma más filosófica, el budismo proporciona la ontología y el cristianismo, la particularidad. De forma sencilla, aunque espero que precisa: Buda clarifica *lo* que ocurre. Cristo muestra *cómo* ocurre.

El panorama general de Buda

Aquí me refiero sobre todo a las enseñanzas del budismo mahayana sobre la no-dualidad entre Forma y Vacío, nirvana y samsara. Toda realidad finita o relativa está fundamentada en la ausencia de fundamento del Vacío —o, tal como lo llaman los tibetanos, la Espaciosidad abierta. Todo, absolutamente todo, está contenido en o da expresión a lo que se describe, de nuevo en las tradiciones tibetanas, como la vasta Espaciosidad consciente y compasiva o el Vacío. La realidad absoluta y la realidad relativa son distintas, pero no son separables. Co-existen al ser co-inherentes. Danzan juntas, son diferentes pero ambas son necesarias para el baile. En este baile, las formas relativas (tú y yo, los animales y las montañas, el placer y el dolor) son reales. Pero el Vacío o la Espaciosidad es, en cierto sentido, aún más real. Las formas siguen bailando hasta la transitoriedad. El Vacío es la música perdurable. Se trata de una forma completamente no-dual de entender y percibir la relación entre lo finito y lo Infinito. No son dos. Pero tampoco son uno. Ese es el panorama general.

Tal panorama general, no-dual, como podría aplicarse a la relación entre Dios y la creación, no suele ser evidente en la práctica habitual o en la teología tradicional cristianas. Pero, tal como he intentado exponer en los primeros tres capítulos de este libro, solo porque no sea evidente no quiere decir que no esté presente. Una tal visión no-dual, o profundamente unitiva, del ser de Dios y de nuestro propio ser está en unas ocasiones tenuemente sugerida y en otras fuertemente proclamada en algunos escritos bíblicos, como los de Juan y Pablo, quienes nos intrigan con su discurso sobre la unidad con el Padre, las viñas y las ramas, el Espíritu que se desplaza de forma invisible, Cristo que vive en nosotros. Este tipo de fusión sin confusión de lo Divino y lo humano también es evidente en ciertos místicos, como Eckhart, Teresa de Ávila, Juan de la Cruz, Juliana de Norwich, además de en algunos teólogos, como Rahner con su noción de lo existencial supernatural (el regalo-ser de Dios que respira en nuestro mismo ser) o la imagen de Panikkar de la realidad como un baile entre los mundos divino, humano y material (cosmoteandrismo).

Pero si estas distintas voces que afirman el «panorama general» del misterio co-inherente de Dios y el mundo están ciertamente presentes en el escenario cristiano, se encuentran, en su mayor parte, en el sector místico. En cambio, en el budismo que yo practico tienen el papel protagonista. La experiencia inefable de la co-inherencia o la unicidad entre el Vacío y la Forma —o, tal como lo expresa el lama John Makransky, entre el vasto Espacio y nuestro espacio interior— está en el centro de mi práctica budista. Lo que llamo el panorama general no-dual está presente de una manera mucho más central, clara y efectiva en el budismo, creo que puedo decir, que en el cristianismo.

Así pues, en lo que concierne a este «panorama general», soy principalmente un budista. Para mí, el budismo entiende de una forma mucho más lúcida, coherente y central ese panorama general de lo que lo hace el cristianismo. De hecho, si pudiera de veras demostrarme que este panorama no-dual budista es incompatible con la experiencia y las enseñanzas cristianas (algo que no ha ocurrido, ni creo que pueda ocurrir), me vería forzado abandonar el cristianismo en pro del budismo.

El tecnicolor de Cristo

Pero para poder ver con claridad —es decir, para saber y sentir— lo que puede ocurrir, o lo que debe ocurrir, cuando un ser humano de verdad despierta a ese panorama general no-dual que se enseña de una forma tan central y clara en el budismo, he encontrado que Jesús de Nazaret no solo es de gran ayuda, sino que es vital. Para mí, Jesús el Cristo es la personificación, la plasmación, la realización —los cristianos utilizan la palabra *encarnación*— de esa no-dualidad entre la Forma y el Vacío, la Divinidad y la humanidad. La hace real para mí. La veo en él. La siento a través de él. Personifica cómo uno debe vivir para llegar a realizar la no-dualidad o la «unicidad con el Padre» y cómo uno debe seguir con su vida después de haber despertado a esa unidad. Él es tanto el *camino* que lleva a la experiencia de co-inherir con lo Divino, como la *vida* que resulta a medida que esa experiencia se vuelve más profunda y más real. Gracias a Buda, Jesús como «el camino, la verdad y la vida» (Juan 16,6) ha cobrado una significación y una fuerza nuevas para mí. Lo que Buda me enseñó tan claramente, Jesús lo manifiesta muy potentemente.

Cuando digo que Jesús personifica o que encarna la no-dualidad entre el Vacío y la Forma, o entre *Abba* y nosotros, me refiero a Jesús *de Nazaret*. Estoy hablando de Jesús en toda su particularidad, su concreción como judío, como profeta, como víctima de la opresión imperial romana, como crucificado, como quien continúa vivo en sus seguidores. Esta particularidad histórica es de vital importancia para mí a fin de entender y penetrar en el «panorama general» que Buda hace tan patente. La personificación del Vacío o del Misterio sagrado en la particularidad de Jesús es para mí una revelación genuina.

Con esto quiero decir que no simplemente expresa algo que ya sé. Lo que hace es aclarar, o revelar, para mí, el tipo de *forma* que el Vacío *puede adoptar* en el mundo relativo, puesto que *ha tomado* esta forma en Jesús. Pero —y aquí hablo principalmente por mi condicionamiento cristiano— Jesús representa una forma que el Vacío o la Espaciosidad *necesita*, o *tiene intención de*, tomar en el orden finito, relativo. (Que me disculpen mis amigos budistas si palabras como *necesitar* o *tener la intención de* los incomodan. Se trata de un tema recurrente en nuestro diálogo.)

Al hacer hincapié en el poder de revelación que tiene Jesús en particular para mí, de ninguna manera estoy diciendo ni tan siquiera sugiriendo que él sea la personificación o revelación única o *superior* de cómo debe ser un ser humano que ha despertado o, en terminología cristiana, que ha sido transformado por el Espíritu. Lo que *sí* estoy diciendo —y lo digo porque lo siento así— es que lo que vemos en este Jesús, o en esta Forma en particular que el Vacío ha adoptado, también es importante para los demás. Para mí, como cristiano, es algo central y muy efectivo; por tanto, quizá también sea relevante o incluso urgente para otros. Lo que ocurrió con este Jesús de Nazaret, y que sigue ocurriendo a través de él, no es para nada *exclusivo* con respecto a lo que ha ocurrido en otras figuras espirituales que han «despertado» o que han «sido llamadas». Pero sí que es *relevante* para estas.

Pero también Buda es relevante para otros que no son budistas y que no tienen intención alguna de convertirse en tales. Las particularidades importan. Si tanto Buda como Jesús son «formas» en las que el Vacío o el Espíritu está presente de una manera particular y potente, y si son formas muy distintas, entonces son importantes no solo para sus propios seguidores, sino también para los seguidores del otro. En mi propia doble pertenencia y en mi lenguaje cristiano, yo sé que Jesús «tiene lo que hace falta» para «salvarme»; pero mi práctica y mi estudio del budismo también me han ayudado a ver claro que algo falta en ese Jesús o en cómo se ha entendido su figura. (Y me pregunto si los budistas dirían lo mismo sobre Buda.)

Una unión de dos en uno

Así que si Buda, en su particularidad, proporciona el panorama general y Jesús es un particular que vive en ese panorama general, ¿cómo, por decirlo en el lenguaje de Calcedonia, «se unen en la única hipóstasis» de la doble pertenencia? Ciertamente, no hay una única manera de entender o de describir tal unión hipostática de prácticas y visiones duales. Se experimentarán y se conocerán de manera distinta según las «causas y condiciones» (o la «construcción social») de la persona o la comunidad que lleve a cabo tal interpretación. Pero además, lo que los teólogos católicos llaman «los signos de los tiempos» —o el estado del mundo— proporcionará (o debería proporcionar) una luz que nos guíe para intentar entender lo que significa una identidad cristiano-budista.

Por tanto, dado el condicionamiento social que la teología de la liberación ha ejercido sobre mí personalmente y sobre mi comunidad cristiana en general durante el último medio siglo, y dado un mundo en el que injusticias increíbles promueven violencias indecibles, yo he identificado las diferencias reales aunque complementarias entre Buda y Jesús en lo que intentaba decir en el capítulo VII, en las diferencias entre «ser paz» y «hacer la paz».

El *budista «ser paz»*: he encontrado en mi práctica y en mi estudio que Buda enseña y personifica el camino a *ser* paz. En sus enseñanzas y su análisis, Buda me ofrece la posibilidad y la metodología para *transformar mi sentido de quién soy*. Si nunca vamos a ser capaces de entender y poner en palabras lo que es el nirvana o el despertar, sí que podemos describir e identificar el aspecto que ese despertar tiene en los otros y cómo lo sentimos en nosotros mismos. El «despertar» es una transformación del ser, una transformación en la que experimentamos que lo que realmente somos no es lo que pensamos que somos: lo que somos es a la vez no-sustancial e incesantemente transitorio. Si bien es imposible identificar lo que es este «no-ser», lo que sí es bastante fácil, de nuevo, es afirmar cómo nos sentimos cuando vivimos en *anatta*: cuando sentimos paz y libertad. Hay una paz que nos puede sustentar pase lo que pase, y que se vuelve el fundamento desde el cual nos enfrentamos a —o abrazamos— todos los acontecimientos y los seres que conforman nuestra vida.

Los maestros budistas, como Thich Nhat Hanh y el lama John Makransky, hacen hincapié en que tal «ser paz» es forzosamente la condición previa de cualquier intento de hacer la paz. O, desde el punto de vista de Aloysius Pieris, mientras que *prajna* y *karuna*, la sabiduría y la compasión, son las dos caras de un ser iluminado, para los budistas, *prajna* tiene cierta prioridad que tal vez podríamos llamar hasta pragmática. Mientras que la compasión realmente no es nada más que el vivir a partir de la sabiduría del inter-ser —de forma que en realidad son dos manifestaciones de una misma realidad—, si no alimentamos activamente nuestra sabiduría, nuestra capacidad de compasión irá mermando.

De ahí la imperiosa admonición de Thich Nhat Hanh a todo activista: has de *ser paz* para poder *hacer la paz*. Si no existe algún nivel de despertar a nuestra realidad de no-ser, nuestro ser-ego seguirá interponiéndose en el camino del activismo y de la construcción de paz. Ya sea porque nos aferremos a nuestros propios planes, porque nos agotemos cuando esos planes no se materializan o porque odiemos a aquellos que se interponen en nuestro camino, el ego, o la falta de sabiduría, nos lleva con frecuencia a un desastre mayor del que intentamos arreglar.

Esto es, pues, lo que creo es un ingrediente esencial e indispensable de la particularidad de Buda. Al proporcionar el panorama general de la no-dualidad, anuncia un mensaje universalmente importante de que debemos vivir o realizar nuestra identidad de no-seres dentro de ese panorama general si vamos a ser capaces de confrontar y eliminar el sufrimiento de los seres sintientes.

El cristiano «hacer la paz»: Pero si el panorama general de Buda nos recuerda que hacer la paz debe fluir del ser paz, la particularidad de Jesús nos aclara exactamente lo que esa tarea de hacer la paz va a requerir. Si Buda proporciona la *habilidad* de hacer la paz, Jesús clarifica cómo *hacerla*. Si anteriormente sugerí que Jesús nos muestra cómo uno vive tras experimentar la no-dualidad entre el Vacío / la Forma o el *Abba*/Ser, ahora estamos viendo qué implica esa vida.

Dada su condición de judío, dada su participación en una tradición de profetas socialmente comprometidos y sobre todo dado que vivió, enseñó y experimentó *Abba* en un momento en el cual el Imperio romano estaba oprimiendo brutalmente a su pueblo, la experiencia *mística* de *Abba* que tuvo Jesús fue a la vez una experiencia *social* de la realidad que él llamaba *Basileia tou Theou*, el Reino de Dios. Para Jesús, ambas eran muy parecidas al entendimiento budista de la sabiduría y la compasión: no se puede tener una sin la otra. Un Dios sin la *Basileia* de Dios —o una experiencia de *Abba* sin la experiencia de la necesidad de *Basileia*— era, para Jesús, la experiencia de un Dios falso. Tal como lo expresa Aloysius Pieris, si Buda asignó lo yo he llamado una «prioridad pragmática» al *prajna* en el despertar, Jesús parece colocar esa prioridad pragmática en el ágape de luchar para realizar la *Basileia*. Si vas al templo a rezar y te das cuenta de que un hermano tuyo tiene algo contra ti, reconcíliate con tu hermano antes de entrar en el templo (Mateo 5,23-25).

De forma más particular, o más concreta, la *Basileia* de Dios requiere no solo la transformación del ser, sino también la transformación de la sociedad; y eso quiere decir de las estructuras sociales, políticas, económicas y militares. Lo que fue el caso en tiempos de Jesús ha sido igualmente el caso a lo largo de toda la historia: los imperios siguen forjándose; algunas naciones o clases de personas (normalmente lideradas por hombres) se aprovechan de u oprimen a otros. La vida y las enseñanzas de Jesús llaman a todas las personas iluminadas a enfrentarse y buscar el cambio de dichas estructuras opresivas. La conciencia de la opresión —o de la preocupación preferencial por los oprimidos— era una parte fundamental de cómo Jesús experimentó y vivió su unicidad con *Abba*. Así que Jesús les recordaría a los budistas que los tres venenos de la ignorancia, la codicia y el odio no son solo internos a la persona; también se personifican en las estructuras sociales, políticas y económicas. Y una vez que se han encarnado como tales, toman existencia propia, independiente de los corazones de los humanos.

Por tanto, mientras que la transformación del ser a *ser paz* es absolutamente necesaria, no es suficiente. *Ser paz* no logrará, por así decirlo, automáticamente o de forma ininterrumpida *hacer la paz*. Para realmente *hacer la paz*, hay que enfrentarse a las estructuras opresivas y a aquellos que las mantienen en pie. Esto provoca que *hacer la paz* sea un paso más allá después de *ser paz*, un paso que puede ser más complejo y peligroso que el de *ser paz*. Requiere que se asuma lo que san Pablo llamó las potestades y los principados (Romanos 8,38; Efesios 6,12). Esto es lo que llevó a la crucifixión de Jesús y a la decapitación de Pablo.

Así que soy un cristiano budista pero también un budista cristiano: una persona con dos naturalezas o «principios de operación» religiosos. Buda me proporciona las enseñanzas y la ilustración más convincentes y transformadoras del panorama general no-dual que me permiten *ser paz*; Jesús me ofrece la encarnación más convincente y transformadora de cómo vivir en el panorama general nos llama a *hacer la paz* dentro de este mundo. Tener a uno sin el otro es no tener a ninguno de los dos.

Nueva York, 15 de agosto (fiesta de la Asunción)

GLOSARIO

amida (pali), *amitabha* (sánscrito): El Buda de «luz infinita» (sabiduría) y de la «vida infinita» (compasión) presente como gracia salvadora en nuestro mundo.

anatta (pali), *anatman* (sánscrito): El prefijo negativo -*an* más *atta*, yo o ego, se traduce como 'no-ser', 'sin alma', 'sin ego'. Señala la realidad de quien o de lo que somos: no-individuos, inter-seres, más que seres.

anicca (pali), *anitya* (sánscrito): Transitoriedad ('impermanencia'). Quiere decir que todo, ya sea mental o físico, es fugaz sin excepción alguna. Cambiamos constantemente porque estamos interrelacionados esencialmente.

árbol de Bodhi: El árbol (*Ficus religiosa*) localizado en Bodh Gaya (India) bajo el cual Gautama alcanzó la iluminación y se convirtió en el Buda.

arhat (sánscrito), *araha(n)t* (pali): 'Que es digno.' La persona, normalmente un monje, que ha alcanzado el penúltimo estado de perfección.

Bhagavad Gita: 'Canto de Dios', una de las más grandes escrituras hindúes.

bodhi (pali): 'Despertar'. El logro de la perfecta claridad mental por la que las cosas se ven como realmente son.

bodhisattva: Un futuro buda. En la tradición mahayana, un *bodhisattva* es un practicante que con sus votos se compromete a alcanzar el despertar por el bien de todos los seres sintientes.

Dhamma (pali), *Dharma* (sánscrito): En la tradición hindú *Dharma* alude a la ley y al orden cósmicos y al deber individual. En el budismo se aplica también a las enseñanzas de Buda.

Dhammapada: Uno de los textos más populares del canon theravada.

Dharmakaya (sánscrito): 'El cuerpo de la verdad', uno de los 'tres cuerpos de Buda' (*trikaya*), representa lo Fundamental sin forma e imperecedero.

dukkha (pali), *duhkha* (sánscrito): *Dukkha* se traduce muy a menudo como 'sufrimiento' y apunta al hecho de que la mayoría de nosotros sentimos que la vida es insatisfactoria, que carece de algo.

dzogchen (tibetano): 'Gran perfección', parte de la escuela *nyingma* del budismo tibetano que enseña que todo lo que necesitamos para vivir la vida plenamente nos es dado en el momento presente; solo tenemos que despertar a este hecho.

escatología: En el cristianismo tradicional, 'el estudio de las cosas últimas' o del fin del mundo.

existencia sobrenatural: Expresión de Karl Rahner que indica la realidad de que nuestra «existencia» es sobrenatural porque la gracia de Dios o la autocomunicación impregna todo lo que somos.

karma (sánscrito), *kamma* (pali): Literalmente 'acto' o 'acción'. La doctrina de causa y efecto: nuestra experiencia actual es un producto de acciones y elecciones previas, y las condiciones futuras dependerán de lo que hagamos en el presente.

karuna (sánscrito): «Compasión», junto con *prajna* (sabiduría), es una de las dos virtudes universalmente afirmadas por los budistas. Básicamente, *karuna* se define como el deseo de que los demás estén libres del sufrimiento.

koan (japonés): Literalmente, 'caso público'. Son anécdotas y afirmaciones por lo general enigmáticas, frecuentemente sorprendentes y algunas veces chocantes usadas en el zen para producir avances súbitos de visión intuitiva.

lenguaje performativo: Lenguaje que funciona por sí mismo como un acto y que sirve para generar acciones, no solamente conocimiento.

magisterium (latín): La 'autoridad de enseñanza' en la Iglesia católica romana, normalmente referida al papa y a los obispos, pero que reside en la Iglesia católica en su totalidad.

mahayana: El mahayana (gran vehículo) es la forma del budismo que predomina en el Tíbet, Mongolia, China, Corea, Vietnam y Japón; hace hincapié en la compasión y la sabiduría, especialmente en el ideal del *bodhisattva*.

mandala (sánscrito): Una representación simbólica del universo, originaria de la India pero predominante en el Tíbet.

mantra (sánscrito): Una sílaba o serie de sílabas cargadas de poder que manifiestan ciertas fuerzas cósmicas y aspectos de los budas.

Mara: Mara, cuyo nombre literalmente significa 'muerte' o 'artífice de la muerte', es la encarnación de la lujuria, la codicia, las falsas visiones, el delirio y la ilusión. Paradigmáticamente, Mara procura detener a Buda en su búsqueda del despertar.

metta: Como una forma de la meditación *vipassana*, la meditación *metta* (bondad amorosa) está destinada a pulir las aristas de nuestro ego y a abrir nuestros corazones, tanto a los demás como a nosotros mismos.

naturaleza de Buda: En el budismo mahayana, la auténtica naturaleza de todos los seres humanos por la que tienen el potencial de convertirse en buda.

Nirmanakaya (sánscrito): Literalmente, 'Cuerpo de transformación', es otro de los 'tres cuerpos de Buda' (*trikaya*) que se refiere a Buda en su forma terrenal.

nirvana (sánscrito): Obtener el nirvana es alcanzar el estado mental de la iluminación y del despertar que está libre de sufrimiento y del ciclo del renacimiento, un estado de la mente libre de codicia y de ira.

prajna (sánscrito): Junto con *karuna* (compasión), *prajna* (sabiduría) es una de las dos virtudes cardinales budistas, y casi todas las tradiciones budistas afirman que la sabiduría es un prerrequisito para el despertar.

praxis: Significa 'acción' y constituye el punto de partida del método de la teología de la liberación; la praxis conduce a la teoría, mientras que la teoría clarifica y profundiza la praxis.

Sambhogakaya (sánscrito): Literalmente, el 'cuerpo de la felicidad', otro de los 'tres cuerpos de Buda' (*trikaya*). Se encuentra en las formas con las que los budas y los *bodhisattvas* continúan manifestándose y son así gozados por sus seguidores.

samsara: Se refiere a nuestro círculo diario de cambio constante de la vida, el ciclo del nacimiento, decadencia y muerte. Samsara se caracteriza por el sufrimiento y la única escapatoria de este círculo es a través de la iluminación y alcanzando el nirvana.

soteriología: Rama de la teología que estudia la «salvación», lo que esta significa y cómo salva Jesús.

sunyata (sánscrito): En el budismo, la realidad última. Se traduce como 'vacuidad', significando que todo está vacío de existencia independiente y recibe su existencia a través de la interdependencia.

tangka (tibetano): Pinturas tibetanas usadas para la enseñanza y meditación.

tathata (sánscrito): La 'talidad' de las cosas, que significa su verdadera esencia, su compartir en la ultimidad tal y como son.

teodicea: El nombre que los teólogos cristianos les han dado a sus esfuerzos por reconciliar la bondad de Dios con la presencia del mal en el mundo.

theravada (pali), *sthaviravada* (sáncrito): Literalmente, 'la enseñanza de los mayores', es la más antigua de las escuelas budistas. En la actualidad se encuentra en Sri Lanka, Birmania, Tailandia, Camboya y Laos.

Tierra Pura: Un reino trascendente incontaminado creado por el Buda Amida, en el cual sus devotos aspiran a nacer después de la muerte y en el cual podrán alcanzar el nirvana.

tonglen (tibetano): *Tonglen* es la traducción tibetana del 'dar y recibir', y se refiere a una práctica de meditación en la que se asume el sufrimiento y se irradia compasión.

trikaya (sánscrito): Se refiere a la enseñanza mahayana de los 'tres cuerpos de Buda' o tres niveles de budeidad: *Dharmakaya* (el cuerpo esencial o absoluto), *Sambhogakaya* (el cuerpo de la felicidad), y *Nirmanakaya* (el cuerpo físico).

upaya-kausalya (sánscrito): El 'medio hábil' es una enseñanza central en el budismo mahayana por la que Buda y los maestros budistas adaptan los contenidos particulares de sus enseñanzas al carácter y al nivel de comprensión de la audiencia.

vajrayana: El budismo vajrayana, establecido en el Tíbet en el siglo VIII, algunas veces se considera como el tercer «vehículo» mayor del budismo después de las tradiciones theravada y mahayana, y se deleita en aromas y campanas. La meditación vajrayana hace un gran uso de medios audiovisuales, como mandalas y mantras. Su objetivo es la *prajna*, la sabiduría, una experiencia de unidad.

vipassana (pali): A menudo llamada 'meditación de la percepción', destaca la autoobservación y la introspección como formas de despertar a nuestra verdadera naturaleza.

zen (japonés), *chan* (chino): Una escuela mahayana del budismo que se desarrolló en el siglo VII cuando el budismo se difundió de la India hacia China, donde se mezcló con el taoísmo. Acentúa la conciencia directa, más allá del pensamiento teórico, por medio de la meditación y el uso de los *koan*.

FUENTES Y BIBLIOGRAFÍA

CAPÍTULO I

Fuentes

«Ir y volver»: John S. DUNNE, *The way of all the Earth. Experiments in truth and religion*, University of Notre Dame Press, Notre Dame, 1978.
Un resumen de las visiones de C. G. Jung sobre Dios y la experiencia religiosa: Paul F. KNITTER, *No other name? A critical survey of Christian attitudes toward the world religions*, Orbis, Nueva York, 1985, cap. 4.
La visión de Bonhoeffer de un «cristianismo sin religion»: Dietrich BONHOEFFER, *Letters and papers from prison*, ed. Eberhard Bethge, Macmillan, Nueva York, 1956, p. 151-155. [Traducción española: *Resistencia y sumisión. Cartas y apuntes desde el cautiverio*, traducción de C. Ruiz-Garrido, Sígueme, Salamanca, 2008.]
La experiencia del despertar de Buda y su primer sermón: Walpola RAHULA, *What the Buddha taught*, Grove, Nueva York, 1974. [Traducción española: *Lo que el Buda enseñó*, traducción de G. Lachassagne, RBA, Barcelona, 2006, vol. 17.]
Sobre el «inter-Ser»: Thich NHAT HANH, *Peace is every step. The path of mindfulness in everyday life*, Bantam, Nueva York, 1992, p. 95. [Traducción española: *La paz está en cada paso. El camino de la plena presencia en la vida cotidiana*, traducción de Teresa Gottlieb, Sello Azul, Santiago de Chile, 2000.]
Ausencia de fundamento: Pema CHÖDRÖN, *The wisdom of no escape and the Path of Loving-Kindness*, Shambhala, Boston, 1991. [Tra-

ducción española: *La sabiduría de la no-evasión. La senda del amor compasivo*, traducción de Núria Martí, Oniro, Barcelona, 2012.]

La noción de no-dualidad de Panikkar: Raimon PANIKKAR, *The Trinity and the religious experience of man*, Orbis / Darton, Longman & Todd, Nueva York / Londres, 1973, p. 74-75. [Traducción española revisada: *La Trinidad. Una experiencia humana primordial*, Siruela, Madrid, 1998.]

Rahner sobre el misticismo: Karl RAHNER, *The practice of the faith*, Crossroad, Nueva York, 1983, p. 22.

Rahner sobre la «experiencia trascendental»: Karl RAHNER, «Thoughts on the possibility of belief today», *Theological Investigations*, vol. 5, Helicon / Darton, Longman & Todd, Baltimore / Londres, 1966, p. 3-22. [Traducción española: «Sobre la posibilidad de la fe hoy», *Escritos de Teología*, vol. 5, traducción de J. Aguirre, Cristiandad, Madrid, 2003]; Karl RAHNER, «Being open to God as always ever greater», *Theological Investigations*, vol. 7, Darton, Longman & Todd / Herder and Herder, Londres / Nueva York, 1971, p. 25-46. [Traducción española: «La apertura hacia Dios cada vez mayor», *Escritos de Teología*, vol. 7, traducción de J. de Churruca, Cristiandad, Madrid, 1969.]

Hick sobre la experiencia religiosa como un cambio del ego-centrismo al realidad-centrismo: John HICK, *An interpretation of religion. Human responses to the transcendent*, Macmillan, Londres, 1989, p. 343-361.

Tomás de Aquino sobre la participación: In Sent. d.8, q.1, a.2. [Traducción española: «Nada tiene el ser, sino en cuanto participa del ser divino», en *Comentario a las sentencias de Pedro Lombardo*, edición y traducción a cargo de J. Cruz, vol. I/1, Eunsa, Pamplona, 2002.] También: *Summa Theologiae*, Ia, 44, 1. [Traducción española: *Suma de teología*, traducción de J. Martorell, BAC, Madrid, 2001[4].]

Rahner sobre el existencial sobrenatural: Karl RAHNER, *Foundations of Christian faith*, Seabury, Nueva York, 1978, p. 116-133. [Traducción española: *Curso fundamental sobre la fe*, traducción de R. Gabás, Herder, Barcelona, 2012.]

Tillich sobre Dios como el fundamento del ser: Paul TILLICH, *Systematic theology*, vol. 1, University of Chicago Press, Chicago,

1951, p. 155-156. [Traducción española: *Teología sistemática*, vol. 1, traducción de D. Sánchez-Bustamante, Salamanca, Sígueme, 2010⁵.]

Rahner sobre el ateísmo y los teístas anónimos (aquellos que creen en Dios sin conocerlo): Karl RAHNER, «Anonymous Christians», *Theological Investigations*, vol. 6, Helicon / Darton, Longman & Todd, Baltimore / Londres, 1969, p. 390-398. [Traducción española: «Los cristianos anónimos», *Escritos de Teología*, vol. 6, traducción de J. Aguirre, Madrid, Cristiandad, 2007.] Karl RAHNER, «Atheism and implicit Christianity», *Theological Investigations*, vol. 9, Darton, Longman & Todd, Londres, 1972, p. 145-164; Karl RAHNER, «Anonymous and explicit faith», *Theological Investigations*, vol. 16, Seabury, Nueva York, 1979, p. 52-59.

Elisabeth Schüssler Fiorenza sobre la cristología temprana que alude a Jesús como el Hijo de Sofía: Elisabeth SCHÜSSLER FIORENZA, *Jesus: Miriam's child, Sophia's prophet. Critical issues in femenist christology*, Continuum, Nueva York, 1995. [Traducción española: *Cristología feminista crítica. Jesús, hijo de Miriam, profeta de la sabiduría*, traducción de Nancy Bedford, Trotta, Madrid, 2000.]

Dante Alighieri, *Comedia*, vol. 1: *Paraíso*, canto XXXIII, verso 145, traducción de Ángel Crespo, Seix Barral, Barcelona, 2004.

Bibliografía

COBB, John B. / Christopher IVES (ed.), *The emptying God. A buddhist-jewish-christian conversation*, Orbis, Nueva York, 1990.

JOHNSON, Elizabeth, *Quest for the living God. Mapping frontiers in the theology of God*, Continuum, Nueva York, 2007. [Traducción española: *La búsqueda del Dios vivo. Trazar las fronteras de la teología de Dios*, traducción de Milagros Amado, Sal Terrae, Santander, 2008.]

KELLER, Catherine, *On the mystery. Discerning God in process*, Fortress, Minneapolis, 2008.

LACUGNA, Catherine, *God for us. The Trinity and Christian life*, HarperSanFrancisco, San Francisco, 1993.

THURSTON, Bonnie / Malcolm DAVID-ECKEL, «Ultimate reality» en Sallie B. KING / Paul O. ENGRAM (ed.), *The sound of liberating truth. Buddhist and christian dialogues*, Cruzon Press, Surrey, 1999, p. 63-104.

CAPÍTULO II

Fuentes

Dirigirse a Dios como un «tú»: Hugo M. ENOMIYA-LASSALLE, *Zen meditation for Christians*, traducción de John C. Maraldo, Open Court, LaSalle (Illinois), 1974.

El budismo y el mal: David LOY, *The great awakening. A buddhist social theory*, Wisdom, Boston, 2003, cap. 5: «The nonduality of good and evil». [Traducción española: *El gran despertar. Una teoría social budista*, traducción de V. Merlo, Kairós, Barcelona, 2004.]

El budismo de la Tierra Pura: Kenneth TANAKA / Eisho NASU (ed.), *Engaged Pure Land buddhism. The challenges facing Jodo Shenshu in the contemporary world*, Wisdom Ocean, Berkeley (California), 1998.

Los varios budas y *bodhisattvas* del budismo tibetano: Stephen BATCHELOR, *The Tibet guide*, Wisdom, Londres, 1987.

El budismo y la construcción de la paz: David CHAPPELL (ed.), *Buddhist peacework. Creating cultures of peace*, Wisdom, Boston, 1999.

La sabiduría budista y el amor cristiano: Aloysius PIERIS, *Love meets wisdom. A christian experience of buddhism*, Orbis, Nueva York, 1988, cap. 10: «Christianity in a core-to-core dialogue with buddhism».

«Nosotros somos la música» de T. S. Eliot: Thomas Stearns ELIOT, *Four quartets*, Harcourt Trade, Nueva York, 1971, cap. «The Dry Salvages», p. 44. [Traducción española: *Cuatro cuartetos*, traducción de E. Pujals, Cátedra, Madrid, 2006.]

Lévinas sobre Dios y el Otro: Emmanuel LÉVINAS, «The word I, the word you, the word God and the proximity of the other», en Emmanuel LÉVINAS / Michael B. SMITH (ed.), *Alterity and transcendence*, Columbia University Press, Nueva York, 1999, p. 91-110. [Traducción española: *Alteridad y trascendencia*, traducción de M. Lancho, Arena, Madrid, 2014.] También: Emmanuel

LÉVINAS, «Dialogue. Self-consciousness and the proximity of the neighbor», *Of God who comes to mend*, Stanford University Press, Stanford (California), 1998, p. 137-151. [Traducción española: *De Dios que viene a la idea*, traducción de J. M. Ayuso / G. González-Arnáiz, Caparrós, Madrid, 1995.]

Karl Rahner sobre «la unidad del amor de Dios y el amor al prójimo»: Karl RAHNER, *Everyday faith*, traducción de William J. O'Hara, Herder and Herder, Nueva York, 1968, p. 106-117. [En español, véase «Sobre la unidad del amor a Dios y el amor al prójimo», *Escritos de Teología*, vol. 6, traducción de J. Aguirre, Cristiandad, Madrid, 2007, p. 271-292.]

Rahner sobre la paz y la gracia: Karl RAHNER, *Foundations of Christian faith*, Seabury, Nueva York, 1978, cap. 1 y 3. [Traducción española: *Curso fundamental sobre la fe*, traducción de R. Gabás, Herder, Barcelona, 2012.]

La teología procesual y el poder persuasivo de Dios: John B. COBB / David Ray GRIFFEN, *Process theology. An introductory exposition*, Westmenster John Knox, Filadelfia, 1976, cap. 3: «God and creative-responsive love».

Rabbi KUSHNER, *When bad things happen to good people*, Avon, Nueva York, 1983. [Traducción española: *Cuando a la gente buena le pasan cosas malas*, traducción de E. Roselló, Los Libros del Comienzo, Madrid, 1996.]

Pema CHÖDRÖN, *When things fall apart*, Shambhala, Boston, 2000. [Traducción española: *Cuando todo se derrumba*, traducción de M. Iribarren, Gaia, Madrid, 2015.]

Bibliografía

ABE, Masao, «The problem of evil in Christianity and buddhism» en Paul O. ENGRAM / Frederick J. STRENG (ed.), *Buddhist-christian dialogue. Mutual renewal and transformation*, University of Hawaii Press, Honolulu (Hawái), 1986, p. 139-154.

HABITO, Ruben L. F., «On *Dharmakaya* as ultimate reality. Prolegomenon for a buddhist christian dialogue», *Japanese Journal of Religious Studies*, vol. 12, núm. 2/3 (junio-septiembre 1985), p. 233-252.

KAUFMANN, Gordon D., «God and emptiness: An experimental essay», *Buddhist-Christian Studies*, vol. 9 (1989), p. 175-187.

CAPÍTULO III

Fuentes

El misticismo cristiano: Bernard McGENN (ed.), *The essential writings of Christian mysticism*, Random House, Nueva York, 2006; William JOHNSTON, *The inner eye of love. Mysticism and religion*, Harper & Row, San Francisco, 1978. [Traducción española: *El ojo interior del amor*, traducción de P. Rodríguez, San Pablo, Madrid, 1987.]

La visión mahayana del lenguaje / las palabras: Perry SCHMIDT-LEUKEL, *Understanding buddhism*, Dunedin Academic Press, Edimburgo, 2006, cap. 12: «Concept, language and reality».

Una concisa descripción del zen: Huston SMITH, *The world's religions. Our great wisdom traditions*, HarperSanFrancisco, San Francisco, 1991, sección: «The secret of the flower», p. 128-139. [Traducción española: *Las religiones del mundo*, traducción de Beatriz López, Kairós, Barcelona, 2014.]

Thich NHAT HANH, *Interbeing. Commentaries on the Tiep Hien precepts*, Fred Epsteiner (ed.), Parallax, Berkeley (California), 1987.

Karl Rahner sobre el Misterio: Karl RAHNER, «The concept of mystery in catholic theology», *Theological Investigations*, vol. 4, Helicon / Darton, Longman & Todd, Baltimore / Londres, 1966, p. 36-73. [Traducción española: *Escritos de teología*, vol. 4, traducción de J. Molina / L. Ortega / A. P. Sánchez / E. Lator, Cristiandad, Madrid, 2002.]

Sobre el lenguaje religioso como símbolo: Paul TILLICH, *The dynamics of faith*, Harper & Row, Nueva York, 1957, cap. 3: «Symbol of faith»; Paul TILLICH, *Systematic theology. Three volumes in one*, The University of Chicago Press, Chicago, 1967, vol. 1, p. 122-126 / vol. 3, p. 57-62. [Traducción española: *Teología sistemática*, vol. 1, traducción de D. Sánchez-Bustamante, Sígueme, Salamanca, 2010⁵; y *Teología sistemática*, vol. 3, traducción de D. Sánchez-Bustamante, Sígueme, Salamanca, 2014².] Karl RAHNER, «The theology of the symbol» / «The word and the eucharist», *Theological Investigations*, vol. 4. Helicon / Darton, Longman & Todd, Baltimore / Londres, p. 221-252, 253-286. [Traducción española: «Para una teología del símbolo» / «Palabra y eucaristía», *Escritos de Teología*, vol. 4, traducción de J. Molina / L. Ortega / A. P. Sánchez / E. Lator, Cristiandad, Madrid, 2002.]

La comprensión budista del carácter performativo de todo lenguaje religioso: Rita M. GROSS, «Excuse me, but what's the question? Isn't religious diversity normal?» / Sallie B. KING, «A pluralist view of religious pluralism», en Paul F. KNITTER (ed.), *The myth of religious superiority. Multifaith explorations of religious pluralism*, Orbis, Nueva York, 2005, p. 75-101.

Bibliografía

BARNES, Michael, «Expanding catholicity. The dialogue with buddhism», *New Blackfriars*, vol. 88, núm. 1016 (julio 2007), p. 399-409.

FREDERICKS, J. L., «The incomprehensibility of God: A Buddhist reading of Aquinas», *Theological Studies*, vol. 56, núm. 3 (septiembre 1995), p. 506-520.

MCFAGUE, Sallie, *Metaphorical theology: Models of God in religious language*, Fortress, Filadelfia, 1985.

MERTON, Thomas, *Zen and the birds of appetite*, New Directions, Nueva York, 1968. [Traducción española: *El zen y los pájaros del deseo*, traducción de R. Hanglin, Kairós, Barcelona, 2008.]

PANIKKAR, Raimon, *The silence of God. The answer of the Buddha*, Nueva York, Orbis, 1989. [Edición española: *El silencio de Dios. Un mensaje de Buddha al mundo actual*, Guadiana de Publicaciones, Madrid, 1970. Reedición revisada: *El silencio del Buddha. Una introducción al ateísmo religioso*, Siruela, Madrid, 2005.]

CAPÍTULO IV

Fuentes

¿Está vacío el infierno?: Karl RAHNER, *Foundations of christian faith*, Seabury, Nueva York, 1978, p. 443-444. [Traducción española: *Curso fundamental sobre la fe*, traducción de R. Gabás, Herder, Barcelona, 2012.]

Visiones cristianas de todas las afirmaciones de verdad basadas en la praxis o en el carácter performativo: Terrence W. TILLEY, *Inventing catholic tradition*, Orbis, Nueva York, 2000, cap. 2.

Las estadísticas de Andrew Greeley sobre las creencias católicas en relación con el infierno se pueden encontrar en: http://natcath.org/NCR_Online/archives2/1999a/030599/030599p.htm.

Una visión cristiana de la vida después de la muerte como más allá de la personalidad: Schubert M. OGDEN, «The meaning of Christian hope», en Henry J. CARGAS / Bernard LEE (ed.), *Religious experience and process theology*, Paulist, Nueva York, 1976, p. 195-214.

El poema de Francis Thompson, «The Hound of Heaven»: http://houndofheaven.com/poem.

Karl RAHNER, *On the theology of death*, traducción de Charles H. Henkey, Seabury, Nueva York, 1961. [Traducción española: *Sentido teológico de la muerte*, traducción de D. Ruiz Bueno, Herder, Barcelona, 2010.]

Rahner sobre la rencarnación: Karl RAHNER, *Foundations of Christian faith*, Seabury, Nueva York, 1978, p. 442. [Traducción española: *Curso fundamental sobre la fe*, traducción de R. Gabás, Herder, Barcelona, 2012.]

«Todo acabará bien»: Juliana de NORWICH, *Showings*, traducción Edmund Colledge, Paulist, Nueva York, 1978. Texto largo, cap. 32. [Traducción española: *Libro de visiones y revelaciones*, traducción de María Tabuyo, Trotta, Madrid, 2002.]

Para una perspectiva budista (tibetana) sobre el morir y el vivir: Sogyal RINPOCHE, *The tibetan book of the living and dying*, Harper Collins, Nueva York, 1994. [Traducción española: *El libro tibetano de la vida y de la muerte*, traducción de J. L. Mustieles, Urano, Barcelona, 2015.]

Bibliografía

Gross, Rita M., «Impermanence, nowness, and non-judgment: Appreciating finitude and death», en Rita M. Gross, *Soaring and settling*, Continuum, Nueva York, 1998, p. 140-151.

Harris, Elizabeth / Kiyoshi Tsuchiya, «Life and death», en Perry Schmidt-Leukel (ed.), *Buddhism and christianity in dialogue*, SCM, Londres, 2005, p. 29-83.

Ma'sumian, Farnaz, *Life after death. A study of the afterlife in world religions*, Oneworld, Oxford, 1995.

Moltmann, Jürgen, *The coming of God. Christian eschatology*, Augsburg, Minneapolis, 1996. [Traducción española: *La venida de Dios. Escatología cristiana,* traducción de C. Ruiz-Garrido, Sígueme, Salamanca, 2004.]

Sherbok, Dan Cohn / Christopher Lewis (ed.), *Beyond death. Theological and philosophical reflections on life after death*, St. Martin's, Nueva York, 1995.

Söelle, Dorothee, *The mystery of death*, Fortress, Minneapolis, 2007. [Traducción española: *Mística de la muerte,* traducción de Alicia Valero, Desclée de Brouwer, Bilbao, 2009.]

CAPÍTULO V

Fuentes

La cristología trascendental de Rahner: Karl Rahner, *Foundations of Christian faith*, Seabury, Nueva York, 1978, p. 176-212. [Traducción española: *Curso fundamental sobre la fe*, traducción de R. Gabás, Herder, Barcelona, 2012.]

Las visiones del cardenal Ratzinger y del papa Benedicto XVI de Jesús y otras figuras religiosas: *Dominus Iesus*, disponible en la página web del Vaticano: www.vatican.va.

Una bendición original es mejor que un pecado original: Matthew Fox, *Original blessing. A primer in creation spirituality*, Bear, Santa Fe, 1983. [Traducción española: *La bendición original. Una nueva espiritualidad para el hombre del siglo XXI*, traducción de Verónica d'Ornellas, Obelisco, Barcelona, 2002.]

La variedad de soteriologías en el Nuevo Testamento y en la historia de la Iglesia: Stephen FINLAN, *Options on atonement in Christian thought*, Liturgical Press, Collegeville (Minnesota), 2007; Gustav AULEN, *Christus victor. An historical study of the three main types of the idea of atonement*, Macmillan, Nueva York, 1969.

Sobre la reivindicación del «abuso del hijo divino»: Dolores S. WILLIAMS, *Sisters in the wilderness. The challenge of womanist Godtalk*, Orbis, Nueva York, 1993, p. 161-167.

Cómo se ha desarrollado el punto de vista católico respecto a otras religiones a partir del Concilio Vaticano II: Paul F. KNITTER, *Introducing theologies of religions*, Orbis, Nueva York, 2002, parte 2: «The fulfillment model», p. 63-106. [Traducción española: *Introducción a las teologías de las religiones*, traducción de Albert Moliner, Verbo Divino, Estella (Navarra), 2008, parte II: «El modelo de cumplimiento», p. 139-215.]

La resurrección en el Nuevo Testamento y en las primeras comunidades cristianas: Roger S. J. HAIGHT, *Jesus symbol of God*, Orbis, Nueva York, 2002, cap. 6: «Jesus resurrection», p. 119-151. [Traducción española: *Jesús, símbolo de Dios*, traducción de Antonio Piñero, Trotta, Madrid, 2007.] Edward SCHILLEBEECKX, *Jesus. An experiment in christology*, Seabury, Nueva York, 1979, p. 379-397 / 516-544. [Traducción española: *Jesús. La historia de un viviente*, traducción de A. Aramayona, Trotta, Madrid, 2002.]

Para la cita de Santideva: SANTIDEVA, *The bodhicaryavatara. A guide to the buddhist path to awakening*, traducción de Kate Crosby / Yrew Skilton, Paul Williams (ed.), Oxford University Press, Nueva York, 1995, p. 20-21. [Traducción española: *Camino al despertar. Introducción al camino del bodisatva (Bodhicaryavatara)*, traducción de L. O. Gómez, Siruela, Madrid, 2012.]

Los múltiples títulos que la temprana Iglesia le otorgó a Jesús: Edward SCHILLEBEECKX, *Jesus. An experiement in Christology*, Collins,

Londres, p. 399-515. [Traducción española: *Jesús. La historia de un viviente*, traducción de A. Aramayona, Trotta, Madrid, 2002.] Geza VERMES, *The changing faces of Jesus*, Vikeng Compass, Nueva York, 2000. [Traducción española: *Los rostros cambiantes de Jesús*, traducción de María Andrea Giovine, Debate, Barcelona, 2004.]

La cristología del Espíritu y de la Sabiduría: Roger HAIGHT, *Jesus symbol of God*, Orbis, Nueva York, cap. 15: «Spirit christology», p. 445-465. [Traducción española: *Jesús, símbolo de Dios*, traducción de Antonio Piñero, Trotta, Madrid, 2007.] Elisabeth SCHÜSSLER FIORENZA, *Jesus. Miriam's child, Sophia's prophet. Critical issues in feminist christology*, Continuum, Nueva York, 1995, cap. 5: «Prophets of Sophia: Searching for divine wisdom», p. 131-162. [Traducción española: *Cristología feminista crítica. Jesús, hijo de Miriam, profeta de la sabiduría*, traducción de Nancy Bedford, Trotta, Madrid, 2000.]

Los sacramentos como símbolos que hacen presente y real lo que ya existe: Richard MCBRIEN, *Catholicism*, Wenston, Oak Grove (Minnesota), 1981, p. 734-740; David POWER, *Unsearchable riches. The symbolic nature of liturgy*, Pueblo, Nueva York, 1984.

La visión de John B. Cobb sobre Jesús como el camino abierto a otros caminos: John B. COBB, «Beyond pluralism», en Gavin D'COSTA (ed.), *Christian uniqueness reconsidered. The myth of a pluralistic theology of religions*, Orbis, Nueva York, 1996, p. 81-95. [Traducción española: *La unicidad cristiana reconsiderada. El mito de una teología pluralista de las religiones*, traducción de María Gracia Roca, Desclée de Brouwer, Bilbao, 2000.]

El lenguaje del «uno y único» del Nuevo Testamento como lenguaje de amor: Krister STENDAHL, «Notes for three bible studies», en Gerald H. ANDERSON / Thomas F. STRANSKY (ed.), *Christ's lordship and religious pluralism*, Orbis, Nueva York, 1981, p. 14.

Sobre Jesús como «el pacto de defensa de Dios con los pobres»: Aloysius PIERIS, *God's reign for God's poor. A return to the Jesus formula*, Tulana Research Centre, Kelaniya (Sri Lanka), 1999. [Traducción española: *El reino de Dios para los pobres de Dios. Retorno a la fórmula de Jesús*, traducción de J. M. Lozano-Gotor, Mensajero, Bilbao, 2006.]

La resurrección y el Espíritu Santo: Luke Timothy JOHNSON, *Living Jesus. Learning the heart of the gospel*, HarperSanFrancisco, San Francisco, 1999, p. 15.
«Jesucristo visto a través de ojos budistas»: Rita M. GROSS / Terry C. MUCK (ed.), *Buddhists talk about Jesus, Christians talk about the Buddha*, Continuum, Nueva York / Londres, 2000, p. 17-51 / 59-86 (J. I. Cabezón, R. Gross, S. Machida, con respuestas cristianas de M. Borg y J. D. Crossan).

Bibliografía

DUNNE, Garrin, *Buddha and Jesus. Conversations*, Templegate, Springfield (Illinois), 1975. [Traducción española: *Buda y Jesús. Diálogos*, traducción de J. M. Sánchez, San Pablo, Madrid, 1978.]

GROSS, Rita M. / Terry C. MUCK, (ed.), *Buddhists talk about Jesus, Christians talk about the Buddha*, Continuum, Nueva York / Londres, 2000.

HAIGHT, Roger S. J., *Jesus symbol of God*, Orbis, Nueva York, 2002. [Traducción española: *Jesús, símbolo de Dios*, traducción de Antonio Piñero, Trotta, Madrid, 2007.]

KEEL, Hee-Sung, «Jesus the bodhisattva: Christology from a buddhist perspective», *Buddhist-Christian Studies*, núm. 16 (1996), p. 169-193.

KNITTER, Paul F., «Jesus and Buddha: A conversation», en Brennan R. HILL / Paul F. KNITTER / William MADGES (ed.), *Faith, religion, theology. A contemporary introduction*, Twenty-Third, Mystic (Connecticut), 1997, p. 255-284.

LEFEBURE, Leo, *The Buddha and the Christ. Explorations in Buddhist and Christian dialogue*, Orbis, Nueva York, 1993.

NHAT HANH, Thich, *Living Buddha, living Christ*, Riverhead, Nueva York, 1995. [Traducción española: *Buda viviente, Cristo viviente*, traducción de M. Portillo, Kairós, Barcelona, 2008[4].]

SCHMIDT-LEUKEL, Perry / Gerhard KÖBERLEN / Thomas Josef GÖTZ (ed.), *Buddhist perceptions of Jesus*, EOS, St. Ottilien (Alemania), 2001.

YAGI, Seiichi, «'I' in the words of Jesus», en John HICK / Paul F. KNITTER (ed.), *The myth of Christian uniqueness. Toward a pluralistic theology of religions*, Orbis, Nueva York, 1987, p. 117-134.

CAPÍTULO VI

Fuentes

Elementos básicos de la meditación *vipassana*: Joseph GOLDSTEIN / Jack KORNFIELD, *Seeking the heart of wisdom. The path of insight meditation*, Shambhala, Boston, 1987. [Traducción española: *Vipassana. El camino para la meditación interior*, traducción de F. Mora, Kairós, Barcelona, 2011^5.]

Elementos básicos de la meditación zen: Robert KENNEDY, *Zen gifts to Christians*, Continuum, Nueva York, 2004. [Traducción española: *Los dones del zen a la búsqueda cristiana*, traducción de F. Campillo, Desclée de Brouwer, Bilbao, 2008.] Ruben L. F. HABITO, *Living zen, loving God*, Wisdom, Boston, 2004; Kazuaki TANAHASHI (ed.), *Enlightenment unfolds. Essential teachings of zen master Dogen*, Shambhala, Boston, 1999.

La tradición *dzogchen* del budismo tibetano: Lama Surya DAS, *Natural radiance. Awakening to your great perfection*, Sounds True, Boulder (Colorado), 2005.

La práctica del *tonglen*: Pema CHÖDRÖN, *When things fall apart. Heart advice for difficult times*, Shambhala, Boston, 1997. [Traducción española: *Cuando todo se derrumba. Palabras sabias para momentos difíciles*, traducción de M. Iribarren, Gaia, Madrid, 2015.] Pema CHÖDRÖN, *Tonglen. The path of transformation*, Vajradhatu, Halifax, 2001.

La cita de Thich Nhat Hanh: Thich NHAT HANH, *Being peace*, Parallax, Berkeley (California), 1996, p. 8, 111. [Traducción española: *Ser paz. El corazón de la comprensión*, traducción de J. I. Rodríguez, Neo Person, Madrid, 1994.]

Práctica de la atención plena: Pema CHÖDRÖN, *The wisdom of no escape*, Shambhala, Boston, 1991. [Traducción española: *La sabi-

duría de la no-evasión. La senda del amor compasivo, traducción de Núria Martí, Oniro, Barcelona, 2012.]

Cómo Thich Nhat Hanh entiende la atención plena y la meditación: Thich NHAT HANH, *The miracle of mindfulness. A manual on meditation*, Beacon Press, Boston, 1987. [Existen al menos dos traducciones españolas: *Lograr el milagro de estar atento. Un manual de meditación*, traducción de Almudena Haurie, Librería Argentina, Madrid, 2005, y *El milagro de mindfulness*, traducción de Núria Martí, Oniro, Barcelona, 2014.]

La referencia a la noción panikkariana de la «mutua fructificación» se puede hallar en: Raimon PANIKKAR, «What is comparative philosophy comparing», en Gerald James LARSON / Eliot DEUTSCH (ed.), *Interpreting across boundaries. New essays in comparative philosophy*, Princeton University Press, Princeton, 1988, p. 132-133.

La comparación de Lefebure entre Karl Rahner y Masao Abe: Leo LEFEBURE, *Revelation, the religions and violence*, Orbis, Nueva York, 2000, p. 185-200.

La explicación de Bernard Lonergan de la fe como un «enamorarse incontenible» y sin palabras: Bernard LONERGAN, *Method in theology*, Seabury, Nueva York, 1972, p. 105-109. [Traducción española: *Método en teología*, traducción de G. Temolina, Sígueme, Salamanca, 2006^4.]

La «conformidad con lo que sucede» de Merton: Lawrence S. CUNNINGHAM (ed.), *Thomas Merton, spiritual master. The essential writings*, Paulist, Nueva York, 1992, p. 352.

Las referencias al método de oración *dzogchen* y al sucesivo abandono total son de John MAKRANSKY, *Awakening through love. Unveiling your deepest goodness*, Wisdom, Boston, 2007, p. 26-27 / 80-81.

Sobre lo que la liturgia occidental puede aprender de la liturgia asiática: Aloysius PIERIS, «An asian way to celebrate the eucharist», *Worship*, vol. 81, núm. 4 (julio 2007), p. 314-328.

Bibliografía

AITKEN, Robert / David STEINDL-RAST, *The ground we share. Everyday practice, Buddhist and Christian*, Shambhala, Boston, 1996.

CLIFFORD, Patricia Hart, *Sitting still. An encounter with Christian zen*, Paulist, Nueva York, 1994.

CORLESS, Roger et al., «Joint practice», *Buddhist-Christian Studies*, núm. 14 (1994), p. 13-96. (Una serie de artículos y de respuestas que exploran la doble práctica de las espiritualidades budista-cristiana.)

COWAN, John, *Taking Jesus seriously. Buddhist meditation for Christians*, Liturgical, Collegeville (Minnesota), 2004.

CULLIGAN, Kevin G. / Mary J. MEADOW et al., *Purifying the heart. Buddhist meditation for Christians*, Crossroad, Nueva York, 1994.

GROSS, Rita M. / Terry C. MUCK (ed.), *Christians talk about buddhist meditation. Buddhists talk about christian prayer*, Continuum, Nueva York, 2003.

HABITO, Ruben L. F., *Living zen, loving God*, Wisdom, Boston, 2004.

HAND, Thomas G., *Always a pilgrim. Walking the zen christian path*, Mercy Center Meditation Program, Burlingame (California), 2004.

KENNEDY, Robert E., *Zen spirit, christian spirit. The place of zen in christian life*, Continuum, Nueva York, 1996.

—, *Zen gifts to christians*, Continuum, Nueva York, 2004. [Traducción española: *Los dones del zen a la búsqueda cristiana*, traducción de F. Campillo, Desclée de Brouwer, Bilbao, 2008.]

MITCHELL, Donald W. / James WISEMAN (ed.), *The Gethsemani encounter. A dialogue on the spiritual life by buddhist and christian monastics*, Continuum, Nueva York, 1998.

PIERCE, Brian J., *We walk the path together. Learning from Thich Nhat Hanh and Meister Eckhart*, Orbis, Nueva York, 2005. [Traducción española: *Caminando juntos. Procesiones espirituales y meditación caminante. Aprendiendo del Maestro Eckhart y Thich Nhat Hanh*, traducción de Magdalena Puebla, Bonum, Buenos Aires, 2007.]

WALKER, Susan (ed.), *Speaking of silence. Christians and buddhists on the contemplative way*, Paulist, Nueva York, 1987.

CAPÍTULO VII

Fuentes

Para el contraste entre el *prajna* budista y el ágape cristiano establecido por Aloysius Pieris: Aloysius PIERIS, *Love meets wisdom. A Christian experience of buddhism*, Orbis, Nueva York, 1988, cap. 10: «Christianity in a core-to-core dialogue with buddhism».

Para mayor detalle sobre el lugar central que el Reino de Dios tuvo en la vida y en la predicación de Jesús: John Dominic CROSSAN, *Jesus: A revolutionary biography*, HarperSanFrancisco, San Francisco, 1994. [Traducción española: *Jesús: Biografía revolucionaria*, traducción de T. de Lozoya, Grijalbo, Barcelona, 1996.] John FUELLENBACH, *The Kingdom of God. The message of Jesus today*, Orbis, Nueva York, 1995.

Para más perspectivas sobre la escatología cristiana: Carl E. BRAATEN, «The Kingdom of God and life everlasting», en Peter C. HODGSON / Robert H. KING (ed.), *Christian theology. An introduction to its traditions and tasks*, Fortress, Filadelfia, 1985^2, p. 328-352; Karl RAHNER, *Foundations of Christian faith. An introduction to the idea of Christianity*, Seabury, Nueva York, 1978, p. 431-447. [Traducción española: *Curso fundamental sobre la fe*, traducción de R. Gabás, Herder, Barcelona, 2012.]

Para una presentación más actual de la naturaleza pecaminosa del ser humano: Reinhold NIEBUHR, *Moral man in immoral society. A study in ethics and politics*, Westminster / John Knox, Louisville (Kentucky), 2002, p. 51-82.

Para un mayor detalle sobre el contenido y el método de la teología de la liberación: Robert McAfee BROWN, *Liberation theology. An introductory guide*, Westminster / John Knox, Louisville (Kentucky), 1993; Leonardo BOFF / Clodovis BOFF, *Introducing liberation theology*, Orbis, Nueva York, 1987. [Traducción española: *Cómo hacer teología de la liberación*, traducción de E. Requena, San Pablo, Madrid, 1988.]

Sobre el budismo comprometido: Christopher S. QUEEN / Sallie B. KING (ed.), *Engaged buddhism. Buddhist liberation movements in*

Asia, SUNY, Albany (Nueva York), 1996; Christopher S. QUEEN (ed.), *Engaged buddhism in the West*, Wisdom, Boston, 2000.
Sobre la evidente falta de preocupación por la justicia entre los budistas: Salie B. KING, *Being benevolence. The social ethics of engage buddhism*, University of Hawaii Press, Honolulu (Hawái), 2006, cap. 7: «Justice/Reconciliation».
Las palabras de Geshe Sopa en Jerusalén han sido extraídas de Salie B. KING, *Being benevolence. The social ethics of engage buddhism*, University of Hawaii Press, Honolulu (Hawái), 2006, p. 208-209.
La cita de Eckhart Tolle en: Eckhart TOLLE, *The power of now. A guide to spiritual enlightenment*, New World Library, Novato (California), 1999, p. 166. [Traducción española: *El poder del ahora. Una guía para la iluminación espiritual*, traducción de M. Iribarren, Gaia, Madrid, 2014.]
Sobre el significado de la atención plena: Pema CHÖDRÖN, *The places that scare you. A guide to fearlessness in difficult times*, Shambhala, Boston, 2001; Charlotte Joko BECK, *Nothing special. Living zen*, HarperSanFrancisco, San Francisco, 1994; ADYASHANTI, *Emptiness dancing*, Sounds True, Boulder (Colorado), 2006. [Traducciones españolas: Pema CHÖDRÖN, *Los lugares que te asustan. Convertir el miedo en fortaleza en tiempos difíciles*, traducción de Núria Martí, Oniro, Barcelona, 2006; Charlotte Joko BECK, *La vida tal como es. Enseñanzas sobre zen*, traducción de Nora Steinbrun, Gaia, Madrid, 2011; ADYASHANTI, *La danza del vacío*, traducción de María del Mar Cañas, Gaia, Madrid, 2008.]
Para una comprensión densa aunque gratificante de Bernard Lonergan sobre lo que significa entender alguna cosa: Bernard LONERGAN, *Insight: A study of human understanding*, Longmans, Nueva York, 1958. [Traducción española: *Insight: Estudio sobre la comprensión humana*, traducción de F. Quijano, Sígueme, Salamanca, 2004.]
Las referencias sobre la negativa de Thich Nhat Hanh de tomar partido: Thich NHAT HANH, *Being peace*, Parallax, Berkeley (California), 1987, p. 70. Del mismo autor, *Living Buddha, living Christ*, Riverhead, Nueva York, 1995, p. 79. [Traducciones españolas: *Ser*

paz. El corazón de la comprensión, traducción de J. I. Rodríguez, Neo Person, Madrid, 1994; y *Buda viviente, Cristo viviente*, traducción de M. Portillo, Kairós, Barcelona, 2008⁴.]

El poema de Thich Nhat Hanh «Llamadme por mis verdaderos nombres» se encuentra en su *Call me by my true names*, Parallax, Berkeley (California), 1993, p. 72-73. [Traducción española: *Llamadme por mis verdaderos nombres*, traducción de A. Colodrón, La Llave, Vitoria, 2001.]

Las citas sobre la perfección del momento han sido tomadas de: Lama Surya Das, «The heart essence of buddhism meditation», *Tricycle*, vol. 17 (invierno 2007), p. 35-36. También: Lama Surya Das, *Awakening the Buddha within*, Broadway, Nueva York, 1997, p. 70. [Traducción española: *El despertar del Buda interior*, traducción de M. J. Vázquez, Edaf, Madrid, 2011.]

La cita de Eckhart Tolle está en *The power of now. A guide to spiritual enlightenment*, New World Library, Novato (California), 2004, p. 166-167. [Traducción española: *El poder del ahora. Una guía para la iluminación espiritual*, traducción de M. Iribarren, Gaia, Madrid, 2014.]

La cita de Adyashanti está en *Emptiness dancing*, Sounds True, Boulder (Colorado), 2006, p. 79. [Traducción española: *La danza del vacío*, traducción de María del Mar Cañas, Gaia, Madrid, 2008.]

Para una descripción lúcida de la «Ley de la cruz» de Lonergan, véase William P. Loewe, «Lonergan and the law of the cross: A universalistic view of salvation», *Anglican Theological Review*, núm. 59 (1977), p. 162-174.

Bibliografía

Chappell, David (ed.), *Buddhist peacework. Creating cultures of peace*, Wisdom, Boston, 1999.

Gross, Rita M., *Soaring and settling. Buddhist perspectives on social and theological issues*, Continuum, Nueva York, 1998.

Kaza, Stephanie (ed.), *Hooked! Buddhist writings on greed, desire, and the urge to consume*, Shambhala, Boston, 2005.

KING, Robert H., *Thomas Merton and Thich Nhat Hanh. Engaged spirituality in an age of globalization*, Continuum, Nueva York, 1999.
KING, Sallie B., *Being benevolence. The social ethics of engage buddhism*, University of Hawaii Press, Honolulu (Hawái), 2006.
— / John P. KENNAN, «Social and political issues of liberation», en Sallie B. KING / Paul O. INGRAM (ed.), *The sound of liberating truth. Buddhist and christian dialogues*, Curzon, Surrey, 1999, p. 157-205.
KNITTER, Paul F., «Overcoming greed: Buddhists and christians in consumerist society», *Buddhist-Christian Studies*, núm. 24 (2004), p. 65-72.
LOY, David, *The great awakening. A buddhist social theory*, Wisdom, Boston, 2003. [Traducción española: *El gran despertar. Una teoría social budista*, traducción de Vicente Merlo, Kairós, Barcelona, 2004.]
MCLEOD, Melvin (ed.), *Mindful politics. A buddhist guide to making the world a better place*, Wisdom, Boston, 2006. [Traducción española: *Política con conciencia. La alternativa budista para hacer del mundo un lugar mejor*, traducción de Ferran Mestanza, Kairós, Barcelona, 2010.]
NHAT HANH, Thich, *Love in action. Writings on nonviolent social change*, Parallax, Berkeley (California), 1993.
QUEEN, Christopher S. (ed.), *Engaged buddhism in the West*, Wisdom, Boston, 2000.
— / Sallie B. KING (ed.), *Engaged buddhism. Buddhist liberation movements in Asia*, SUNY, Albany (Nueva York), 1996.

CONCLUSIÓN

Fuentes

Sobre las complejidades de la doble pertenencia: Catherine CORNILLE (ed.), *Many mansions? Multiple religious belonging and Christian identity*, Orbis, Nueva York, 2002, «Introduction».
Sobre el carácter híbrido: Jeannine Hill FLETCHER, *Monopoly of*

salvation? A feminist approach to religious pluralism, Continuum, Nueva York / Londres, 2005.

Sobre el diálogo como una nueva forma de ser Iglesia: Thomas C. Fox, *Pentecost in Asia. A new way of being church*, Orbis, Nueva York, 2002.

John Dunne sobre la aventura espiritual de nuestro tiempo: John Dunne, *The way of all the Earth. Experiments in truth and religion*, Macmillan, Nueva York, 1972, «Preface».

NUEVA CONCLUSIÓN

Fuentes

Drew, Rose, *Christian or buddhist? An exploration of dual religious belonging*, Routledge, Nueva York, 2011.

Nhat Hanh, Thich, citado por John Makransky, «How contemporary buddhist practice meets the secular world in its search for a deeper grounding for service and social action», Dharma World [periódico en línea] (marzo 2012).

Nhat Hanh, Thich, *Being peace*, Parallax, Berkeley (California), 1996 [traducción española: *Ser paz. El corazón de la comprensión*, traducción de J. I. Rodríguez, Neo Person, Madrid, 1994]; Aloysius Pieris, *Love meets wisdom. A christian experience of buddhism*, Orbis, Nueva York, 1988, p. 110-136.